中国少数民族汉语教学系列丛书
总主编　戴庆厦

维吾尔族、哈萨克族汉语语法教学难点释疑

主编　成燕燕
审订　戴庆厦
著者　成燕燕　苗东霞　胡英
　　　陈晓云　徐春兰

商务印书馆
2009年·北京

商务印书馆世界汉语教学研究中心策划

中央民族大学"985工程"
中国少数民族语言文化教育与
边疆史地研究创新基地子项目

序

《维吾尔族、哈萨克族汉语语法教学难点释疑》一书，几易其稿，已趋成熟，很快就要与读者见面。我读了后觉得很高兴。应该说，这是当前汉语作为第二语言教学研究中的一部有新意、有价值的新著。

新疆地处我国西部，地域辽阔，居住着众多的少数民族。在现代化建设的新时期，随着经济建设的大发展、民族团结的不断加强，少数民族学习汉语的热情不断高涨，已形成了空前未有的"汉语热"。少数民族的汉语教学是语文教育的重要内容之一，也是民族教育的重要组成部分。新疆少数民族汉语水平的提高，对加速新疆的现代化进程、提高新疆少数民族的科学文化水平，以及加强各民族的团结，都有着重要的意义。所以，研究新疆少数民族的汉语教学问题，不单纯是语文教育问题，而是与民族的发展、进步、民族团结等密切相关的一件大事。我想，应该从这个意义上来理解这部书的价值和意义。

吕叔湘先生说过："第二语言教学要有的放矢"（见《汉语教学与研究》，延边教育出版社，1980年），这是千真万确的道理。语言教学有它自己的特点、自己的规律，不同于其他科学知识的教学。语言是人类活动的工具，人人都会语言，都使用语言，对语言都有不同程度的感性、理性知识。不同习得者由于母语状况不同，习得目的语的难点、重点也不相同。所以，语文教学要有针对性，不能面面俱到，也不能平均用力，而要突出难点、重点，这就是"有的放矢"。我们不能用教汉族学生的经验来教少数民族学生或外国留学生，也不能用教这个民族学生的经验去教另一个民族的学生。语文教育最忌讳的是一般化,不考虑教学对象的特点(包括母语特点、文化背景特点等)。综观过去几十年的语文教育,许多地方花了不少人力、物力,但收效不大,重要原因之一,是存在一般化的倾向,未能针对习得者的需要"对症下药"。他们在教学中,往往是按照目的语的体系统一安排内容,不根据具体教学对象的特点因材施教。学生不懂的讲,已懂的也讲,难点抓不住或不突出。教学者不清楚习得者最需要的是什么,没能给学生最需要的东西。这是造成许多地方语文课质量不高甚至不受欢迎的原因之一。这部著作以"难"为纲,分析新疆维吾尔族、哈萨克族汉语教学中的一些突出的难点,并指出如何克服这些难点的策略,和如何提高学生的实际语文能力的方法,是可取的。书中虽然没有系统的语言学理论分析,但在语言对比、习得偏误的分析中则处处具体运用了语言学理论,重视将理论融入具体的语言分析之中。回顾过去出版的少数民族习得汉语的出版物,以难点为纲编写的著作还不多见。因此,这部书的出版,在我国少数民族的汉语教学研究中是有新意的,有其不可替代的价值。

  捕捉难点,说起来易,做起来难。难点的研究,要分析目的语教学难点的类型,要揭示造成难点的因素,包括主要因素和次要因素。难点是否捕捉得准,是检验语文教学水平高低的一块试金石。因而,要捕捉难点,就要求研究者必须要有语言和语言学的两个功底。具体说,就是研究者要对母语和目的语两种语言都要有比较深入的了解,至少对语言要有一定的感性知识,要有一定的第二语言教学经验,而且还要具有运用语言学的理论和知识进行语言对比、确定难点的能力。在第二语言教学中,至今还缺少以难点为框架的教学专著,这方面的教学经验还积累不多。所以,这部书的编写,尽管作者尽了力,书中也有不少闪光点,但还不是很成熟的,不可避免地也会出现一些瑕疵。不足之处,只能留待以后通过实践再逐步改进、充实。

参加这部书编写的，都是长期从事新疆少数民族学生汉语教学的老师，他们都有丰富的教学经验，有的还学过维吾尔语或哈萨克语，有的是以民族语为母语的。他们曾多次去新疆少数民族地区做过实地调查，收集了大量的偏误材料。对新疆的情况比较了解，对少数民族有深厚的民族感情，所以由他们来撰写这一内容的书是再合适不过的了。我希望这部书在西部少数民族习得汉语的过程中能起到推动作用，能为少数民族的汉语教学提供有益的经验和借鉴。

是为序。

戴庆厦

2007 年 11 月 16 日

目 录

第一章 绪论 …………………………………………………… 1
  第一节 新疆少数民族汉语教学的现状 ………………………… 1
  第二节 抓住教学难点是提高汉语教学质量的关键 …………… 5
  第三节 全书内容简介 …………………………………………… 13

第二章 句子成分 ……………………………………………… 15
  第一节 定语 ……………………………………………………… 15
  第二节 状语 ……………………………………………………… 30
  第三节 补语 ……………………………………………………… 44

第三章 动态助词 ……………………………………………… 104
  第一节 "着" …………………………………………………… 108
  第二节 "了" …………………………………………………… 117
  第三节 "过" …………………………………………………… 136

第四章 "是"字句 …………………………………………… 146
  第一节 对应表达 ………………………………………………… 146
  第二节 偏误类型 ………………………………………………… 149
  第三节 教学难点及对策 ………………………………………… 154

第五章 "把"字句 …………………………………………… 162
  第一节 对应表达 ………………………………………………… 163
  第二节 偏误类型分析 …………………………………………… 164
  第三节 教学难点及对策 ………………………………………… 173

第六章　被动句 ································· 184
第一节　对应表达 ····························· 184
第二节　偏误类型 ····························· 189
第三节　教学难点及对策 ······················· 194

第七章　存现句 ································· 204
第一节　对应表达 ····························· 204
第二节　偏误类型 ····························· 208
第三节　教学难点及对策 ······················· 213

第八章　连动句 ································· 218
第一节　对应表达 ····························· 218
第二节　偏误类型 ····························· 222
第三节　教学难点及对策 ······················· 227

第九章　兼语句 ································· 234
第一节　对应表达 ····························· 234
第二节　偏误类型 ····························· 239
第三节　教学难点及对策 ······················· 243

第十章　主谓谓语句 ····························· 250
第一节　对应表达 ····························· 250
第二节　偏误类型 ····························· 254
第三节　教学难点及对策 ······················· 257

第十一章　双宾语句 ····························· 262
第一节　对应表达 ····························· 262
第二节　偏误类型 ····························· 265
第三节　教学难点及对策 ······················· 269

第十二章　比较句 ······························· 274
第一节　对应表达 ····························· 274

第二节　偏误类型 …………………………………… 281
　　第三节　教学难点及对策 …………………………… 289
第十三章　复句 …………………………………………… 294
　　第一节　联合复句 …………………………………… 294
　　第二节　偏正复句 …………………………………… 314
附录 ……………………………………………………… 330
　　一　偏误语料——正误对照 ………………………… 330
　　二　维吾尔语语法要点 ……………………………… 392
　　三　哈萨克语语法要点 ……………………………… 413
　　四　维、哈文与国际音标对照表 …………………… 428
参考文献 ………………………………………………… 429
后记 ……………………………………………………… 434

第一章 绪论

第一节 新疆少数民族汉语教学的现状

新疆维吾尔族自治区有 47 个民族,世居的少数民族有 12 个。据 2001 年统计有 1133.97 万人[①]。除回族、满族使用汉语外,其余的少数民族都有自己的语言。新中国建立后的 50 多年来,新疆在发展民族教育事业中,坚持民族平等的基本原则,从各民族语言的实际情况出发,用民族语作教学语言,在中小学按语言分校分班进行教学。塔吉克、乌兹别克、塔塔尔、达斡尔等民族由于没有民族文字或长期与维吾尔族、哈萨克族杂居等原因,学校教育使用维吾尔语、哈萨克语或汉语。

新疆少数民族的汉语教学起步于 20 世纪 50 年代。自治区政府对培养民汉兼通的双语人才历来非常重视。早在 1959 年 6 月召开的教育行政会议上就提出,民族学校从小学四年级起加授汉语,在民族杂居地区开办民汉混合学校。同年,自治区人民委员会决定,大学民族本科、专科班设置预科,增加一年汉语学习[②]。自治区政府 1984 年 3 号文件和自治区教委 1984 年 50 号文件明确指出了全疆民族中小学"民汉兼通"的培养目标。1986 年自治区召开了民族中小城市汉语教学工

[①] 高莉琴等《新疆的语言状况及推广普通话方略研究》,北京语言大学出版社,2006 年,第 267 页。

[②] 木哈白提《新疆少数民族中学汉语授课实验研究》,新疆大学出版社,2002 年,第 7 页。

作会议，向各民族干部发出互相学习语言文字的号召。1988年12月23日自治区政府颁布了《新疆维吾尔族自治区民族语言文字使用管理的暂行规定》，把双语作为一项战略措施加以强调。随着政治、经济、文化的迅猛发展，新疆少数民族学习和使用汉语的热情更为高涨。自治区政府根据新疆的实际情况，为加强双语教学，促进"民汉兼通"，采取了一系列的措施。如：提高民族中小学汉语课的地位，将汉语课列为主课、增加汉语课的教学时数、调整招生计划，责成一些高等院校承担培养汉语师资任务、在州县教育处成立汉语教研室，对基层汉语教学进行业务指导、在15个地州市共为少数民族学生开办了90多个双语教学实验班、每年选送5000名学生到内地读中学等。1996年自治区政府又颁布了《关于大力推进"双语"教学工作的决定》，把各民族互相学习语言提高到"关系到各民族素质、关系到新疆的社会进步、实现长治久安"的战略高度上来认识。与此同时，自治区政府还加大了培训双语教师的投入，支持有关部门编写出版了民族中小学、中等师范学校、民族中学汉语教师培训等成套教材，大大地提高了少数民族学习汉语的积极性，推动了双语教育的发展。

新疆各地的实际情况不同，所采取的教学模式也不同。全疆的少数民族汉语教学有三种模式[①]：

1. 长期单一的汉语教学模式：从小学三年级到高中开设汉语课，其余课程用母语授课。入大学后集中在预科学习班学习1～2年汉语，然后进入专业学习。

2. 长期并行的双语教学模式：从初一开始，数学、物理、化学、英语、汉语等课程用汉语授课，其余课程用母语授课。中学双语实验班多

---

① 木哈白提《新疆少数民族中学汉语授课实验研究》，新疆大学出版社，2002年，第184页。

采取此形式。

3. 过渡性双语教学模式：小学低年级用母语启蒙，高年级所有课程用汉语授课。

从小学就在民族学校学习、高考时用民族语考试的学生被称为"民考民"学生，对他们的汉语教学基本上采取第一种模式。从小学就上汉校、高考时用汉语考试的学生被称为"民考汉"学生，对他们的汉语教学基本上采用和汉族学生一样的方法。各级实验班采取第二、第三种双语模式。

近20年来，随着改革开放的推进，国内外学习汉语的积极性逐步升温，汉语作为第二语言教学这一语言学分支，已成为当今语言学领域中发展最快、影响最广泛的学科。广大的教育工作者不断探索教学方法，注重学以致用，为汉语学习开创了一条新路，积累了丰富的教学经验。但时至今日还不能说对少数民族汉语教学作为一个学科已臻成熟。学科意识不强是当前对少数民族汉语教学中普遍存在的突出问题[①]。

由于少数民族汉语教学这一学科的历史短，目前还没有形成完整、系统的学科理论及课程体系。基础理论的研究还没有引起有关方面的足够重视，对学科的性质和任务还缺少深刻的认识。即使是多年从事少数民族汉语教学的教师，也有不少人对学科的教学性质和特点很迷惘。甚至有些教育部门的领导也错误地认为给少数民族教汉语是"小儿科"，不需要多大学问，只要会说汉语的人都可以胜任。因此，相当多的基层汉语教师只是懂一些汉语，对本学科的性质和特点并不了解。各地区、各学校的教师队伍水平不一。据新疆教育学院20世纪90年

[①] 陆俭明《汉语作为第二语言之本体研究》，外语教学与研究出版社，2005年，第11页。

代末的调查,新疆基层相当多的中小学汉语教师的汉语平均水平为HSK(对外汉语水平考试)六级。教师普遍采用以民族语为主、汉语为辅的常规模式上汉语课,汉语只作为一门课设置。从小学到高中毕业共设1536个小时汉语课,分散到10年中,每年所学无几。除了汉语课,学校的一切教学和教育活动都使用民族语。这种只限于"课堂汉语"的教学,限制了学生听说能力的发展,以致有的学生学了几年仍开不了口。民族聚居区的学生甚至有的连汉语日常生活用语也听不懂。

新疆有20所大专院校,还有一批中等技术学校,每年招收的新生一半以上是少数民族学生。虽然这些学校都是汉族和少数民族合校的,但专业课仍是按民汉语言分别开设的。学生囿于他们的专业环境,课上、课下很少使用汉语,以致到毕业时学生的汉语水平仍然偏低。从1984年到1999年的15年,"师范院校等学校的双语教学要求、双语教学计划、双语教学实践可以说没有什么实质性的改变,培养出来的少数民族人才的双语(主要是汉语)水平仍然偏低,无法适应中小学双语教学要求。"[①]还需教育部门再投入人力、财力对他们进行"再教育"。近两年来,各个学校都在改革,提倡用汉语授专业课,但因为很多少数民族教师不能用汉语授课,所以收效甚微。

由于升学、就业等种种原因,学校进行汉语教学更多的是为了让学生通过MHK(少数民族汉语水平考试)测试标准,追求高过级率。不清楚作为第二语言的汉语教学到底和第一语言教学有什么区别,教学活动的开展不免带有盲目性和随意性。近些年,许多教师和研究人员正在为新疆的少数民族汉语教学探索新路,在汉语教学改革方面做了很多有益的尝试,初步取得了一些成果。但在实际教学活动中,经验型

[①] 吴若愚《新疆少数民族汉语语音教学中存在的若干问题》,《语言与翻译》2006年第1期,第76页。

的色彩还很浓。教学中普遍存在着对少数民族学习汉语的难点分析不够,尤其缺乏系统分析。所用教材大多是地方自编教材或把自治区统编教材和对外汉语教材翻译过来,用民族语加以注释。教材也不能完全突出少数民族学生学习的难点,缺少科学性和针对性。这些不足是少数民族汉语教学事倍功半的根本原因所在,也是学科建设的缺憾。

人们可能会问:为什么政府一贯重视,学校也增加了课时,并且采取了很多促进汉语教学的措施,少数民族的汉语教学仍然没有实质性的改变?回顾对少数民族汉语教学所走过的道路,我们深深地感到,教学的性质、特点决定教学的原则、教学内容、教学方法和教材。不明确对少数民族汉语教学的性质和特点,就无法按照第二语言的教学规律开展教学活动。教学条件的改善固然重要,但是不了解学生学习的难点,抓不住教学的重点,不知道该教什么,怎么教,学生该怎么学,不明确各个教学阶段应怎么划分,各阶段的教学目标是什么,教学长期存在盲目性和随意性,即使教学条件再好,课时再多,也会事倍功半。因此要根本改变汉语教学用时多、效果差的状况,必须克服把汉语作为一般语言教学的倾向。其中,明确对少数民族汉语教学的难点、重点,按照第二语言教学的规律,深入地开展教学活动,是提高教学质量的关键之一。

第二节 抓住教学难点是提高汉语教学质量的关键

在我国,对少数民族汉语教学的对象是母语非汉语的少数民族,属于第二语言教学。它有自己的体系和规律,有别于一般的语言教学。对少数民族汉语教学是一种常规教育、全民教育。少数民族学习汉语,目的是为了进一步提高各民族的素质,加强各民族在政治、经济、文化上的密切交流。是少数民族学习国家通用语的教学,是民族教育体系中的一个组成部分。从教学内容看,对少数民族汉语教学以语言交际能力为目标,不仅要传授汉语知识,还要以技能训练为核心,培养跨文化的交际能力,使学生将所学的汉语知识和相关的知识转化为汉语的听、说、读、写能力。从教和学的内在的活动过程考察,对少数民族汉语教学是一种语言知识和技能的传授训练,是对语言的认知和言语习得的过程。

从学习的起点看,少数民族学习汉语大多是从小学开始的。有的是成人后才开始学习的。不管在不在汉语的环境中,学习都是从课堂开始的。不像学习母语那样,通过社会互动来学习语言。在课堂教学中,他们只是一个学习者,而不是一个交际活动的参加者。只是按照教学计划进行语言输入,而不是需要什么就学什么。因此所学的自然语言是有限的。加上他们已形成了本民族的语言系统及本民族特有的思维方式,对客观事物已建立了概念,所以在学习汉语的概念或语法结构时,只需了解汉语的一个声音表示什么已知概念,或一个已知概念所要表达的意思在汉语中用什么方式来表达就行了。因此,即使是初级汉语教学,教学的内容和方法也不能太浅。由于学生掌握的汉语词语和语句有限,还不能用汉语进行思维活动,因此对于一些抽象事物的理解必须借助于母语这个中介。用母语心译,自觉不自觉地和自己的母语对比,寻找和自己母语相同或近似点。与母语相似的概念和语法形式,学生很容易理解、接受,用母语的经验建立概念,产生正迁移作用;不相同或母语没有的概念及语法结构,学生就很难接受,就会不自觉地做"削足适履"的改造,错误地套用母语的表达方式,产生负迁移。研究证明,少数民族学生学习汉语的偏误,多源于母语的影响。所以对少数民族的汉语教学不能忽视母语的影响,既要充分利用母语的正迁移作用,又要摆脱母语的干扰,逐渐培养学生用汉语进行思维的能力。

汉语学习还受到学习者学习策略的影响。少数民族学生在学习汉语时用得最多的策略是借用已知的知识资源来代替未知的知识,把已知的规则过度概括或泛化,或采取曲折累赘的说法,回避使用所学的规则。这些学习策略在不同的学习阶段表现不同。在学习的初级阶段,母语的影响是造成偏误的主要原因,但到了中级阶段,偏误主要是泛化和回避的学习策略。课堂教学中第二语言的输入机制存在的问题,如课堂教学的盲目性、具体问题上的误导、教材缺乏针对性、汉语教师抓不住重点等,也是造成学生偏误的一个重要原因。

既然少数民族学习汉语主要依靠课堂教学,那么教什么、怎么教、学生怎么学的问题就显得十分重要了。

对少数民族汉语教学教什么?正像吕叔湘先生说的:"学习语言不是学一套知识,而是学一种技能。"[①]因此教学内容的重点也与对汉族人的汉语教学不同。如讲语法,给汉族人讲语法只需讲语法结构的规律,因为他们已经有语感,一般不会说出错误的句子来。但是给少数民族学生讲语法,只笼统地讲结构形式就很不够,还要讲语义,讲怎么用,特别是要讲解用什么表达方式要有什么限制条件。如:为什么可以说"改正错误"而不能说"改正错";可以说"回学校去",而不能说"回去学校";可以说"和朋友见面",而不能说"见面朋友";可以说"吃食堂",不能说"吃饭店"等。这些对母语为汉语的学生来说不会用错,不是难点;而对少数民族学生来说,却都是必须着重要讲的问题,否则学生学过了仍不会用。

要培养学生用汉语交际的能力,达到"听、说、读、写"四会,就要将这四方面的技能训练有机地结合起来,互相促进。一般说来,"听"和"说"、"读"和"写"结合得紧些。所以学习的顺序是先听后说,先读后写。各项技能的训练要加以区别,突出各自的特点。但也不能完全隔

---

① 刘珣《对外汉语教学概论》,北京语言文化大学出版社,1997年,第13页。

离开,要把这四种技能的训练有机地结合起来。有些知识需重复出现,使学生重复印象,重复记忆,循序渐进、螺旋式上升。因此需要有一个总体设计,统筹考虑课程设置、教学方法、教材、测试等教学环节,使教学成为一个有机整体。

在讲授语言技能的同时,还必须进行有关文化背景的教学。语言是文化的一面镜子,是文化的载体。不同民族在文化传统、风俗习惯以及观念和心理上都会有差异。文化差异不仅在语言本身特点上有反映,而且还反映在语言的使用上,因此会影响到语言学习。汉族学生在用汉语交际中,很少受本民族文化的干扰,文化因素对语言内涵的制约性不突出,所以人们常不理会它。而少数民族学生在接受汉语的信息时,需要用母语及其文化对汉语及汉语负载的文化加以消化[1]、过滤,有一个文化交叉转换的过程,因此交际文化也会参与交际。不了解这些文化因素,就无法准确地了解所传递的信息。如维吾尔、哈萨克等少数民族忌讳说小孩儿"胖",而汉族常以说小孩儿"胖"为恭维话。在维吾尔、哈萨克语(下文简称为"维、哈语")中,与"胖"和"肥"对应的都是"semiz",所以对人和动物都可用"semiz",于是就会产生"这个人真肥"、"这只羊很胖"的偏误。汉语反问句表达的意思与字面意思相反,如"谁不爱自己的家乡?"字面上说"不爱",实际意思是每个人都爱自己的家乡。汉族学生不会把这句话理解为一般疑问句,而维吾尔、哈萨克族(下文简称为"维、哈族")学生就听不懂它的真正含义,会产生理解的错误。因此在对维、哈族学生的汉语教学中要重视文化差异,了解少数民族母语文化,适当进行交际文化教学。这是对少数民族汉语教学的客观规律所要求的。

综上所述,对维、哈族的汉语教学的起点、教学目的、教学内容、习

---

[1] 周思源《对外汉语教学与文化》,北京语言文化大学出版社,1997年,第46页。

得方法等都与作为母语的汉语教学不同。对维、哈族汉语教学的这些特点也都是汉语教学中必须注意的问题。回顾以往的教学，正是由于对第二语言教学的特点认识不够，往往把维、哈族汉语教学与对汉族人的汉语教学等同起来，结果教师费力大，但成效甚微。因此要提高教学质量，首要的事就是让每个汉语教师都明确对维、哈族汉语教学的性质和特点，抓住教学的重点和难点。这是解决用时多、收效少、提高慢、能力差的最根本、最有效的办法。

教学质量是由多方面因素决定的。课堂教学是实施教学计划的主要环节。一门课怎么教，每堂课怎么上，教什么，教学的重点、难点是什么，怎么突破难点，怎么进行技能训练等，都是需要解决的重要问题。而确定教学的重点、难点则是其中最关键的问题。不明确教学的重点、难点是什么，就不知道教什么、达到什么目的，当然也就谈不上采用适合教学内容的教学方法了。

每种语言教学的重点是由其自身的特点决定的。按照什么顺序安排教学内容，要从语言的实际情况出发。汉语的特点影响着维、哈族学生习得的过程，汉语习得的难易关系到习得的进程。而习得的难易要通过学生的加工，形成学生认知上的难易。学生认知上的难易最终决定学生学习的进程[①]。因此所谓先易后难是以学生掌握的难易而定的。

在特定的语法项目上，不同民族的学生存在着差异，习得顺序也不完全一样，学生在学习中出现的迁移类型也不同。各民族学生在学习汉语的过程中有自己的难易顺序，即所谓的"内在大纲"。只有抓住这个"大纲"，按照学生习得顺序进行教学才能有效地避免盲目性和随意性。

---

① 王永德《外国留学生习得汉语句子的比较研究》，安徽大学出版社，2004年，第1页。

什么是难点呢？吕必松先生在《华语教学讲习》一书中做了概括的说明："学生难以理解、经常出错或者避而不用的语法现象都是难点。"

维、哈族的汉语教学有着与其他民族汉语教学不同的难点。主要反映在以下几方面：

在语音方面，维、哈族学生经常会把"江"读成"张"；把"愁"读成"求"；把"胖"读成"放"。由于他们的母语中没有复元音，所以把"shǒu"（手）发成"shǔ"。所以复元音的拼读及"j—zh"、"ch—q"、"c—s"、"p—f"、"h—k"等辨音是教学的难点。

汉字是形音义的结合体，形体复杂，一字多音，一字多义，对于母语是拼音文字的维、哈族人来说难于掌握。特别是同形不同音的字，更使学生感到困惑，因此汉字教学是汉语教学的一个难点。

不同民族对客观事物的分类不同，词所代表的概念内涵也不同。汉语与维、哈语有些词虽然对应，但词义范畴也不完全一致。这是学习汉语词汇的一个难点。例如汉语的"短"，表示"两点之间的距离小"（指空间，也可以指时间），也可作动词，表示"缺少"、"欠"，如"短你三块钱"。而维、哈语与"短"对应的"qəsqaʃa"则没有"缺少"和"欠"的义项。同义词的辨析也是维、哈族学生的一个难点。学生会把"好客"说成"爱好客"。有时学生母语的两个词都与汉语的同一词对应，或汉语的两个词与学生母语的同一词对应，这时学生会感到为难，不知使用哪一个，也就会出现偏误。在学习词汇时，学生须经常摆脱母语的思维活动。因此讲词语时不能只简单地找出与母语对应的词来，还要讲清搭配关系。因为对应词的各义项和用法往往有不对应的现象，而这些恰恰是学生最难以掌握的。

汉语重韵律，在词语的搭配上讲究和谐，如"写完"不能说"写完成"，"发达国家"不能说成"发达国"，这些在维、哈族汉语教学中都应当作为难点来讲。

汉语的"着、了、过"表示持续进行、完成、经历的动态，常被维、哈族学生当作表示"现在时"、"过去时"、"将来时"的标记。这是因为学生的母语有"时"的标记，而汉语没有，他们总希望在汉语中找到与母语相对应的标记，说出"我昨天想念了妈妈"的错句。这种偏误汉族学生是不会出现的。对汉族学生来说"着、了、过"不会是难点，但对维、哈族学生来说是难点。

汉语是分析性语言，词语在句中无形态变化，词语组成句子时充当什么语法成分主要根据词义和词序而定，如"看你"和"你看"词序不同，句子的意思也不同。而维、哈语是形态丰富的语言，各种语法变化都通过一定的附加成分表示，词在句中的位置并不重要。因而维、哈族学生词序的意识不强，常在词序上出现偏误。因此，建立词序意识也是学习汉语的一个重点。

汉语的"介词"、"补语"、"'是'字句"、"'把'字句"、"'被'字句"、"存现句"、"兼语句"等，都是维、哈语中没有的，需要从零学起。要填补这些语法结构的缺格，也是相当困难的。汉语的名词一般不能作谓语，而维、哈语的名词可以充当谓语，所以他们不习惯用"是"作谓语，经常产生遗漏"是"的偏误。出现诸如"艾力很老实、很诚实的人"的偏误。

存现句是汉语的一种特殊句型，也是维、哈语中没有的句型。维、哈语的主语一般不能用表示存在的处所词充当。因此维、哈族学生不能理解存现句的主语是处所词，施事是宾语的句法结构。常加上"在"、"从"等词，如："在门前有一棵老槐树"。

汉语的"把"字句和"被"字句比较复杂，是教学的一个难点。这主要是因为在学生母语里没有可类推的经验，也就是说，在母语中找不到对应现象。"把"字句的主语、谓语、宾语、补语的出现都有一些条件，这些条件对于母语为汉语的学生不必详细说明，但对不懂汉语的维、哈族学生就必须讲清楚，否则学生就会说出"他把每件事都知道了"这种错句来。因此这些语法结构都应作为教学的重点。

汉语在词语的搭配上、在构句上都表现出隐性的特点。如可以说"大坏蛋"却不能说"大好蛋",这是因为用"蛋"指人本身就有贬义,因此只能与"坏"搭配,而不能与"好"搭配。又如"有点儿"和"一点儿"都是表示少量、程度弱化的,但用法有别。"有点儿"用在形容词前,"一点儿"用在形容词后,且隐含有"比较"的意义。不讲清两者不同用法的隐含语义,学生就会说出"今天一点儿冷"来。这些隐含的语义对于缺乏语感的维、哈族学生来说,是难以掌握的,因此对维、哈族的汉语教学要细化、深化,只讲大规则还不够,还必须讲小规则,这样学生才能真正会用。

在对维、哈族进行汉语教学应当尽量避免把学生母语当拐棍,影响学生学习汉语。但是完全避开母语,也有弊病。因为学生初学汉语时还不能一下子掌握汉语的语法规律,教师如果硬灌,就必然会出现"跟着老师明白,离开老师就糊涂"、"上课明白,下课就糊涂"的现象。即便记住一些规则,也是知其然,而不知其所以然,根本不会用。况且用母语思维是一种不能改变的自然倾向,即使教师避开学生母语授课,也不能不让学生用母语思维。因此只能对学生因势利导,避免学生盲目套用母语的表达方式,逐步培养学生用汉语思维的能力。这就要求教师在教学中,通过适当的对比分析,找出两种语言的同和异,预测学生学习的难点,引导学生正确掌握汉语的规律。

所谓在教学中采用适当的对比方法,不是将两种语言作系统、全面的对比,更不是在课堂上大量地对比,而是在预测学生的难点时,结合维、哈族学生学习汉语时的思维方式和认知特点,寻找汉语与学生母语之间的对应关系及偏误产生的根源,确定教学重点、难点,并找到突破难点的对策。

第三节　全书内容简介

如何提高少数民族汉语教学的质量,是目前少数民族汉语教学中亟须解决的问题。我们在长期从事新疆维、哈族汉语教学的实践中认识到,抓住汉语教学的难点和重点,才能有的放矢,才会见实效。要抓住汉语教学的难点、重点,就必须在理论的指导下进行分析研究,不能光凭经验。目前语言学界对汉语教学的研究已有很多成果,但对维、哈族汉语教学的研究还很少。

我们都是长期从事新疆维、哈族汉语教学的教师,对新疆各民族怀有深厚的感情,很想对新疆基层的少数民族汉语教学做些实事。这个想法得到商务印书馆有关领导的大力支持。

这本书是我们在第二语言教学理论指导下,对新疆维、哈族汉语教学难点的探索和研究。教学难点的研究是一项应用研究,侧重于教学语法。我们的目的是,通过汉语与维、哈语的对比分析,揭示维、哈族学生学习汉语产生偏误的原因及偏误机制,进而确定不同的语法项目的教学难点和重点,并针对难点提出解决难点的对策。

本书主要内容为语法,共十三章。后附有维、哈族学生学习汉语偏误语料正误对照,维、哈语语法要点,维、哈文与国际音标对照表。内容虽涉及汉语语法规则等,但不是面面俱到,而是侧重于偏误分析和汉语教学难点及其对策的研究。

本书以解决教学和学习过程中的实际困难为目标:从微观研究入手,以偏误分析为切入点,以学生的难点为分析重点。主要运用以下几种研究方法.

1. 对比分析和偏误分析相结合的方法。对比分析主要是对比母语和目的语的异同点,预测学习目的语的难易点。偏误分析则是通过对学习者产生的偏误进行分析,了解学习者的习得过程和心理过程,揭示语言习得的规律,找出教学的难点、重点,进而探索解决教学难点的对策。对比分析是偏误分析的基础,而偏误分析又为对比分析提供有价值的依据,使对比分析更加完善。二者相辅相成,相得益彰。

2. 用句法、语义、语用三个平面的方法进行研究。这三个方面互相制约、互相影响,是不可分割的统一体。只有从三个方面去分析,才能做到充分的描写和解释。

3. 用系统的观点进行分析。语言是一个复杂的系统。脱离了这个系统孤立地看某个现象,往往只看到现象,看不到本质。只有把这些现象放到各自的语言系统中去考察,才能从对它的功能以及与其他要素之间的关系的分析中找到合理的解释。

4. 从类型学的视角来探索维、哈族学习汉语的难易顺序及规律。一些带有普遍性的偏误现象,可以从类型学的角度找到原因和规律、说明难点确定的依据,进而排列学习汉语的难易顺序。

5. 运用田野调查的方法,掌握第一手资料。参加本书撰写的老师们赴新疆对维、哈族聚居和杂居区的汉语教学情况进行了实地调查。通过跟班听课、问卷调查、收集学生的作文和作业、与师生座谈等方式提取了自然语料,了解了这些地区当前汉语教学的状况。在大量占有语料的基础上对偏误现象进行了类型分析,同时也对偏误现象产生的原因尽可能地进行了解释,还针对教学难点提出了可操作性的对策。

《维吾尔族、哈萨克族汉语语法教学难点释疑》是在语言学理论和语言习得理论的指导下进行的研究,避免空谈理论。我们希望它能为解决新疆维、哈族汉语教学的实际问题提供一点帮助。

第二章　句子成分

第一节　定语

汉语与维、哈语定语的构成成分不尽相同,表现形式也有很大差别。虽然维、哈语的属格(-niŋ)是定语的重要形态标记,但(-niŋ)又不能跟汉语定语"的"完全对应。因此,学生在学习汉语定语时常常受母语影响,只要母语中有属格(-niŋ)出现的地方,在转换成汉语时往往就用"的"与之对应,生成一些不符合汉语语法和语用规则的句子,出现偏误。

结构助词"的"是汉语定语的形态标记,使用时有一定规则可循,而不是所有定语之后都要用"的"。维、哈族学生在学习汉语时往往掌握不好"的"的用法,该用时没用,不该用时又用了,使用位置不当的现象也不少,教学中教师虽然也不断地进行纠正,但效果并不明显。本章将针对学生在使用定语"的"时出现的偏误问题及学习难点进行分析、探讨,力图能找到行之有效的办法来解决教学中的难点。

一、对应表达

在句子中,汉语和维、哈语定语的语序没有明显的区别。汉语定语的位置为:定语—主语—(状语)—谓语—定语—宾语。维、哈语定语的位置为:定语—主语—定语—宾语—状语—谓语。

汉语结构助词"的"是定语的重要标记,而维、哈语的属格(-niŋ)则

是定语的重要形态标记(以下例句以维语为例)。如:

我的老师／妈妈的同学／领导的讲话／浓浓的眉毛／黑黑的眼睛

men　-niŋ　muellim-im　我的老师
我　　(属格)　　老师

apa　-m　　-niŋ　sawaqdiʃ-i　(我)妈妈的同学
妈妈　(领属成分)(属格)　同学

人称代词作定语表示领属关系时,维、哈语是以属格(-niŋ)的形式出现的,而汉语则是用结构助词"的"来对应表达。

维、哈语由体词性修饰成分构成的定语的类型主要有三种形式:

1. 依附式

体词性修饰成分和中心语之间不借助任何形态标记构成的偏正关系。汉语也不加结构助词"的"。例如:

altun medal 金牌　qol sanaet 手工业　ajal ʃopur 女司机
金子 奖章　　　　手　工业　　　妇女　司机

2. 支配式

体词性修饰成分为主格形式,中心语之后缀接从属性人称形态标记。

ʃindʒiaŋ gezit -i 新疆日报　dʒoŋguo χɛlq -i 中国人民
新疆　　报纸 (领属成分)　中国　人民 (领属成分)

malidʒe idari -si 财政局
财政　机关 (领属成分)

汉语有些名词作定语时不表示领属关系,而表示事物的属性、原料、来源等,修饰成分与中心语结合紧密,一般不用结构助词"的"。在这种情况下,维、哈语与汉语的表达是一致的。

3. 一致式

体词性修饰成分缀接属格形态标记,中心语之后缀接从属性人称形态标记。如：

  χelq　-niŋ　tʃakir　-i　　　　人民的公仆

  人民（属格）　仆人　（领属成分）

  gylzar　-niŋ　qiz　-i　　　　古丽扎尔的女儿

  古丽扎尔（属格）　女儿　（领属成分）

这类定语的表达方式与汉语加结构助词"的"的形式相对应。

二、偏误类型分析

定语后是否用"的"，是学生困惑的问题，也是教学中教师感到比较棘手的问题。按照汉语的规则，定语后的"的"有时必须用，有时可用可不用，有时又一定不能用。是否用"的"，与充当定语的词语的性质有关，也与词语所表示的语法意义有关。学生在学习时出现的偏误主要有以下类型：

偏误一：人称代词后误加"的"。如：

（1）＊他的心里的怒气也烟消云散了。

  他心里的怒气也烟消云散了。

  （uniŋ køŋlidiki atʃtʃiq nɛlɛrgidu ʁajip boldi.）

（2）＊你的当冠军的梦迟早总会实现的。

  你当冠军的梦迟早总会实现的。

维、哈语人称代词作定语表示领属关系时，人称代词后面都有属格(-niŋ)，汉语人称代词作定语表示领属关系时，人称代词后面一般也有结构助词"的"。学生只注意到这种对应现象，误认为只要是人称代词，后面都可以加"的"，忽略了后面的偏正短语而出现偏误。人称代词限定名词构成偏正短语作定语，学生受母语影响，将人称代词后的属格形式直接转换成汉语结构助词"的"。

偏误二：介词短语作定语时"的"错位。如：

(3) *他们的对工作负责态度,使我很感动。
他们对工作负责的态度,使我很感动。
(4) *通过学习,我的用汉语思考能力提高了。
通过学习,我用汉语思考的能力提高了。
(yginiʃ arqiliq χɛnzutʃe tep pɛkkur qiliʃ iqtidarim aʃti.)

汉语介词短语作定语时,定语与中心语之间必须用"的"。如:"对事故的处理意见"、"关于填报志愿的问题"、"以大无畏的精神"等。

偏误三:在短语作定语修饰"时候"时常遗漏"的"。如:
(5) *上大学时候,我就看过这本书。
上大学的时候,我就看过这本书。
(alij mɛktɛptiki waqtimda bu kitabni oquʁanmen.)
(6) *我刚来时候,一个人也不认识。
我刚来的时候,一个人也不认识。
(dɛslɛpta kɛlgɛn tʃeʁimda hɛtʃkimni tonumajttim.)

句中的"上大学的时候"和"刚来的时候",在维、哈语中都没有出现领属格,而是用位格表示。由于维、哈语句中没有出现与汉语"的"相对应的语法成分,有些学生就感到茫然。另外汉语里有"小时候"、"啥时候"这种结构,使学生误以为与"时候"这个词相搭配的词可以是单音节的,因此就出现了"来时候"、"去时候"这样的错误。汉语"时候"这个词前面的修饰成分无论是单音节还是双音节,无论是词还是短语都必须加"的",否则就不符合汉语词的组合规则,如"来的时候"、"上中学的时候"、"讨论的时候"、"开车的时候"。但是,如果是单音节"时","时"前面的修饰语就不能加"的"。如"刚来时"、"读大学时"、"工作时"、"休息时"等。有些学生也出现"上街的时"等错误,这是因为维、哈语里的"时"和"时候"是同一概念,学生对"时"和"时候"这对词语各自的搭配特点不甚明了。一般来讲,"时候"常用于口语,而"时"常用于书面语,在分析讲解时应该讲清楚这对词语不同的语体色彩,以及定语用不用"的"还关系到音节和语体的问题。

偏误四:在定语与中心语之间误加"的"。如:

(7) * 我学到了不少文化的知识。

我学到了不少文化知识。

(mɛn nurʁun mɛdɛnijɛt bilimlirini øgɛndim.)

有些名词作定语时不表示领属关系,而表示人的职业或事物的质料、属性、来源等,属于描写性定语。这类定语与后面的中心语结合紧密,所以不能用"的"。如"文化知识"、"科学知识"、"铁盒子"、"英语老师"等。

偏误五:受维、哈语中的领属格形式(-niŋ)的影响,使用汉语时错加了"的"。如:

(8) * 他的头晕,不能坐飞机。

他头晕,不能坐飞机。

(uniŋ beʃi qajidu, ajrupilanda olturalmajdu.)

(9) * 阿勒泰的水草丰美。

阿勒泰水草丰美。

(altajniŋ ot-tʃøpi mol.)

(10) * 他的讲课很出色。

他讲课讲得很出色。

(u dɛrsni qaltis søzlɛjdu.)

(11) * 他的唱歌很好听。

他唱歌唱得很好听。

(u naχʃini intajin jaχʃi ejtidu.)

汉语里有一种特殊句型主谓谓语句,在维、哈语中则需要加领属格形式(-niŋ)来表示,学生遇到这种句子时,一般都会按照母语的形式直译过来,将领属格形式直接转换成"的",从而形成偏误。

偏误六:带有附加成分的形容词作定语时遗漏"的"。如:

(12) *我妹妹大大的眼睛、乌黑头发,很可爱。

我妹妹大大的眼睛、乌黑的头发,很可爱。

(siŋlimniŋ køzliri tʃoŋ, tʃatʃliri qap-qara, nahajiti omaq.)

维、哈语的"乌黑头发",定语是形容词最高级形式,直接修饰名词,不加任何成分。形容词之前的成分,可以直接修饰后面的偏正词组。汉语是形容词加在名词或形容词前形成偏正式结构,如"雪白的衬衫"、"雪亮的眼睛"、"冰凉的手"、"通红的炉火"、"鲜红的旗帜"。这类形容词作定语必须用"的"。

(13) *湿润润草地上有很多野花。

湿润润的草地上有很多野花。

(nɛmχuʁ tʃøplykte nurʁun jawa gyllɛr bar.)

形容词生动形式作定语时必须用"的",如"绿油油的稻田"、"亮晶晶的星星"、"香喷喷的饭菜"、"孤零零的村庄"、"沉甸甸的书包"、"软绵绵的地毯"等。维、哈语没有这种形式,需要学习者重点记忆。

偏误七:形容词受程度副词修饰时缺失"的"。如:

(14) *他是一个多么好人,谁有困难他都会帮助。

他是一个多么好的人,谁有困难他都会帮助。

(u nimandaq jaχʃi adɛm, kimniŋ qijintʃiliqi bolsa jardɛm beridu.)

(15) *他出生在一个非常富裕家庭。

他出生在一个非常富裕的家庭。

(u intajin baj ailide tuʁulʁan.)

维、哈语形容词作定语时,可以直接受程度副词修饰。而汉语受程度副词修饰的形容词作定语时,必须用"的",如"非常好的条件"、"十分理想的工作"、"极其寒冷的冬天"等。"好"是性质形容词,可以直接修饰名词,如"好人"、"好天气"、"好朋友"、"好地方"等。"多么"是程度副词,也可以直接修饰形容词,但当它们构成偏正结构时,就必须用"的",这里有强调的作用,如"多么美丽的景色"、"多么幸福的生活"等。

偏误八:重叠形容词作定语使用不当。如:

(16) *我握着他冰冰凉凉的手。

我握着他冰凉冰凉的手。

(mɛn uniŋ muzdek qollirini tuttim.)

汉语里双音节复合形容词的重叠形式比较复杂,一般来讲 AABB 式比较普遍,如"漂漂亮亮"、"慌慌张张"、"忙忙碌碌"、"安安静静"等,但不是所有双音节形容词都能按 AABB 式重叠。学生遇到形容词重叠形式时往往不加分析直接套用,造成偏误。在纠正偏误时应该讲清楚形容词重叠还有其他形式,如 ABAB 式("冰凉冰凉"、"通红通红"、"笔直笔直")和 ABB 式("红彤彤"、"绿油油"、"金灿灿")等。

偏误九:"的"、"地"、"得"混用。如:

(17) *那里的人非常热情的欢迎我们。

那里的人非常热情地欢迎我们。

(u jerdiki kiʃiler bizni nahajiti qizʁin qarʃi aldi.)

(18) *这充分的暴露了当时社会的黑暗。

这充分地暴露了当时社会的黑暗。

(bu ɛjni dewrdiki ʤemijetniŋ qaraŋʁuliqini toluq eʧip beridu.)

(19) *难怪他的汉语说的这么好。

难怪他的汉语说得这么好。

(ɛʤeba uniŋ χanzu ʧisi ʃundaq jaχʃimiken.)

发生这种混淆的原因大致有两种情况:其一是对"的"、"地"、"得"这三个结构助词各自所承担的语法角色不够明确;其二是没有掌握汉语定语、状语和补语的构成及意义。因此在表达时会感到困惑,常常将定语误当状语使用。

偏误十:数量词位置错误。如:

(20) *他为自己创造了学习汉语的一个好机会。

　　　他为自己创造了一个学习汉语的好机会。

　　　(u øzi yʧyn χenzuʧe øginiʃtiki bir jaχʃi pursetni hazirlidi.)

(21) *汉语对于我们来说是人生奋斗的一种武器。

　　　汉语对于我们来说是一种人生奋斗的武器。

　　　(χenzuʧe biz yʧyn turmuʃta kyreʃ qiliʃtiki bir χil qoral.)

从以上对比可看出,学生出错的原因主要是受母语的影响,因为维、哈语的数量词总是最靠近中心语,而对汉语数量词作定语的位置不明确。

偏误十一:描写性定语的顺序错误。如:

(22) *从远处走来了身材苗条的像仙女一样的两个姑娘。

　　　从远处走来了两个身材苗条的、像仙女一样的姑娘。

　　　(jiraqtin belliri ewriʃim, hør-peridek ikki qiz keldi.)

(23) *以前我汉语水平很差,甚至说不出正确的一句汉话。

　　　以前我汉语水平很差,甚至说不出一句正确的汉话。

　　　(ilgiri χenzuʧe sewijem bek tøwen idi, hetta bir ʁizmu toʁra sözlijelmejtim.)

"两个身材苗条的姑娘"中的"两个"是数量短语,属于限制性定语,"身材苗条的"是描写性定语。汉语递加关系定语的顺序是限定性定语在前,描写性定语在后。

三、教学难点及对策

难点一: 讲清母语属格(-niŋ)与汉语定语的标记"的"的对应关系。

在前面的偏误分析里,我们已经看到学生较突出的一个偏误类型就是将母语中的属格形式直接转换成汉语的结构助词"的"。如:

(24) *他的心里的怒气也烟消云散了。

他心里的怒气也烟消云散了。

(uniŋ køɥlidiki aʧʧiq nɛlɛrgidj ʁajip boldi.)

(25) *你的当冠军的梦迟早总会实现的。

你当冠军的梦迟早总会实现的。

这种偏误现象非常普遍,也是一个较难纠正的问题。

汉语由人称代词限定名词构成定语时,在具体的语言环境中,一般要省略人称代词后面的"的",这样能使文字简练、结构更加严谨。如:"经过解释,他心里的怒气也烟消云散了"。人称代词"他"后就不用加"的"了。

针对这类偏误,我们还应该从维、哈族学生母语的特点来分析。

学习者错误地认为维、哈语中凡是出现属格(-niŋ)的地方都可以替换汉语的"的"作定语,对正确地表达造成干扰。维、哈语这两句中的人称代词"他"、"你"都必须加领属格附加成分(-niŋ)来表达所属意义,这相当于汉语"的"的领属格成分不能省略。如"uniŋ"(他的)、"seniŋ"(你的)。受母语影响,学生直接转换就出现了偏误。因此,教师讲授时应特别强调,不能认为维、哈语中的领属格在汉语中都可以用"的"来替换。另外从汉语的语用规则讲,人称代词作定语表领属关系时,当人称代词之后还有其他成分作定语,如偏正短语、介词短语等时,"的"要加在短语后面。在具体的语言环境中,一般要省略人称代词后面的"的"。第一句如果是"他的气消了,我的气还没消呢",这种情况下是可以用

"的"的,强调所属,这时的"的"与维、哈语领属格形式相对应;而"他的心里的怒气也烟消云散了",强调的是"心里的怒气",这时人称代词"他"后面就不应加"的"了。

此外,还有一类介词短语作定语时的偏误。如:

(26) *他们的对工作负责态度,使我很感动。

(27) *通过学习,我的用汉语思考能力提高了。

这种偏误由两个因素造成:其一是维语里没有介词,学生较难理解介词的语义功能及句法功能,而汉语介词的语法意义在维、哈语中一般是以名词的"格"或者后置词等形式体现出来的。其二不清楚介词短语在汉语语句中所处的位置。汉语这两句中的"对工作负责"、"用汉语思考"是介词短语,"态度"、"能力"是中心语,受介词短语的修饰。介词短语与中心语之间一定要加"的"。能作定语的介词短语是有限的,如"对、对于、关于、用、同、为"等构成的介词短语能作定语。这一点应要求学生重点记忆。另外受母语影响,维、哈语的定语一般要用领属格(-niŋ)来表示,汉语用"的"对应表达。学生认为"他们的"是"态度"的定语,是所属关系,因此认为加"的"顺理成章。实际上这是一个复杂定语,"他们的态度"、"对工作负责的态度",按照汉语"的"的使用规则,一般在最后一项定语后面用"的"。

对策:教师应该首先讲清楚,虽然"的"是汉语定语的形态标记,维、哈语用属格(-niŋ)与之对应,但这种对应是有一定限制的,并不是完全对应的,只是在人称代词作定语表示领属关系时,"的"和属格(-niŋ)才是对应的。应及时纠正学生在处理有关句子时产生的偏误,教师在教学过程中应对学生的母语及目的语适当进行对比,讲清在什么情况下对应,什么情况下不对应。

针对维、哈语中没有介词的问题,在教学中应适当进行对比,加强介词短语的训练,如"关于考试纪律的决定"、"对同学的看法"等,让学生明确哪类短语是汉语独有的,哪类短语是汉语、维语共有的。如维、哈语中的偏正短语与汉语的偏正短语在很大程度上是对应的,学生掌握起来就比较容易。

学生比较容易出错的环节还有对汉语结构助词"的"的使用规则很模糊,该用时不用,不该用时又误用。常出现赘加、遗漏、错位的偏误现象。教师应把主要规则总结出来让学生有一个清晰的认识,通过实践加强记忆。一般来讲,短语作定语时都要加"的",如动词短语作定语("敞开的大门"、"刚发表的论文"、"经历过的苦难"、"挂着的油画")、主谓短语作定语("家庭贫困的孩子"、"贵族居住的地方"、"国家控股的企业"、"衣衫褴褛的乞丐")、介词短语作定语("对工作的态度"、"用汉语的能力"、"关于考试纪律的问题")、四字短语作定语("琳琅满目的商品"、"熙熙攘攘的大街"、"风华正茂的青年"、"翻天覆地的变化")。加强这类短语的训练,培养语感,有的放矢、有针对性地实施教学,才能有效地避免偏误的出现。

难点二:形容词作定语时"的"的遗漏问题。如:

维、哈语与汉语的形容词在构成方面差别比较大,学生面对这种复杂的结构往往不知如何正确表达,很容易出现偏误。汉语形容词的词缀比较丰富,在用法上也比较固定,不能随意搭配。其重叠形式有ABB式、AABB式、ABAB式,学生在使用时对重叠形式不够明确,常出现混用的错误。受母语影响,形容词作定语时还常常遗漏"的"。汉语形容词作定语时无论什么形式都要加"的"。如下面的例子若去掉句中的"的",就是病句。如:

(28) *我妹妹大大的眼睛、乌黑头发,很可爱。

我妹妹大大的眼睛、乌黑的头发,很可爱。

(29) *湿润润草地上有很多野花。

湿润润的草地上有很多野花。

(30) *他是一个多么好人,谁有困难他都会帮助。

他是一个多么好的人,谁有困难他都会帮助。

对策:维、哈语的形容词都可划分为性质形容词(非派生形容词)和关系形容词(派生形容词)。汉语的形容词也分为性质形容词和状态形容词。汉语的性质形容词可分为单音节形容词(如:大、高、白、快)和一般的双音节形容词(如:美丽、干净、清楚、聪明)。汉语只有单音节性质形容词与维、哈语的性质形容词比较接近,一般可以直接转换。

但维、哈语的关系形容词是在静词或动词上缀加各种附加成分构成的。如:光明的、像月亮似的、清澈的、爱自夸的,这类形容词的构成与汉语形容词的构成相差比较远。

值得注意的是汉语的状态形容词。这类形容词如:雪白的、乌黑的、冰凉的、绿油油的、金灿灿的、沉甸甸的、冷冷清清的、高高的、淡蓝的、浅红的等,与维、哈语形容词级的形式很相近。

汉语形容词的重叠形式表强化,接近于维、哈语形容词的最高级形式。汉语重叠形容词作定语时都要用"的",如"空空荡荡的操场"、"热热闹闹的市场"、"白白净净的姑娘"、"歪歪扭扭的树干"、"冷冷清清的街道"。以上例子都属于描写性定语,而且描写性非常强。维、哈语中形容词重叠形式有两种:一种是重复原有词根,并在两词根中间加连接符;另一种是重叠部分音节(这部分音节有一定的音变),再与原有音节重叠,中间加连接符。维、哈语的形容词都有级的区别,重叠后的形容词都是最高级形式。

汉语形容词表示强化或弱化一般是通过副词修饰形容词来完成的。如可以说"非常好的条件"、"十分理想的工作"、"极其寒冷的冬天"、"一个很好的人"、"多么好的人"。但不能说"他是一个很好人"、"他是一个多么好人"、"比较好天气"。维、哈语的程度副词可直接修饰形容词作定语,而汉语形容词前如果有程度副词,在偏正词组中作定语时,必须用"的"。教师应举例进行对比,给学生一些清晰的认识,并加强训练,培养语感,这样才能减少出错。

难点三:讲清"的"、"地"、"得"的用法及区别。

学生混淆"的"、"地"、"得"的用法,一个很重要的原因是对汉语句法句子成分不够清楚。他们对汉语句子成分的标记认识模糊,在使用时将"的"泛化,无论状语还是补语都一律用"的"。

汉语和维、哈语的定语在句子的语序中没有明显的区别。在汉语中,结构助词"的"是定语的重要标记,而维、哈语的属格(-niŋ)则是定语的重要形态标记。汉语和维、哈语的状语在语序方面几乎没有差异,它们通常都处于动词谓语前,但也有少数位于句首。汉语状语最重要的标记是结构助词"地",而维、哈语的体词作状语时通常带有与格、从格、位格等形态标记。维、哈语中没有补语这种句子成分,汉语补语的形态标记是"得"。例如:

(31) *那里的人非常热情的欢迎我们。

那里的人非常热情地欢迎我们。("热情"作状语)

(32) *这充分的暴露了当时社会的黑暗。

这充分地暴露了当时社会的黑暗。("充分"作状语)

(33) *难怪他的汉语说的这么好。

难怪他的汉语说得这么好。("这么好"作补语)

对策:首先应该帮助学生掌握汉语的句子成分这一重要语法点。特别是定语、状语、补语这些成分的识别。

修饰、限制主语或宾语的词或短语为定语,被修饰的词为中心语时,定语一般位于中心语前。汉语的实词和短语大都可以作定语。除了副词和"的"字短语以外的各类实词和各种短语都可以作定语。"的"是定语的形态标志。

定语与其中心语在意义方面的关系是非常复杂的,基本可分为两大类,限制性定语与描写性定语。从数量、时间、处所、归属、范围等方面对中心语加以限制的定语为限制性定语。作用是限定中心语的范围。从性质、状态、特点、用途、质料、职业、人的穿着打扮等方面对中心语加以描写的定语为描写性定语。作用是对事物进行描写。限制性定语具有区别作用,而描写性定语只是描写事物本身。

维、哈语的定语是句中名词、名词性的词或名词词组的限定成分,在句中起修饰或领属作用。而维、哈语的属格(-niŋ)则是定语的重要形态标记。

维、哈语可以作定语的有:形容词及形容词词组、代词、数量词及数量词组、名词及名词词组、形动词及形动词词组、名动词及名动词词组、摹拟词、后置词词组。

汉语状语是谓词性成分的修饰语,大多数实词及短语都可以作状语。副词、形容词、能愿动词、表时间和处所的名词、部分代词。"地"是状语的标志。状语的语义类型分限定性状语和描写性状语。限定性状语主要是从时间、处所、范围、对象、方式、目的等方面对句子、谓语成分或动词、形容词加以限制。此类状语后边不能加"地"。描写性状语主要由形容性词来充当,用于描写动作状态或人物情态。描写性的状语后一般可以加"地"。

维、哈语中状语是句子中动词、形容词或动词词组、形容词词组的修饰限制成分。通常副词、副动词、后置词词组、名词及名词词组、名动词及名动词词组、代词、数词及数量词组、摹拟词都可以作状语。汉语和维、哈语的状语在语序方面几乎没有差异,它们通常都处于动词谓语前,但也有少数位于句首。汉语状语最重要的标记是结构助词"地",而维、哈语的体词作状语时通常带有与格、从格、位格等形态标记。

补语是谓语之后补充说明谓语中心的句子成分。汉语中,能够充当补语成分的主要有谓词性词语、数量结构短语和介词结构短语等。

维、哈语中没有补语这种句子成分。因此,维、哈语的状语与汉语的补语和状语都存在着相应的对应关系。

另外应明确指出"的"、"地"、"得"是汉语的结构助词,他们的作用是把词语连接起来,构成具有某种句法结构关系的短语。"的"是连接定语及其中心语的,是定语的语法标志。"地"是连接状语及其中心语的,是状语的语法标志。"得"是连接补语及其中心语的,是补语的语法标志。汉语没有严格的形态变化,语法意义的表现形式灵活多变,主要靠语序和虚词。而维、哈语的定语及状语的表现形式则一般是由词或词组或带有形态变化的词来充当,没有单独的语法标记。维、哈语又没有补语这一语法成分,这就是学生在学习汉语定语、状语、补语时感到困惑的原因,也是"的"、"地"、"得"混用的根源。要解决这个问题,其一是让学生真正掌握汉语定语、状语、补语的构成及意义;其二是让学生明确这三个结构助词各自所承担的语法角色。教师在授课时应兼顾这两个方面,指导学生正确使用"的"、"地"、"得"。

难点四:讲清数量词作定语时的位置。

汉语多层定语的语序问题比较复杂,一般语序是:

所属—时间处所—指代或数量短语—动词性短语和主谓短语—形容词性短语—质料、属性、范围的名词、动词

维、哈语多层定语的次序排列为:

所属—时间处所—指代—性质或数量

从以上排列可以看出:汉语的数量词作定语时位置比较靠前,而维、哈语的数量词作定语时位置在句末。多层定语的顺序是按逻辑关系排列的,跟中心语关系越密切的定语就越靠近中心语。汉语数量短语的位置比较灵活。维、哈语的数量短语一般最靠近中心语。由于受母语的影响,学生在使用数量词作定语时总是遵循着这样的排列顺序,即:一般性定语—数量词语—中心语。如:

(34) *他为自己创造了学习汉语的一个好机会。

(35) *汉语对于我们来说是人生奋斗的一种武器。

(36) *从远处走来了身材苗条的像仙女一样的两个姑娘。

(37) *以前我汉语水平很差,甚至说不出正确的一句汉话。

对策:学生在学习中出现偏差主要还是受母语的影响,教学中应讲清汉语与学生母语在数量词作定语时的差异。引导学生有意识地去克服这种偏误。另外从汉语的角度讲在某种情况下也可以出现这种语序。但它是有条件、有限制的。从汉语的语义分析"一个学习汉语的好机会"比"学习汉语的一个好机会"更接近"一个好机会"。前者具有强调性,而后者不具有这个性质。由于"一个好机会"是典型的个体化名词短语,"一个学习汉语的好机会"比"学习汉语的一个好机会"个体化程度高,后者的数量词前还有其他修饰成分,所以就减轻了它的个体化程度。这种差异,作为第二语言学习者,是较难觉察的。

第二节 状语

一、对应表达

维、哈语的状语是句子中动词、形容词或动词词组、形容词词组的修饰限制成分。通常副词、副动词、后置词词组、名词及名词词组、名动词及名动词词组、代词、数词及数量词组、摹拟词都可以作状语。汉语和维、哈语的状语在语序方面几乎没有差异,它们通常都处于动词谓语前,但也有少数位于句首。汉语状语最重要的标记是结构助词"地",而维、哈语的体词作状语时通常带有与格、从格、位格等形态标记。

汉语和维、哈语的状语在句子中的语序没有明显的区别。

汉语状语的位置为:

(状语)—定语—主语—状语—谓语—宾语

维、哈语状语的位置为：

(状语)—定语—主语—(定语)—(宾语)—状语—宾语—(状语)—(定语)—谓语

汉语与维、哈语的状语不完全对应。如：

维语：

(1) dadam øj-din tʃiqti. (我父亲从家里出去了。)
　　我父亲　家(从格)　出去

(2) u dɛrsχani-da yginiwatidu. (他在教室学习。)
　　他　教室(位格)　　　学习

(3) professor waŋ kino-ʁa kɛtti. (王教授看电影去了。)
　　教授　　王　电影(与格)　去

哈语：

(4) aspan-da teŋgedej bult dʒoq. (天上一点儿云彩也没有。)
　　天空(位格)(像)银元　云彩　没有

此外，维、哈语的短语结构和后置结构也都可以充当句子的状语成分。如：

维语：

(5) ular kɛtʃɛ-kyndyz tinmaj iʃlewatidu. (他们在昼夜不停地工作。)
　　他们　　昼夜　　不停　工作

(6) ɛrkin qizil qɛlɛm bilɛn jazdi. (艾尔肯用红笔写了。)
　　艾尔肯　红笔　(后置词)　写了

哈语：

(7) qojlardə kørip, qozalar maŋəraj bustadə. (一见母羊，羊羔咩咩地叫起来。)
　　绵羊(宾格)看(副动词)羊羔　咩咩叫　开始

(8) tyn boje   istidim.（我工作了一整夜。）
    夜 （后置词） 工作

二、偏误类型分析

(一) 非描写性状语使用的偏误类型分析

偏误一：误用"在"。如：

(9) *在下午两点我宿舍里等你。

　　下午两点我在宿舍等你。

　　（tʃyʃtin kejin sæt ikkidɛ sizni jataqta saqlajmɛn.）

(10) *在今年冬天,新疆下了好几场雪。

　　今年冬天,新疆下了好几场雪。

　　（bu jil qiʃta ʃindʒaŋda nurʁun qar jaʁdi.）

(11) *在街上的车特别多。

　　街上的车特别多。

　　（kotʃida maʃinilar nahajitti køp.）

维、哈族学生在学习表示时间、方位、范围的状语时比较容易出现偏误。时间名词作状语,通常表示行为动作的时间。

汉语和维、哈语中都有时间名词用在句首作状语的情况,它们所表达的语义也基本一致,但维、哈语与汉语的表达形式不同,维、哈语时间名词作状语一般都有形态标记,即在时间名词(时间名词短语)上加时位格表示。这与汉语中表示时间和处所的介词"在"、"当"有些相像,因此造成一些学生在使用这种句式时将维语的位格直接转换成汉语的"在"而造成偏误。

偏误二：由处所词语和介词短语充任状语表处所和空间时,在"在……上"、"在……里"、"在……下"的结构中遗漏"在"。如：

(12)＊同学们的帮助下,我有了很大进步。

　　　在同学们的帮助下,我有了很大进步。

　　　(mɛn sawaqdaʃlirimniŋ jardimidɛ køp ilgirilidim.)

(13)＊老师们大礼堂里开会。

　　　老师们在大礼堂里开会。

　　　(oqutquʧilar zalda jiʁin eʧiwatidu.)

　　从偏误产生的原因来分析,主要是受母语的干扰。维、哈语的"在……下"、"在……里"等结构,都是由名词加位格表示的,学生只注意到了位格形式转换成汉语时可用"下、里、中"表示,而忽略了前面的"在",认为这个"里"已经表示出了处所、方位、条件、范围的意义了。顾此失彼出现偏误。因此在讲授时,应该加强汉语这种固定格式的搭配训练,讲清汉语与母语之间的差异。

　　偏误三:由介词"和、跟、同、与、向、把"等构成的介词短语作状语时,介词缺失。如:

(14)＊我们经常汉族同学谈话,提高口语表达能力。

　　　我们经常和汉族同学交流,提高口语表达能力。

　　　(biz daim χɛnzu sawaqdaʃlirimiz bilɛn paraŋliʃip ɛʁizʧɛ ipadilɛʃ iqtidarimizni østirimiz.)

(15)＊他老师请假了,回去宿舍了。

　　　他向老师请假了,回宿舍去了。

　　　(u muɛllimdin ruχsɛt sorap jataqqa kɛtti.)

(16)＊理发员他的头剃破了。

　　　理发员把他的头剃破了。

　　　(satiraʧ uniŋ beʃini kɛsiwɛtti.)

　　汉语的介词属于虚词类,是汉语语法意义的主要表现形式。维、哈语没有介词,而是用名词的"格"或者后置词等来表示与之相应的语法意义。从句子的语义结构看,介词往往体现出某些语义成分,如时间、处所、方式、对象、依据、范围、缘由、目的等。维、哈族学生遣词造句过程中常常忽视介词。究其原因,其一是学生对介词的语法功能不够明确,对其在汉语中所起的重要作用认识不足。其二是维、哈语与之相应的表现形式"格"和后置词都是黏附在名词或较固定的位置上。

(二)描写性状语使用的偏误类型分析

偏误四:误用程度副词修饰本身已包含程度意义的形容词。如:

(17) *他们看见我很亲亲热热地打个招呼。

　　　他们看见我很亲热地打了个招呼。

　　　(ular meni køryp qizʁin salam qildi.)

(18) *山洞里太漆黑。

　　　山洞里漆黑一片。/山洞里太黑。

　　　(øŋkyr qap-qaraŋʁu.)

(19) *她很冷冰冰地说:"我不去。"

　　　她冷冰冰地说:"我不去。"

　　　(u soʁuqluɣ bilen men barmajmen dedi.)

(20) *服务员对客人很彬彬有礼。

　　　服务员对客人彬彬有礼。

　　　(mulazimetʧi mehmanlarʁa nahajiti edeplik.)

(21) *他很慢条斯理地讲述事情的经过。

　　　他慢条斯理地讲述事情的经过。

　　　(u iʃniŋ ʤerjanini ezmilik bilen søzlep berdi.)

"亲亲热热"是形容词重叠形式 AABB 式。在句中作状语,表示程度深。"亲亲热热"本身就已经强化了"亲热"的程度了,就不能再受程度副词"很"的修饰。汉语重叠形式的形容词或加词缀的形容词,如"冷冰冰"、"亮晶晶"、"沉甸甸"、"红艳艳"等不能再被程度副词修饰。名词词素加形容词词素或动词词素加形容词词素所构成的形容词,如"漆黑"、"笔直"、"雪白"等也不能再被程度副词修饰,因为本身就表示程度的加深。此外,当固定的四字词语本身就具有程度意义时,其前同样不能再加程度副词。

偏误五:性质形容词重叠作状语表强化。如:

(22) *我一定好地学英语。

我一定好好地学英语。

(mɛn ingliztʃini tʃoqum jaχʃi yginimɛn.)

维、哈语是直接用"好"这个词表示"学"的状态,而不是用重叠形式,与汉语的表达不对应,因此容易出现偏误。

汉语里单音节形容词作状语不能加"地"。此外"好"作为性质形容词使用时,只能修饰名词作定语(如"好书"、"好学生"),而不能修饰动词作状语(如*"好地学"、*"好地干")。但是,重叠后的"好好(地)"是状态形容词,可以修饰动词作状语(如"好好地工作"、"好好地过日子")。再如不能说"你好地读一下这本书",只能说"你好好地读一下这本书"。同样,"热"作状语时不能说"你热地喝下去,会舒服一些",而只能说"你热热地喝下去,会舒服一些"。

(三) 状中结构"地"使用的偏误类型分析

偏误六:缺失状语的标志"地"。如:

(23) *他清楚知道问题的严重性。

他清楚地知道问题的严重性。

(u mɛsiliniŋ ɛʁirliqini ɛniq bilidu.)

(24) *他随随便便回答老师的问题。

他随随便便地回答老师的问题。

(u muɛllimniŋ sualiʁa mundaqla ʤawap bɛrdi.)

(25) *她很不耐烦解释了一遍。

她很不耐烦地解释了一遍。

（u taqetsizlik bilεn jεnε bir rεt ʧyʃεndyrdi.）

维、哈语的形容词可以直接修饰动词作状语，而汉语在形容词和动词之间有时必须加表示状语标记的"地"。以上几例都是描写性的状语，描写动作的一般要加"地"。从另一个角度讲，动词、双音节形容词作状语要加"地"，形容词生动形式修饰动词短语，一般也都加"地"，如"她连蹦带跳地跑进了教室"，"学生不停地问老师问题"，"他慢腾腾地走过来"，"他工工整整地抄了一遍"。

偏误七：副词作状语，误用"地"。如：

(26) ＊听了这感人的故事，他不禁地流下了眼泪。

听了这感人的故事，他不禁流下了眼泪。

（bu tεsirlik hεkajini aŋlap uniŋ iχtijarsiz jeʃi tøkyldi.）

汉语的副词作状语，一般不带标记性成分"地"，但方式副词带"地"的情况较其他副词稍多一点儿，而时间副词、程度副词、语气副词、范围副词带"地"的情况很少，否定副词和关联副词都不能带"地"。

偏误八：动词和动词短语作状语时缺失"地"。如：

(27) ＊服务员笑嘻嘻走过来。

服务员笑嘻зhi地走过来。

（mulazim hiʤajʁiniʧε jetip kεldi.）

(28) ＊他上课时不停说话。

他上课时不停地说话。

（u dεrs waqtida toχtimaj gεp qildi.）

(29) ＊老师满意了点一点头。

老师满意地点了点头。

（muεllim razimεnlik bilεn bεʃini liŋiʃtti.）

维、哈语的动词都可以在句中作状语。维、哈语作状语的动词常为副动词形式或带格的动名词、形动词。动词常作方式状语、原因状语和目的状语。用汉语表达时,描写动作者的行为方式的一定要加"地"。学生不明确这一点就往往出错。

偏误九:形容词和形容词短语作状语时缺失"地"。如:

(30) *他恶狠狠瞪着眼睛。

他恶狠狠地瞪着眼睛。

(u qehri bilen alajdi.)

(31) *他勤勤恳恳工作,从不计较个人得失。

他勤勤恳恳地工作,从不计较个人得失。

(u ʤapaliq iʃlep, øzniŋ pajda-zijini bilen hisa-blaʃmajdu.)

形容词和形容词短语作状语描写动作时要用"地"。维、哈语是直接用形容词作程度状语或方式状语,与汉语的句子不完全对应。学生在转换时容易丢失"地"。

维、哈族学生在学习运用汉语多层状语时容易发生顺序颠倒的偏误。汉语多层状语语序问题比较复杂,什么成分在前,什么成分在后,取决于谓语内部的逻辑关系。

汉语状语的排列顺序为:

时间状语、地点状语、介词结构作状语—(时间状语、地点状语、介词结构作状语)、目的状语、程度范围状语、数量状语、方式状语—谓语。

维、哈语状语的排列顺序为:

时间状语、地点状语、后置词结构作状语—(时间状语、地点状语、后置词结构作状语)目的状语、程度范围状语、数量状语、方式状语—谓语。

副词的语法功能是充任状语,修饰动词、形容词,或者修饰整个句子。有些学生对虚词所处的语法环境不甚明了,所以在用副词时将其位置规律性地错置于主语之前。

偏误十:表示范围、语气的副词错置于主语之前。如:

(32) *我汉语学得不好,也英语方面很差。

我汉语学得不好,英语方面也很差。

(meniŋ χenzutʃem jaχʃi emes, ingiliztʃemmu natʃar.)

(33) *大家都去劳动了,却他在宿舍里睡觉。

大家都去劳动了,他却在宿舍里睡觉。

(køptʃilik emgekke ketti, emma u jataqta uχlawatidu.)

(34) *他的声音很大,什么话都我们听得很清楚。

他的声音很大,什么话我们都听得很清楚。

(uniŋ awazi ynlyk, hemme gepini eniq aŋlijalajmiz.)

(35) *没想到竟我的琴声打动了他。

没想到我的琴声竟打动了他。

(men tʃalʁan sazniŋ uniŋʁa deχli qiliʃini ojlimaptimen.)

汉语的时间、处所状语都可以在主语前,副词作状语则应该位于主语后。汉语"都"、"也"这类副词与维、哈语里的同类副词相对应的不多。维、哈语根据语义有多种不同的表达方式,如用副词、代词、名词、形容词、语助词等,还可以用附加成分等形式表示。学生找不到对应点,有的就根据维语的语序,直接转换成汉语而形成偏误。

偏误十一:错将状态补语用成了状语。如:

(36) *他把衣服干净地洗了。

他把衣服洗干净了。

(u kejimini pak-pakiz jujdi.)

(37) *那句话我清楚地听了。

那句话我听清楚了。

(u gepni eniq aŋlidim.)

(38) *昨天他很晚睡了。

昨天他睡得很晚。

(tynygyn u intajin ketʃ uχlidi.)

偏误十二：错将数量补语用成状语。如：

(39) *他比我三个小时晚来了。

他比我晚来三个小时。

(u mɛndin yʧ saɛt kejin kɛldi.)

(40) *两年来,他只一次回家了。

两年来,他只回了一次家。

(ikki jildin bujan u bir qetimla øjigɛ qajtti.)

维、哈语中没有补语成分。汉语补语的语法意义在维吾尔语、哈萨克语中是以状语的形式出现的,因此学生受母语干扰,普遍用状语代替补语。另外学生对汉语状语和补语的语义功能不够了解,不清楚维吾尔语、哈萨克语的状语成分在向汉语相应成分转换的过程中其语义和表达功能上的差异,从而造成偏误。

三、教学难点及对策

难点一：赘加"在"。如：

(41) *在下午两点我宿舍里等你。

下午两点我在宿舍等你。

(ʧyʃtin kejin saɛt ikkidɛ sizni jataqta saqlajmɛn.)

(42) *在今年冬天,新疆下了好几场雪。

今年冬天,新疆下了好几场雪。

(bu jil qiʃta ʃindʒaŋda nurʁun qar jaʁdi.)

(43) *在街上的车特别多。

街上的车特别多。

(kotʃida maʃinilar nahajitti køp.)

维、哈语表示时间的位格形式的名词或短语形式转换成汉语时,如果是时间词语,有时不需要用"在"这个标记,而表示空间位置又位于动词前时,就一定要用"在"。如维语的位格形式加在"宿舍"这个词上,学生只注意到了方位的意义,就用了"宿舍里"来表达,而忽略了"在"。

对策: 从偏误分析看,维、哈语与汉语在表示方位方面存在着差异。介词"在"的使用偏误反映了少数民族学生在介词短语掌握及运用时的薄弱环节。针对学生这种偏误,教师有必要讲清因介词位置不同所带来的意义上的区别。时间名词在句首作状语,其前一般不加介词"在"。如果变换句式,将时间名词作状语放在主语后,有时则可以加,如"他在去年夏天出了一次国",但这里有强调的意味。

难点二: 由介词"和、跟、同、与、向、把"等构成的介词短语作状语时,介词遗漏。如:

(44) *我们经常汉族同学谈话,提高口语表达能力。

我们经常和汉族同学交流,提高口语表达能力。

(biz daim χenzu sawaqdaʃlirimiz bilεn paraŋliʃip εʁizt͡ʃe ipadileʃ iqtidarimizni østirimiz.)

(45) *他老师请假了,回去宿舍了。

他向老师请假了,回宿舍去了。

(u muεllimdin ruχsεt sorap jataqqa kεtti.)

(46) *理发员他的头剃破了。

理发员把他的头剃破了。

(satirat͡ʃ uniŋ beʃini kesiwεtti.)

汉语作为 SVO 型的语言,介词是其语法体系中的一个重要词类,但作为 SOV 型的维、哈语中则有后置词,而没有类似前置词的介词类。因此,在语序的表达和转换方面,维、哈族学生对汉语介词缺乏应有的感性认识,这就使得介词的习得成为他们汉语学习中的一个重要难点。与 SOV 型语言的后置词相似，汉语的介词在句中往往表达的是语法信息。所以，因语言结构不同而导致的语法框架的差异也就造成了习得者在介词习得中出现大量的遗漏偏误。

对策：教师应该根据难点归纳总结两种语言的差异并指导学生学习训练。汉语在表示共同、协同完成某一动作或表示动作的对象时用"和、跟、同、与、向、把"结合指人的名词、代词表示；而维、哈语则是通过语法手段来实现，即在表示动作的对象或动作共同完成者的词后缀接格构形成分等来表示。所以说，维、哈语中的一些语法手段与汉语中的某些词是有对应关系的。

在课堂实践中，教师可以设置一些改错、填空（包括选择填空）、用指定的介词回答问题、变换句式、翻译、连词成句等练习形式帮助学生掌握介词的用法，也可以在学生对学习介词时的干扰有清楚的认识后开设专门的偏误分析课，通过对学生自己生成的偏误句子进行解释来引导他们纠错。

难点三：缺失状语的标志"地"。如：

(47) *他清楚知道问题的严重性。

　　他清楚地知道问题的严重性。

　　（u mɛsiliniŋ eʁirliqini eniq bilidu.）

(48) *他随随便便回答老师的问题。

　　他随随便便地回答老师的问题。

　　（u muɛllimniŋ sualiʁa mundaqla ʤawap bɛrdi.）

(49) *她很不耐烦解释了一遍。

　　她很不耐烦地解释了一遍。

　　（u taqɛtsizlik bilɛn jɛnɛ bir rɛt ʧyʃɛndyrdi.）

(50) *他恶狠狠瞪着眼睛。

　　他恶狠狠地瞪着眼睛。

(u qɛhri bilɛn alajdi.)

(51) *他勤勤恳恳工作,从不计较个人得失。

他勤勤恳恳地工作,从不计较个人得失。

(u dʒapaliq iʃlep, øziniŋ pajda-zijini bilɛn hisaplaʃmajdu.)

维、哈语的这类状语一般是用形容词或副动词形式以及带格的动名词、形动词来充当,"地"是汉语中描写性状语的标记。由于两种语言的差异和对应的空缺,使学生在表达时很容易遗失状语标记"地"。另外,状语的类型不同,"地"的使用规则也不同,这种复杂现象使状语"地"的使用成为难点。

对策: 分析状语的结构,明确状语的语用规则。

维、哈语的形容词可以直接修饰动词作状语,而汉语在形容词和动词之间有时必须加表示状语标记的"地"。描写性状语,描写动作的一般要加"地"。从另一个角度讲,动词、双音节形容词作状语要加"地"。形容词生动形式修饰动词短语,一般都加"地"。如"他满脸不高兴地说"、"昏头涨脑地干了一天"、"余怒未息地咆哮起来"、"高质量地完成"、"很惊讶地问道"、"比较生硬地回答"、"眉飞色舞地比画着"、"龙飞凤舞地写着"等都属于描写性状语,它们有的是描写动作、有的描写动作者,这些动词作描写性状语时,其后一般都要用"地"。对于这类状语,维、哈语是用形容词或副动词形式以及带格的动名词、形动词来充当的。非描写性状语主要是从时间、处所、范围、对象、目的等方面对句子或动词、形容词加以限制。这类状语主要由介词短语和副词充当,后边不能加"地";但维、哈语中是由带格的时间名词、带格的代词、副词、方位词组、联合词组、述宾词组充当。教师讲解时应适当将两种形式加以对比,使学生明确汉语状语同维、哈语状语构成的共同点与不同点,在表达时就会有意识地避免偏误的出现,培养习得者逐渐获得既符合汉语语法规则又符合汉语表达习惯的语感。

难点四：错将状态补语用成了状语。如：

(52) *他把衣服干净地洗了。

他把衣服洗干净了。

(u kejimini pak-pakiz jujdi.)

(53) *那句话我清楚地听了。

那句话我听清楚了。

(u gɛpni eniq aŋlidim.)

(54) *昨天他很晚睡了。

昨天他睡得很晚。

(tynygyn u intajin kɛtʃ uχlidi.)

(55) *他比我三个小时晚来了。

他比我晚来三个小时。

(u mɛndin ytʃ saɛt kejin kɛldi.)

(56) *两年来，他只一次回家了。

两年来，他只回了一次家。

(ikki jildin bujan u bir qetimla øjigɛ qajtti.)

由于维、哈语里没有补语成分，学生在学习汉语的补语时，既想回避这种陌生的语法现象，又想找到与本意最接近的表达方式，从而导致他们直接套用母语的句子结构进行转换，并且均用状语形式来表达，所以就形成了比较突出的偏误现象。

对策：减少母语负迁移作用。

汉语和维、哈语的状语在语序方面几乎没有差异，即它们通常都位于动词谓语前，但也有少数位于句首。汉语状语最重要的标记是结构助词"地"。由于维、哈语的体词作状语时通常带有与格、从格、位格等形态标记，学生在表达时容易赘加一些成分。在教学过程中应该讲清楚维、哈语带格的名词、代词作状语时,汉语为介词结构、方位词组或偏正词组。因此,在教学实践中,我们要将语法规则的使用范围讲清楚,把语法与语境联系起来:维、哈语的状语在什么情况下可以直接转换为汉语的补语,在什么情况下不能直接转换而必须用补语表述。

第三节 补语

补语是汉语语法结构的重要组成部分。它在述语后,和述语构成一种比较特殊和复杂的句法结构——述补结构。述补结构的模式多样,语义丰富。有的意义还可以引申,使述补结构的意义及语法关系更为复杂化。

维、哈语没有补语。对维、哈族学生来说,补语是一个全新的概念。因为汉语补语没有形式标志,语法关系具有隐性的特点。补语的深层语义关系和表层语法形式常常不一致,所以离开语义很难对句子的语法关系做出正确的分析。如从表层形式看"他看对了我"完全符合述补结构句的词序和形式,但这是错句。原因是从语义上说,"对"是对"看"的描述,而不涉及其他事物,所以不能带宾语。可见,汉语的语法分析应是先弄清语义关系,再确定句子的结构是否正确,即先语义后结构的分析过程。而维、哈语的语法关系则是通过语法形式表示的,语序很灵活,甚至可以脱离语义,只根据形式就可以分析语法关系,分析过程是先形式后语义的。因此,补语教学是维、哈族汉语教学的一个难点。

一、对应表达

汉语的补语按结构可以分为三类:
1. 述语和补语之间用结构助词"得"的。如:急得直跺脚。
2. 述语和补语之间不用结构助词"得"的。如:他打碎了玻璃。

3. 述语和补语之间用"得"不用"得"都可以的。如：我看清楚了。/我看得很清楚。

按意义划分,可以分为七类：

1. 程度补语。如：闷极了、累死了。
2. 结果补语。如：烧煳了、摔破了。
3. 状态补语。如：气得直哭、高兴得跳起来。
4. 趋向补语。如：走出来、倒下去。
5. 数量补语。如：学习了一年、打了一下。
6. 介词补语。如：放在桌子上、来自北京。
7. 可能补语。如：买得起、做得完。

各类补语表示的意义不同,维、哈语的对应表达形式也各不相同。下面以哈语为例,分析一下汉语的各类补语在哈语中的对应表达。

(一) 汉语程度补语在哈语中的对应表达

汉语的程度补语按构成可分为黏合型和组合型两种。黏合型即述语和程度补语中间不能插入任何成分的类型。如：累死、好极、坏透等；一种是用"得"把述语和程度补语连接起来的类型,为组合型。如：好得很、热得厉害、疼得要命等。无论哪种类型,程度补语的述语只能是形容词或表示心理活动的动词。

哈语常采用四种方式对应表达汉语程度补语的意义：

1. 用状语对应表达。

汉语的程度补语常常由副词、形容词和动词充任。哈语常常用副词、形容词、动词充当的状语与之对应。但两者在词性上并不都一一对应。如：

(1) 我的表走得很准。(补语由形容词充任)

  meniŋ saʁatəm øte durəs ʤyredɨ. (状语由形容词充任)

  我的　　表　　很　对　走

(2) 事情办得很漂亮。(补语由形容词短语充任)
　　　is ojdaʁədaj təndərəldə.（状语由副词充任）
　　　事情　漂亮　　　办
(3) 我的头疼得很厉害。(补语由形容词充任)
　　　basəm　zərqərap　awərəp otər.（状语由动词充任）
　　　我的头　剧烈地　　　疼

2. 用动词谓语对应表达。

哈语的一些动词，语义本身就包含着汉语述补结构的意义，因此汉语由形容词或副词充任程度补语时，哈语有的就用动词作谓语与之对应。如：

(4) 看来马都累坏了，开始走不动了。(补语由形容词充任)
　　attar　ʃarʃap-ʃaldəʁəp　qalʁan　sekildi　ʤyristeri
　　马　　　疲乏　　　　　　　　　好像　　步伐
　　bajawlap keledɨ.（由动词充任谓语）
　　　慢
(5) 屋子里闹得很。(补语由副词充任)
　　yj　uw-ʃuw　boləp　ʤatər.（由动词充任谓语）
　　房子　喧闹

3. 用助动词对应表达。

哈语的助动词与汉语的助动词不同，它给主要动词以一定的附加意义，但不表示能愿。汉语有些程度补语，在哈语里用助动词对应表达。如：

(6) 哎，真要命，可把我累死了。(补语由动词充任)
　　æj　ʤanəm-aj　ʃarʃap　kettim.（由助动词表程度）
　　哎　要命啊　　　累
(7) 那个坏蛋看见警察吓坏了。(补语由形容词充任)

ælgi buziəq saqʃəlardə kørgende qorqəp ketti.（由助动词表程度）

那个坏蛋　警察　　　　看见时　害怕

4. 用形动词作间接宾语或状语对应表达。

(8) 我今天累得<u>要死</u>。（补语由动词充任）

men bygin ʃarʃaʁanda ølerge qaldəm.（由形动词充任间接宾语）

我　今天　　累　要死

(9) 这件事麻烦得<u>不得了</u>。（补语由短语充任）

bul is æwre bolʁanda boldə.（由形动词充任状语）

这　事　麻烦　　有

（二）汉语结果补语在哈语中的对应表达

汉语结果补语的结构为黏合型，通常是动词带形容词补语或动词带动词补语。如：

动词+形容词　　　　　　　动词+动词

　搞坏　　　　　　　　　　搞完

　看清楚　　　　　　　　　看懂

　写清　　　　　　　　　　写成

由于动词和结果补语结合紧密，宾语常为动补结构共同的。否定结果时，否定副词并不在结果补语前，而在述补结构前，多加"没有/没"。如：

　没有搞坏　　　　　　　　没有搞完

　没有看清楚　　　　　　　没有看懂

　没写清　　　　　　　　　没写成

加"不"否定时，多为假设语气，后面往往还有假设情况的结果。如：不看清楚不回来；不搞完不休息。

汉语的结果补语在语义上不只指向述语，有时还指向主语或宾语。因此汉语结果补语在哈语中的对应表达情况比较复杂。分述如下：

1. 用状语对应表达。

(10) 瓶子没盖严，汽油都跑了。（补语指向述语，由形容词充任）
　　qumɑra　məqttə　ʤabəlmaʁandəqtan　benzənnəŋ bæri
　　瓶子　　结实　　没盖　　　　　　汽油　　　全部
　　uʃəp ketipti.（由形容词充任状语）
　　飞　了

(11) 这事可真把我难住了。（补语指向介词宾语，由动词充任）
　　bul is meni　qattə　qəjnadə.（由副词充任状语）
　　这 事 把我　很　　难

2. 用动词谓语对应表达。

汉语结果补语由动词充任时，哈语用与其相对应的动词或副动词作谓语表示。如：

(12) 豆子都泡涨了。（补语指向主语，由动词充任）
　　ʃəlanʁan burʃaq børtip ketipti.（由动词充任谓语）
　　泡了的　 豆　　涨

(13) 我猜着了。（补语指向隐性宾语，由动词充任）
　　men　taptim.（由动词充任谓语）
　　我　　找

3. 用助动词对应表达。

(14) 他们以为风暴把我刮跑了。（补语指向介词宾语，由动词充任）
　　olar meni boran uʃərəp ketti dep ojladə.
　　他们 把我 风暴　飞　　　　　想
　　　　　　　　　　　　　（由助动词充任复合谓语）

(15) 他把屋子收拾好了。（补语指向介词宾语，由形容词充任）
　　yjdi　rettep　qojdə.（由助动词充任）
　　把屋子 整理

(16) 汤喝完了。(补语指向主语，由动词充任)
　　　sorpa iʃip boldə. (由助动词充任复合谓语)
　　　汤　　喝

4. 用动词不定式作间接宾语对应表达。
(17) 问题需要追查清楚。(补语指向主语，由形容词充任)
　　　bul mæseleni tektewge tuwra keledi.
　　　这　问题　　询问　　得
　　　　　　　　　　　　　　(间接宾语由动词不定式充任)
(18) 在这一片吵闹声中能听懂什么呀？
　　　　　　　　　　　　(补语指向隐性主语，由动词充任)
　　　məna daŋʁazadan neni uʁəwʁa bolar?
　　　那　　吵闹声　　什么　明白　可以
　　　　　　　　　　　　　　(间接宾语由动词不定式充任)

5. 用连动式对应表达。
(19) 他的钱包被偷走了。(补语指向主语，由动词充任)
　　　onəŋ aqʃa qapʃəʁan urə tartəp æketti. (连动式)
　　　他的　钱　　包　　　小偷　偷　　带走
(20) 他家的狗最近咬伤了一个小孩子。(补语指向宾语，由动词充任)
　　　ol yjdiŋ jiti tajawda bir balanə qawəp aləp ʤaralapta. (连动式)
　　　他家的狗　　最近　一个　孩子　咬　　　伤
(21) 你把老师问烦了。(补语指向介词宾语，由动词充任)
　　　sen suraj berip muʁaləmdə ʤaləqtərdəŋ. (连动式)
　　　你　　问　　　把老师　　烦了
(22) 我的脚都站麻了。(补语指向主语，由动词充任)
　　　tura-tura ajaʁəm taləp awərdə. (由连动式充任)
　　　站 站　　我的脚　麻　疼了

6. 用体词加格作宾语对应表达。

(23) 他把木条截成了两段。(补语指向介词宾语,由动词充任)

ol aʁaʃtə ekige bøldɨ. (数词加格)

他 木条 成两个 分

(24) 水鸟一抿翅膀,钻入水中。(补语指向主语,由动词充任)

baləqʃə qus qanatən qomdap aldə da suwʁa suŋgip kettɨ.

水鸟 翅膀 抿 入水 钻

(名词加格作间接宾语)

7. 哈语有的动词本身就含有汉语述补的意义,用这类动词对应表达。如:

(25) 花猫向前一纵,就把老鼠扑住了。(述补结构)

ala məsəq sekɨrip barəp təʃqandə bas saldə. (复合动词)

花猫 跳 去 老鼠 扑住

(26) 他从小就养成了爱劳动的好习惯。(述补结构)

ol kiʃkentajənan-aq eŋbekke daʁdəlanʁan. (动词)

他 从小 就 劳动 养成习惯

(三) 汉语趋向补语在哈语中的对应表达

汉语和哈语都有趋向动词,也都有引申意义,但是汉语用趋向补语表达的意义,哈语不用趋向补语对应表达,而是采用其他的表达方式。分述如下:

1. 汉语简单趋向补语在哈语中的对应表达。

汉语"来"、"去"、"上"、"下"、"进"、"出"、"回"、"过"、"起"、"开"等简单趋向动词在动词后可以表示动作或发展的趋向,也可以表示一些引申意义。表示具体的趋向时,汉语和哈萨克语有时是对应的,但汉语用趋向动词作补语的情况十分复杂,哈萨克语用多种方式与汉语对应表达。现分述如下:

第一,汉语的趋向补语"来、去"在哈语中的对应表达。

动词是及物动词时,"来、去"表示受事者的趋向;当动词为不及物动词时,"来、去"表示施动者的趋向①。

哈语用趋向动词作助动词对应表达:

(27) 前面跑来了一个小孩。

　　aldəŋʁa bir bala ʤygirip keldi. (用"来"表达)

　　前面　　一　孩子　跑　　来

(28) 他擦去一层皮。

　　terisin sədərəp ketti. (用"去"表达)

　　皮肤　　擦　　去

哈语有些动词含有汉语趋向补语的意义,所以只用动词,不用"bar-(去)、kel-(来)"对应表达:

(29) 他家给他捎来些东西。

　　yji oʁan bir nærseleri berip ʤibergen edi.

　　家 给他 一　东西　　给　 捎

(30) 他用手将麦穗揉了揉轻轻地吹去外皮。

　　ol masaqtə ykti de qawəzən yrdedi.

　　他 麦穗　 揉 并 外皮　 吹

汉语"来、去"句带宾语时,哈语也用"bar-(去)、kel-(来)"对应表达。

汉语谓语动词表示已实现的动作时,"来、去"句的宾语一般在"来、去"后,只有命令句宾语在"来、去"前②,而哈语的宾语均出现在谓语动词"bar-(去)、kel-(来)"前:

(31) 他给我带来一本书。

---

① 刘月华《关于趋向补语"来"、"去"的几个问题》,《语言教学与研究》1980年第3期。
② 刘月华等《实用现代汉语语法》,外语教学与研究出版社,1986年,第344页。

ol maʁan bir kɨtap ækeldɨ.
他 我 一 书 带来

(32) 一天父亲带我去花园。

bir kynɨ ækem menɨ baqʃaʁa ertɨp bardə.
一 天 父亲 把我 花园 领 去

汉语的"来、去"和哈语的"来(kel-)去(bar-)"都有一些引申意义,但二者并不对应。

汉语的"来、去"在"看、说、听、想"等动词后不表示趋向,而表示"估计"或"着眼于某方面"的意思,哈语不用"来、去"表达,有时用动词条件式或"tegɨ"(看来)和"səjaqtə、sekɨldɨ"(好像)结合表示,有时不用"估计"的语气表示,如:

(33) 看来还是你说对了。

tegɨ senɨkɨ durəs sekɨldɨ.
本来 你的 正确 好像

(用 tegɨ 和语气词 sekɨldɨ 表达)

(34) 看来比过去少了。

baqsaq burəʁədan azajʁan səjaqtə.
看的话 比以前 减少 好像

(用动词条件式和语气词 səjaqtə 表达)

(35) 东西太多,看来,我一个人拿不了。

nærselerɨm təm køp edɨ, ʤalʁɨz øzɨm køtere alatən emes.
东西 太 多 单 我自己 提 能 不

(不用估计语气表达)

汉语的"来、去"对举用时,不表示趋向而表示某一动作不断重复进行。哈语不用趋向动词"bar-、kel-",而用"arə(这边)、berɨ(那边)";"olaj(这样)、bulaj(那样)"对举或用表示重复意义的动词作定语、谓语或用动词条件式表示。如：

(36) 商量来商量去也没有个结果。

arə keŋesip， beri keŋesip eʃ nætidʒe ʃəʁara almadɪ.
这边 商量　　那边 商量　什么　结果　出来　没能

(用arə/beri表达)

(37) 解释来解释去,也没解释清楚。

olaj-bulaj tysindɪrse de anəq tysindire almadə.
那样 这样　解释　　也　清楚 解释　　不能

(用olaj/bulaj表达)

(38) 原来是在屋里跑来跑去的老鼠。

yjde aralap dʒyrgen təʃqan eken.（用有重复意义的动词表达）
屋里　一直串　老鼠　（原来）

哈语的"bar-、kel-"也有一些引申意义。当"bar-、kel-"在主要动词后作助动词时给主要动词附加以"动作的连续性"、"动作逐渐增强"、"动作逐渐展开"及"动作顺利进行"等意义。汉语则分别用"一直、一向"、"越来越"、"逐渐"、"顺便"等副词与之对应：

(39) ʁələm men mædenijet edʒelden beri birin biri toleqtap
　　科学　和　文化　　　　从来　一个把一个一个　补充

æri birine-biri sækesip keledɪ.（一向）
又　　一个　符合

科学和文化一向相辅相成。

(40) iʃti boləw，tolderdəŋ qatarʁa qosələwə barʁan sajən
怀胎的母畜　幼畜 成活率　　　　　　越来越

artəp keledɪ.（越来越）
增加

母畜的怀胎率,幼畜的成活率越来越提高了。

(41) nawqasə awərlap baradə.（由浅入深）
　　 他的病　　 重
　　 他的病逐渐加重了。

(42) oʁan ajta barʃə.（顺便）
　　 对他　 说
　　 你顺便告诉他一下吧！

第二，汉语趋向补语"进、出"在哈语中的对应表达。

哈语有时用"kɨr-（进）、ʃəq-（出）"作连动的第二个谓语对应表达。如：

(43) 他闯进来了。
　　 ol basəp kɨrdɨ.
　　 他　闯　 进

(44) 哈力发立即点出了十个吗，还是十二个孩子的名字来。
　　 xaləjfa ʤalma-ʤan on ba on eki me balanəŋ atən
　　 哈力发　 马上　　 十 吗 十二 吗 孩子的　 名字
　　 atap ʃəqtə.
　　 叫　 出

用"kɨr-（进）、ʃəq-（出）"作谓语对应表达：

(45) 这里涌现出许多积极分子。
　　 budan køptegen belsendiler ʃəqtə.（不用"涌现"用"出"作谓语）
　　 从这里　 许多　 积极分子　 出

(46) 他听不进我的话。
　　 søzɨm qulaʁəŋa kɨrmedɨ.（不用"听"用"进"作谓语）
　　 我的话 他的耳朵　 没进

不用"kɨr-（进）、ʃəq-（出）"，用主要动词作谓语，"kɨr-（进）、ʃəq-（出）"的趋向用加格的宾语对应表达。如：

(47) 心里的疙瘩说出就解开了。
　　　køŋɨldɨŋ　kɨrɨn　ajtsaŋ　keter.
　　　心里的　　脏东西　如果说　走
(48) 后来就一批一批地把他们投进监狱。
　　　aqɘrɘ top-tobɘmen ʤɘjep alɘp, tyrmelerge qamadɘ.
　　　后来　一批一批　　集中　　　监狱(带向格) 关

汉语的"出"表示"由无到有、由隐蔽到显露"的引申意义时,哈语不用"ʃɘq（出）",而用相应的动词对应表达:

(49) 近来他对音乐表现出强烈的兴趣。
　　　ʤuwɘrdan berɨ ol muwzɘjkaʁa æwestenɨp ʤyr.
　　　近来　　　他　音乐　　　　感兴趣
(50) 他自以为了不起摆出一副傲慢的架子。
　　　adamsɘp　bosqa　taltaŋdadɘ.
　　　自命不凡 无缘无故 大摇大摆地走

哈语的"kɨr-（进）、ʃɘq-（出）"也有引申意义,"kɨr-"有"到"、"落"等意义。如"otɘz ʤasqa kɨrɨw"（到了三十岁）、"kyn ujasɘna kɨrɨw"（太阳落了）; "ʃɘq-"有"一遍"、"一下"的语法意义。汉语都不用"进、出"而用与之意义相对应的词语表达。如:

(51) men oqɘp ʃɘqtɘm.
　　　我　读　(一遍)
　　我读了一遍。
(52) ʤawɘn'gerler qarɘw-ʤraqtarɘn tygeldep ʃɘqtɘ.
　　　战士们　　　　武器　　　　核对　　(一遍)
　　战士们检查了一下自己的枪支弹药。

第三,汉语趋向补语"上、下"在哈语中的对应表达。
汉语的补语"上"表示动作由低向高,"下"表示动作由高向低。哈

语有时用"ʃəq-(上)、tys-(下)"作谓语对应表达。如:

(53) 他刚登上宝座就死去了。

　　　ol taqqa ʃəʁəsəmen tərqəjəp qaldə.

　　　他　宝座　　上　　　死去

(54) 他仰面朝天地倒下了。

　　　ol ʃalqasənan tystɨ.

　　　他　仰面　　　下

有时不用"ʃəq-(上),tys-(下)",而用动词谓语对应表达:

(55) 我们挤着坐下了。

　　　bɨz　səjsəp　otərdə.

　　　我们　挤　　坐

(56) 你的袖子破了,我给你缀上两针。

　　　ʤeŋiŋ ʤərtələp qaləptə, men tepʃip bere salajən.

　　　袖子　　破　　了　　我　缀　给

汉语的趋向补语"上、下"有引申意义时,哈语不用"ʃəq-(上)、tys-(下)",用主要动词作谓语对应表达:

汉语趋向补语"上"有以下几种引申意义,哈语均不用趋向动词而用其他动词作谓语对应表达:

A. 表示动作趋近立足点[①]:

(57) 他走得太快,我追不上他。

　　　ol øte tez ʤyrdɨ de quwəp ʤete almaj qaldəm.

　　　他　很　快　走　又　追　达到　没能

(58) 真巧,刚出门就撞上他了。

[①] 刘月华等《实用现代汉语语法》,外语教学与研究出版社,1986年,第340页。

esikten ʃəʁa bergende-aq kezdese ketkenim.
从门　　出　　时　　　遇见　　走

B. 表示动作由开而合：

(59) 他皱了一下眉就闭上了眼睛。

ʃətəndə da kyzin ʤumәp aldә.
皱眉　又　眼睛　闭　（为自己）

(60) 他用纸卷上莫合烟用舌头弄湿粘住。

moxorkanə qaʁazʁa orap tilmen suwlap ʤapsordo.
莫合烟　纸　卷　舌头　弄湿　粘

C. 表示动作使物体存在于某处：

(61) 你把他也登记上。

sen mənanə da tirkej sal.
你　把这个　也　登记

(62) 亚洲有些民族全身刺上花纹。

kejbir azjaləq ulttar bytin denesin taŋbalap aladə.
一些　亚洲　民族　全　身　刻印

D. 表示动作的开始和继续，包括出现了新情况：

(63) 我们没喝上水，渴得厉害。

suw iʃpej æbden suwsadə.
水　没喝　非常　渴

(64) 他爱上了一位美丽的姑娘。

ol bir suləw bijkeʃke kyjip qaldə.
他　一　美丽　姑娘　爱

E. 表示补足：

(65) 如果您一时手头不方便，我可以先垫上。

aqʃaŋəz bolmasa men bete turajən.
您的钱 如果没有 我 垫付

(66) 用泥把墙缝糊上。

qabərʁadaʁa saŋlawdə səlap tastaʁan.
墙 缝 糊

汉语"下"的引申意义：

A. 动作使某物脱离或离开：

(67) 请脱下上衣！

ʃapan ʃeʃip al.
上衣 脱 （为自己）

(68) 他切下一块肉。

ol bir kesek et kesti.
他 一 块 肉 切

B. 表示动作使某人或某物固定在某处：

(69) 他的脸上留下指甲划的痕迹。

betinde besik tabə qaləptə.
他的脸上 指甲 痕迹 留下

(70) 请你们安置他们住下！

olardə ʤajʁastərəp ʤatqəz.
把他们 安置 住

C. 表示容纳：

(71) 这个礼堂能容下一千人。

bul zalʁa meŋ adam səjadə.
这 礼堂 一千 人 容

(72) 这间屋子小，容不下六人。

　　　　bul　yj　təm　tar　kisi　səjmajdə.
　　　　这　屋子　太　窄　人　容不下

第四,汉语趋向动词"起、过"在哈语中的对应表达。

"起"也是表示动作由低向高的,与"上"相比,"上"是以一个地点为目标的,而"起"没有目标,因此"起"后不带表示处所的宾语。汉语用"起"作补语时,哈语往往不用趋向动词表示,只用与汉语动词谓语相对应的动词作谓语对应表达,如:

(73) 他提起柴火走了。

　　　　ol　otən　køterip　ketti.
　　　　他　柴火　提　　走

(74) 我脚上磨起几个大泡。

　　　ajaʁəmnəŋ eki-yʃ ʤerni qaʤaləp qoldərap qalətə.
　　　我的脚的　两三个　地方　　磨　　出泡

"起"有些引申的用法,哈语不用趋向动词,而用名词加格或动词谓语表示:

A."起"表示动作使某种事物出现,所出现的事物在句中为宾语。如:

(75) 我的手被铁锹把儿磨起了泡。

　　　qoləmdə kyrektiŋ sabə qaʤap yldirep qaldə.
　　　把我的手　铁锹　把儿　磨　　起泡

　　　　　　　　　　　　　　　　(用动词谓语表示)

(76) 她的脸泛起一阵红晕。

　　　beti　　duw etip　　qəzardə.(用动词谓语表示)
　　　她的脸　一下　　　变红

B."起"表示动作涉及某事物,哈语用名词加格对应表达。如:

(77) 提起这件事,我就生气。

bul isti awəzʁa alsa boldə, menin aʃəwəm keldi.
这 事 嘴 拿 行了 我的 气 来了

(用名词加格表示)

(78) 我常常想起我的老师。

men ærqaʃan muʁalimdi eske aləp turamən.
我 经常 老师 想起

(用名词加格表示)

"过"表示动作使人或事物经过或通过某处,哈语往往用动词"øt-"(过)对应表达。如:

(79) 孩提时的景象在眼前掠过。

bala ʃaqtəŋ kørinisi køz aldənan øtti.
孩子 时候的 景象 眼 前 过

(80) 这根线穿过了针眼。

məna ʤip jneniŋ køzinen øtti.
这 线 针的 眼 过

"过"也有引申意义:

A. 表示使事物从一处到另一处,哈语不用"过",而用相应的动词谓语对应表达。

(81) 他从我的头上跨过。

basəmnan attadə.
我的头 跨过

(82) 他翻过身又睡了。

ol awnap tysip ʤalʁastə ujqtadə.
他 翻身 接着 睡觉

B. 表示超过了标准,哈语用带格名词或相应的动词对应表达。

(83) 儿子胜过父亲。

   bala &ae;keden asəp ketti.
   孩子 父亲 超过

(84) 他睡过了头，迟到了。

   ol uzaq ujqtap ketip, keʃigip qaldə.
   他 长 睡觉   迟到

2. 汉语复合趋向动词在哈语中的对应表达。

  汉语有一些由复合趋向动词构成的补语，表示趋向意义时，只能用在动词后；表示引申意义时，可以用在形容词后。哈语很少用复合趋向动词表示趋向，有时第二个趋向动词已不表示趋向，而表示助动词的意义。分述如下：

  第一，复合趋向动词"起来"在哈语中的对应表达。

  "起来"表示动作由低向高，与"起"的用法基本相同。动词后再没有其他成分时常用"起来"。汉语用趋向补语"起来"的句子，哈语用"tur-"、"qozʁal-"（起来）作谓语对应表达。如：

(85) 请你站起来回答。

   surawʁa orəŋəzdan turəp ʤawap qajtarəŋəz.
   问题 从座位 站 回答

(86) 把帘子挑起来。

   perdeni qajərəp qoj.
   帘子 挑

  汉语的趋向补语"起来"有些引申的用法，哈语都不用趋向动词"tur-、qozʁal-"（起来），而用相应的动词谓语对应表达。

A. 表示动作使事物从分散到集中。

(87) 把绳子团起来。

   arqand ʃuwmaqtap ʤiber.
   绳子   团

(88) 工人们要求组织起来。

　　　ʤuməsʃəlar　ujmdasəwdə　talap etip　otər.

　　　工人们　　　组织　　　　要求

B. 在动词后表示动作开始或继续，在形容词后表示发生了某种变化。哈语用助动词对应表达：

(89) 刷地下起雨来。

　　　ʤaŋbər　sirkirep　quja　ʤøneldɨ.

　　　雨　　　刷地　　　倒　　（迅速）

(90) 草稀稀拉拉地长起来。

　　　ʃøp　qəltanaqtap　ʃəʁa　bastadə.

　　　草　　稀稀拉拉　　出来　开始

C. 表示说话人着眼于事物的某一方面对事物进行估量或评价。哈语用格、形动词、语气词等语法形式对应表达：

(91) 新式农具使用起来很方便。

　　　ʤaŋaʃa egis sajmandarə ustawʁa təm əŋajlə eken.

　　　新式　　农具　　使用　　很　方便

　　　　　　　　　　　　　　　　　（用格表示）

(92) 这么小的孩子说起话来滔滔不绝，成什么样子？

　　　qarʃadajənan　taqəldaʁan　bul　ne　qələp.（用形动词表示）

　　　小孩子　　　　滔滔不绝　　这　什么　行为

(93) 老刘看起来很年轻。

　　　lawljuw　bəlaj　qaraʁanda　ʤas　səjaqtə.（用语气词表示）

　　　老刘　　　这样　　看时　　　年轻　好像

(94) 学起来好像都懂了，但实际运用起来又好像并没完全懂。

　　　onə　yjrengende　tysingendej bolʁanəmen　biraq　is ʤyzinə

　　　它　　学习时　　　好像懂得　　　虽然　　　但是　实际上

qoldananəmda toləq jgere almaʁandaj turamən.
运用时　　完全 掌握　　好像不能

(用附加成分 daj 表示)

第二,趋向补语"下来"在哈语中的对应表达。

"下来"表示动作使事物由高到低,哈语有时用"tys-"(下来)表示,有时用相应的动词和"格"结合对应表达:

(95)"砰"的一声,木板倒下来了。

taqtaj tarəs etip qulap tystɨ.(用 tys 作助动词表示)
木板　砰的一声 倒　　下来

(96)工人们从楼顶上把空桶缒下来。

ʤuməsʃəlar tøbeden bos ʃelek tysɨrdɨ.(用 tys 作谓语表示)
工人们　从顶上　空　桶　使下来

(97)敌机冒着黑烟摔下来。

ʤaw ajərpəlanə qara tytini buwdaqtaj qulap keledɨ.(用动词)
敌人 飞机　黑 烟　像一股 倒 来

(98)他们坐着小雪橇从雪坡上滑下来。

olar qarlə betinen qol ʃanamen sərʁanap keldə.(格+动词)
他们 雪　坡(加格) 雪橇　滑　来

"下来"的一些引申意义,哈语均不用"tys-"(下来)表示,而用动词和助动词对应表达:

A. 表示动作使事物分离。

(99)你们把机器的零件卸下来!

maʃjnanəŋ bølʃekterin aləŋdar.
机器　零件　　拿

(100)我把洋芋皮旋下来了。

men kartop qabəʁən arʃəp aldəm.
我 洋芋　皮　　旋

B. 表示动作使事物固定，哈语用助动词对应表达。如：

(101) 车渐渐停下来了。

　　　aptomobel　bajaw　kelɩp　toqtaj　qaldə.
　　　汽车　　　慢慢地　来　　停止

(102) 他们搬到河对岸住下来了。

　　　olar øzeninɩŋ arʁɑ ʤaʁəna sərʁəp qondə.
　　　他们　河的　　那　边　　滑　　住

C. 表示动作从过去继续到现在，哈语用相应的动词对应表达：

(103) 她生了三个孩子，一个也没有活下来。

　　　ol yʃ bala tawəp edɩ, birɩ de turmadə.
　　　她 三 孩子 生　　　一个 也 没活

(104) 我国和许多邻国之间都存在着历史上遗留下来的未定界问题。

　　　elɩmɩz ben køptegen kørʃɩ elder arasənda belgɩlenbegen
　　　我国　和　 很多　　 邻　 国 　之间　　 没规定的

　　　ʃekara mæselesɩ tarɩjxtan saqtaləp keledɩ.
　　　界线　 问题　　历史　　　遗留

D. 表示某种状态开始出现并继续发展，哈语用动词谓语结合助动词"kel/bar"对应表达：

(105) 他不论显得多么硬，总会软下来的。

　　　ol qanʃa qatajʁanəmen tybɩ ʤumsaradə.
　　　他 多么　硬　　　　 总归 软

(106) 天气暗下来了。

　　　kynɩnɩŋ qabaʁɑ tykɩsɩjɩp keledɩ.
　　　天气的　眼皮　 竖

(107) 纪律逐渐松懈下来。

tærtip bosaŋsəp baradə.

纪律　松懈

第三,趋向补语"下去"在哈语中的对应表达。

"下去"表示动作使事物由高向低,哈语的"tys-"有时为"上来",有时为"下去"。汉语用趋向补语"下去"时,哈语有时只用主要动词作谓语,不用"tys-"(下去)对应表达:

(108) 石头从山上滚下去。

　　　tawdan tas domalap ketti.

　　　　山上　石头　滚　　去

(109) 他勉强把药喝下去了。

　　　ol dærini æreŋ iʃtti.

　　　　他　药　勉强　喝

(110) 他把一块肥油咕噜一声就咽下去了。

　　　bir bilem majdə qəlq etkizip ʤuta saldə.

　　　　一　块　油　咕噜一声　　咽

(111) 你先把气平下去再说。

　　　aʃəwəŋdə basəp aləp søjle.

　　　把你的气　　压　　　说

汉语趋向补语"下去"有些引申意义,哈语用助动词或副词对应表达:

A. 表示已进行的动作继续进行。

(112) 他把工作坚持下去。

　　　qəzmetti toqtatpaj ʤaʟʁastəra berdi.（用助动词表示）

　　　　工作　不停止　　坚持

(113) 你如此蹭下去,这个活儿什么时候能做完。

　　　sen ystip qəbəlʤəp ʤyrseŋ bul ʤuməs qaʃan bitedi.

　　　你　这样　慢腾腾地做　　这　工作　何时　结束

　　　　　　　　　　　　　　　　　（用助动词表示）

(114) 我们要把偏向逐步地减少下去。

biz awətquwʃələqtə birte-birte azajtəwəməz kerek.
我们　　偏向　　　　逐渐　　　减少　　应该

（用副词表示）

(115) 发展下去就会产生错误。

ol ørʃij kele qateligin tuwdəradə.（用助动词表示）
他　发展　　　错误　　产生

B. 在形容词后的"下去"表示某种状态开始或继续。

(116) 我们只会一天天好起来，不会一天天坏下去。

biz kynnen-kynge ketewimiz ketip otərʁanəməz ʤoq,
我们　　一天天　　　　　　　坏　　　　　　不是

qajta kynnen-kynge ʤaqsarəp kelemiz.（用助动词表示）
相反　　一天天　　　　好

(117) 敌人一天天烂下去，我们一天天好起来。

ʤaw kynnen-kynge øʃip baradə, biz kynnen-kynge
敌人　　一天天　　　烂　　　　　我们　　一天天

øsip kelemiz.（用助动词表示）
发展

(118) 像这样下去，你会学得很好的。

osədaj yjrene beretin bolsaŋ, øte ʤaqsə yjrene alasəŋ.
像这样 学习的话　　　　　　　　　很　好　学习

（用助动词表示）

第四，复合趋向动词"过去"、"过来"在哈语中的对应表达。

"过去"、"过来"表示动作使事物改变位置或方向时，哈语有时不用"øt-"（过去）、"beri kel-"（过来）而用"格"对应表达或不表示出来。

(119) 拐过去就是大街。

　　　osədan burələsəmen　ylken køʃege ʃɐʁasəz.（用格表示）

　　　从这儿　拐　　　　大　　街　　上

(120) 他把信抢了过去。

　　　ol　xattə　ʤuləp　aldə.（不表示出来）

　　　他　信　　抢

"过去"有时引申为"失去正常状态"，哈语不用趋向动词对应，用相应的动词谓语对应表达：

(121) 病人晕过去了。

　　　nawqas　taləp　qaldə.

　　　病人　　晕

(122) 他的病情恶化，又昏过去了。

　　　awrəwə asqənəp taʁə talmawsərap ketti.

　　　他的病　恶化　又　　昏厥

"过来"具有"恢复到原来正常状态"的引申义时，哈语不用趋向动词，而用相应的动词谓语对应表达：

(123) 他们把我从死亡线上抢救过来了。

　　　olar　meni　aʤaldan　qutqardə.

　　　他们　把我　死神　　救

(124) 她苏醒过来了。

　　　ol　esɨ　ʤəjəp　aldə.

　　　她　记忆　集中

第五，趋向动词"出来"、"出去"在哈语中的对应表达。

"出来"表示动作由里向外；"出去"表示动作由外向里。哈语有时用主要动词和"ʃəq-"（出来）、"ket-"（出去）构成的连动式或用"ʃəq-"（出来）、"ket-"（出去）作谓语对应表达，有时不用趋向动词对应表达：

(125) 艾布德力也跟着走了<u>出来</u>。
　　　æbdɨl　dalaʁa　ilese　ʃǝtpǝ.
　　　艾布德力　外面　跟着　出来

(126) 这碗水盛得太满，都漾<u>出来</u>了。
　　　ʃǝnǝʁa suwdǝ tǝm køp qujǝp ʤiberipsiŋ asǝp tøgip ketti.
　　　碗　　水　太　多　盛　　　　　　超出　洒

(127) 刚吃完药都吐<u>出来</u>了。
　　　iʃken　dærin　tygel　qusǝp　tastadǝ.
　　　吃　　药　　都　　吐　　扔

"出来"具有使事物从无到有、从隐蔽到显露的引申意义时，哈语一般不用趋向动词对应表达：

(128) 一定要把这件事的根底追<u>出来</u>。
　　　qalajda　istiŋ　tegin　tabǝw　kerek.
　　　不管怎样　事情　根底　找　　应该

(129) 这话不过是随便说<u>出来</u>的。
　　　bul ænʃejin awǝzdan ʃǝʁǝp ketken søz ʁanaʁ.
　　　这　随便　　从嘴里　出来　　　话　仅仅

(130) 我要将我的申请提<u>出来</u>，或行或不行。
　　　arǝzǝmdǝ　ajtajǝn,　quj bolar,　quj bolmas.
　　　我的申请　　说　　　或者 可以　 或者 不可以

(131) 他想把真相用冬不拉曲子的形式表达<u>出来</u>。
　　　ʃǝndǝqtǝ　dombǝra　ynimen　ʤetkizbek　boldǝ.
　　　真相　　　冬不拉　　曲子　　表达

(四) 汉语数量补语在哈语中的对应表达

汉语的数量补语有三种：动量补语、时量补语、比较数量补语。

1. 汉语动量补语在哈语中的对应表达。

第一,汉语的动量补语表示动作行为的次数。形容词后有动量补语时,该形容词兼动词用,哈语用数量词表达时多用数(量)词作状语对应表达:

(132) 那篇文章他念了两遍就背下来了。

  ol ælgɨ maqalanə ekɨ-aq ret oqəp ʤattap aldə.

  他 那 文章 只两次 读 背

(133) 把一句话重复了好几遍。

  bɨr awəz søzdɨ ælde neʃe ret qajtaladə.

  一 句 话 还是 几次 重复

第二,哈语的量词很少,汉语用数量词充任补语时,哈语通常用数词作状语对应表达,如:

(134) 量七遍,裁一剪。

  ʤetɨ ølʃep, bɨr kes.

  七 量 一 裁

(135) 听一千遍不如看一眼。

  məŋ estɨgennen bɨr kørgen artəq.

  一千 比听 一 看 多余

第三,汉语用不表示具体数量的动量词作补语时,哈语通常不用数量词表达,有时用助动词对应表达。如:

(136) 我去碰一下看,说不定他在家。

  men barəp kørejɨn, bælkɨm yjɨnde ʃəʁar.(用助动词表达)

  我 去 看 也许 在家 大概

(137) 跌了一跤,膝盖上抢去了一块皮。

  ʤəʁələp ketɨp, tɨzemɨnɨŋ bɨr ʤapəraq terɨsɨ sɨndərələp qaldə.

  跌倒 膝盖的 一 片 皮肤 断

       (用助动词表示)

第四,汉语的动量补语由数词和参与动作的人体名词构成的动量词组充任,哈语常不用说明人体部位,若说明,就在与动作有关的人体部位后加格对应表达:

(138) 打了他一拳。

　　　onə ʤudərəqpen qojəp qaldə. (人体部位加助格)

　　　把他 （用）拳头 放

(139) 他恶狠狠地瞪了一眼。

　　　aʤəraja bir qaradə. (没用人体部位表达)

　　　怒视 一 看

2. 汉语时量补语在哈语中的对应表达。

表示动作状态时间长短的时量补语,哈语用时间状语或相应的词语对应表达:

(140) 他们折腾了好半天才把胶卷取出来。

　　　ol lentanə køp æwrelenip barəp aldə. (用形容词状语表达)

　　　他 胶卷 多 麻烦 去 拿

(141) 这支笔我用了三年。

　　　osə qalamdə ustaʁanəma yʃ ʤəl boldə. (时间状语)

　　　这 笔 我用 三 年 有

3. 汉语比较数量补语在哈语中的对应表达。

汉语的比较数量补语,哈语用数量词作状语对应表达。如:

(142) 我弟弟比我小三岁。

　　　meniŋ inim menen yʃ ʤas kiʃi.

　　　我的 弟弟 比我 三 岁 小

(143) 自己能比他俩高一个脑袋。

　　　øzi olardan bir qarəs bijik.

　　　自己 比他们 一 节 高

（五）汉语可能补语在哈语中的对应表达

汉语的可能补语有三种构成形式：A类为"得/不＋结果补语/趋向补语"；B类为"得/不＋了"；C类为"得/不得"。

1. A类可能补语在哈语中的对应表达。

汉语用"得/不＋结果补语/趋向补语"时，哈语用动词的能动形式或将来时的动词谓语对应表达：

（144）他遮<u>不住</u>内心的喜悦。

  køŋiliniŋdegi quwanəʃən asəra <u>ʤasəra almadə</u>.

   内心的 喜悦 过分 掩盖 不能

           （动词能动形式）

（145）这种潦草的字体谁都认<u>不出来</u>。

  seniŋ ʃjmajəŋdə eʃkim <u>tanəmajdə</u>.（动词将来时）

  你的 把胡乱的线条 任谁 不认识

2. 哈语用动词的能动形式、命令式或动词的将来时对应表达B类的可能补语。

（146）少说几句吧，别叫他下<u>不了</u>台。

  anaw qəsələp qaləp ʤyrmesin, azəraq søjleŋi.（动词命令式）

  那个 为难 不要 少 说

（147）敌人企图逃跑，可是逃<u>不了</u>了。

  ʤaw qaʃəwʁa urənəp edi, qaʃa almadə.（动词能动形式）

   敌人 逃跑 企图 逃 不能

（148）房子拥挤的情况暂时还解决<u>不了</u>。

  yj qəsələsə waqətəʃa ʃeʃilmejdɪ.（动词将来时）

  房子 拥挤 暂时 不能解决

3. 哈语用向格加"boladə/bolmajdə"（可以/不可以）对应表达C类可能补语。

(149) 他去得，我也去得。
　　　 ol bara alʁan ʤerge men de bara alamən.
　　　 他　 去　能　 地方　 我　也　去　 能
(150) 这种蘑菇吃不得。
　　　 bul saŋraw ʤewge bolmajdə.
　　　 这　 蘑菇　 吃　　不行

(六) 汉语状态补语在哈语中的对应表达

1. 汉语对动作进行描写、评价或判断的状态补语一般都由形容词充任，哈语常用对应的形容词作状语或谓语及动词谓语对应表达：

(151) 他总是睡得很晚。
　　　 ønemi keʃ ʤatadə.（形容词作状语）
　　　 总是　 晚　 睡

(152) 他写字写得很飘洒。
　　　 onəŋ ʤazəwə øte tabəjʁəj eken.（形容词作谓语）
　　　 他的　 字　　很　 自然

(153) 庄稼长得太稠密了。
　　　 egin øte qaləŋdap ketti.（动词作谓语）
　　　 庄稼　很　 变厚

2. 汉语描写动作施动者或受事者的状态补语，哈语一般用连动式动词谓语或用带从格的形动词与汉语的动词谓语对应，用动词谓语对应表达：

(154) 大热天渴得我嗓子直冒烟儿。
　　　 əstəqta ʃøldep qatalap kettim.（用连动式表示）
　　　 热天　 渴　 嗓子冒烟

(155) 他羞得跑掉了。

ol namsətanəp qaʃəp ketti.（用形动词＋从格＋动词表示）
他　　羞　　　　逃　走

（七）汉语的介词短语补语在哈语中的对应表达

汉语介词短语在动词和形容词后作补语的叫介词短语补语。哈语没有介词，一般用体词加格或后置词作状语对应表达：

(156) 他把准备要洗的衣服泡在水里了。

ʤawatən kijimderdi suwʁa ʃəlap qojəptə.（体词加格）
要洗的　　衣服　　水　　泡　放

(157) 我国位于亚洲大陆东南部。

memleketimiz azja qurləʁənəŋ ʃəʁəs oŋtystiginde.（体词加格）
我国　　亚洲　大陆　　东　　南

从汉语七类补语在哈语中的对应表达的分析，我们不难看出由于哈语没有补语成分，因此两种语言采用了不同的表达方式：

1. 句法手段，汉语用补语表达的意义，哈语有时用体词加格、后置词、助动词、语气词等词汇手段或用动词谓语、状语、连动式、能动形式等句法手段表达。这种对应是呈规律性的。汉语缺乏形态变化，主要靠词汇手段来表达；而哈语形态变化十分丰富，主要靠各种形态来表达语法意义。

2. 词汇手段：汉语和哈语一些相对应的词语，语义的内涵及外延并不完全对应。哈语有的词语本身就和汉语述补结构的意义相同，如"tys-"和带不同格的体词搭配时，有"下"、"上"、"出现"、"落下"、"住下"、"想起"等多个义项，而汉语的"落下"、"想起"、"住下"都是述补结构。这种不对应，主要是语义上的差异。这种差异常造成哈族学生学习汉语补语时的缺格偏误。

二、偏误类型分析

(一) 学习程度补语的偏误

汉语的程度补语分为两类：一类述语与补语之间不用"得"，常用"极、多、透、死"作补语，如"热死了"、"闷极了"、"熟透了"等；另一类述语与补语之间用"得"，常用"很、多、慌"作补语，如"好得很"、"急得慌"、"快得多"等。这类述补结构没有否定形式。维、哈语没有补语，所以经常出现偏误。主要的偏误类型有：

偏误一：替代。

汉语的程度补语维、哈语常用状语表示。如：

(158) ʤyzimi tøtinʃe tætti.

　　　葡萄　　非常　　甜

　*葡萄很甜了。（葡萄甜极了。）

(159) onəŋ densawləʁə Øte ʤaqsə.

　　　他的　身体　　很　好

　*他的身体很好。（他的身体好得很。）

"很好"和"好得很"在程度上有区别。后者程度深些。而且有的语言环境中的"很+形容词"，并不是加强形容词的程度，而是结构上的需要。因为如果不加"很"，则隐含着比较，所以一般要加"很"，以表示客观描述。

偏误二：遗漏。

维、哈语有时用助动词和语气词对应表达汉语的程度补语的意义。维、哈族学生当找不到与助动词和语气词所表达的意思相对应的词时，就采取回避的策略，出现偏误。如：

(160) bul ʤer øte lat eken.

　　　这　地方　很　脏

＊这儿脏了。(这儿脏死了。)
(161) yjdiŋ iʃi qattə əsəp ketti.
　　　 屋　里　 很　 热
＊屋里很热了。(屋里热死了。)

偏误三：回避。

汉语的"累、气"等词后常用"死+人"表示程度的加深。而维、哈语对应表达时不能用"人"作宾语，受母语的影响，常回避使用程度补语。如：

(162) bul ɖuməstardə kynige istep təjtəqtap kettim.
　　　 这　 工作　　 每天　 做　 累
＊天天干这些活,我累了。(天天干这些活,累死人了。)

(163) men qattə aʃuwlandəm.
　　　 我　 很　 生气
＊我生气了。(真气死人了。)

偏误四：混淆程度补语"一点儿"和"有点儿"的区别。如：
(164) sæl burəŋəraq kelgen bolsaŋ ɖakqsə bolar edi.
　　　 稍微　 早一点　来　 的话　　 好　　 成
＊你要是稍微有点早来的话就好了。(你要是稍微早点来就好了。)

(165) brirek otərəŋəz.
　　　 这边一点儿　您坐吧
＊你一点儿往这边坐吧。(您往这边坐一点儿吧。)

"有点儿"和"一点儿"都表示"不多"，维、哈语中都与"biraz"对应。"有点儿"常用在形容词前作状语，而"一点儿"常在形容词后作补语，且隐含着"比较"的意思。如"今天冷一点儿"意思是比起昨天或前几天来，今天温度稍低些。如果老师讲解不清，学生就会误认为两个词用法一样。

偏误五：泛化。

汉语的"厉害"和"不行"作补语都表示较深的程度,但在使用上是有限制的。由于这两个词都表示达到难以忍受的程度,所以述语一般是不如意的。维、哈族学生常在表示较深程度时不加区别地运用,造成泛化的偏误。如:

(166) *这件事顺利得不行了。(这件事顺利得很。)

(167) *我今天高兴得厉害。(我今天高兴得不得了。)

偏误六：误用否定形式。

汉语的程度补语,没有否定形式。维、哈族学生受母语影响,常用程度状语代替程度补语。由于母语的状语有否定形式,他们也会把母语的否定形式带到补语上来。如:

(168) *那里的气候暖和得不多。(那里的气候不太暖和。)

(169) *这种葡萄甜不多。(这种葡萄不很甜。)

（二）学习结果补语的偏误

汉语的结果补语表示动作或变化所产生的结果,常由动词和形容词充当。在述补结构中,结果补语是语义的重心,所以一般要重读。结果补语构成的述补结构有四种类型：1."动词—动词"：学会/摔倒/咬伤；2."动词—形容词"：看清/长大/吃饱；3."形容词—动词"：急哭/累病/热醒；4."形容词—形容词"：累坏/冷坏/涨红等。带结果补语的述补结构在语法功能上相当于一个动词,可以带宾语。这是维、哈族母语所没有的。因此掌握汉语的结果补语是一个难点,产生的偏误也比较多。主要有以下几种：

偏误七：回避。

学生在不会用结果补语时,常采取回避的策略,把一句话分成两句来表达。如:

(170) 他哭肿了眼睛。　　*他哭了,眼睛肿了。

(171) 他听懂了我的话。　＊他听了,他懂了。

(172) 我吃腻了这种菜。　＊我吃着吃着这种菜,我腻了。

(173) 脚都站麻了。　　　＊站着站着,脚麻了。

这四句从结构上看相似,但深层的语义关系不同。例(170)的补语"肿"在语义上与宾语"眼睛"有主谓关系;例(171)的"懂"则与主语有主谓关系;例(172)采用了母语多次重复的表达形式;例(173)中的第一句的主语"我"隐去,第二句的主语"脚"是隐性主语"我"的一部分。对这样复杂的语义关系,学生未完全掌握时,就常采取回避的策略。

偏误八:替代。

汉语的补语是形容词时,维、哈族学生常用状语来替代结果补语。如:

(174) ＊我没清楚地听他的话。(我没听清楚他的话。)

(175) 他梳光了头发。(＊他光光地梳了头发。)

上面两句的结果补语在句子深层的语义关系不同。例(174)的"清楚"与主语"我"构成一个陈述;而例(175)的"光"则与宾语"头发"构成陈述关系。维、哈语的形容词除了作谓语时在句子的后面外,其余都在谓语前。受母语的影响,学生不习惯在谓语后使用形容词,所以把它移到谓语前,造成了用状语替代补语的偏误。

偏误九:遗漏。

汉语"成、为、作"作结果补语时,表示动作或行为造成另一事物的出现或存在。维、哈族学生常不用补语,只用动词,出现遗漏补语的现象。如:

(176) ＊学校被建了一座教学楼。(学校建成了一座教学楼。)

(177) ＊他被选了班长。(他被选为班长。)

出现这种偏误除了对补语所表示的意义不甚理解外,汉语与母语语法手段的差异,也是造成偏误的重要原因。"建成"、"选为"都隐含着被动,在维、哈语中,这些词是用动词后黏着被动态附加成分表示的,也就是说只用加上附加成分的动词就可以表示了,而汉语没有藉以表示判定动词动态的形态标志,学生只好只用动词谓语,不用补语,这样就出现了遗漏补语的偏误。

汉语"见"、"住"、"到"、"着"、"完"等作补语时,维、哈族学生常遗漏。如:

(178) *我梦了我妈妈。(我梦见了我妈妈。)

(179) *他记了这些生词。(他记住了这些生词。)

(180) *我刚睡了,他就来了。(我刚睡着,他就来了。)

(181) *看的中国和听的中国不一样。(看到的中国和听到的中国不一样。)

"动结"结构是非持续性的,因为已有了结果。没有补语的动词是持续性的,但哈语与汉语"动结"相对应的词是非持续性的(如哈语"梦见"为"tysinde køriw"),学生对这两种动词的语义条件认识不清,就会简单地依据这种对应关系,把持续性意义动词和非持续性意义动词混淆起来,于是就只用动词,不用补语,出现补语遗漏的偏误。

汉语的宾语和补语在语义上构成表述关系,并且受事宾语和主语又存在从属关系时,维、哈族学生常把补语当作谓语用,造成谓语遗漏的偏误。如:

(182) *他的衣服脏了。(他搞脏了衣服。)

(183) *我的铅笔尖了。(我削尖了铅笔。)

表面看来,上述两例也成立,但在结构和语用上与原句是有区别的:原句是主动句,施事者很明确;而后一个句子是被动句,句中只对受事加以说明,未明确施事者。原句有两个表述:施事者与动词构成表述关系,受事者与补语也构成表述关系。偏误句只有一个表述关系,即受事者和述语构成的表述关系。因此偏误句并未完全表达出原句的语义。造成这种偏误的原因是学生在尚未全面掌握主动句和被动句这两种句型的特点时,忽略施事,突出受事,没有从整体意义上把握,做出了不正确的总结。

汉语一些结果补语语义指向宾语。哈族学生受母语思维的影响,常遗漏谓语。如:

(184) *孩子碎了杯子。(孩子打碎了杯子。)

(185) *他坏了腿。(他摔坏了腿。)

偏误十:误用。

维、哈语的一种语法形式有时可能与汉语几个不同意义的补语相对应。学生刚学会使用补语时,对补语的语义特征还认识不足,常把一组对应规律泛化,造成误用。如:

(186) *您把这些句子翻译到哈语吧!(您把这些句子翻译成哈语吧!)

哈语为:

  mena søjlemdɨ qazaqʃaʁa awdarəŋəz!
  这些 句子 哈萨克语 您翻译吧

汉语的"翻译成"与哈语的"-ʁa awdar-"对应,"成"与"向格"对应。"他走到我跟前来"与哈语的"aldəma keldɨ"对应。这时,"到"也与"向格"对应。学生只知道"成"和"到"都与母语的"向格"对应,母语规则的迁移和汉语规则的泛化这两种不同心理过程和学习策略相互作用,造成了这一偏误现象。

(187) *这个包是他在车上拾下的。(这个包是他在车上拾到的。)

例(187)的"拾下"是西北次方言。维、哈族长期生活在新疆,在与汉族交往中,学会了一些新疆汉语,受方言的影响,产生偏误。

偏误十一:错序。

当汉语的动词谓语有补语又有宾语时,有两种表示方式:一种是述补后有宾语,如:"打碎了杯子";一种是重复动词,先动宾,后动补,如:"说话说累了"。学生母语重复时不带直接宾语,所以学生不习惯在重叠动词后带宾语,就出现先动宾后补语的错序。如:

(188) *我们下棋赢了。(我们下棋下赢了。)

(189) *她文眉坏了。(她文眉文坏了。)

有时学生不能区别连动和述补,把结果补语放在谓语前,构成连动句。如:

(190) *我们完了参观。(我们参观完了。)

(191) *老人伤了汽车撞了。(汽车撞伤了老人。)

(三) 学习状态补语的偏误

汉语的状态补语是对动作、状态进行补充说明的成分,谓语和补语之间要用"得"。它可以分为评价性意义的和描写性意义的,语义较为复杂,因此是维、哈族学生学习的难点。经常出现的偏误有以下几种:

偏误十二:替代。

汉语有少数形容词在句中可以作状语,也可以作补语,但是有区别的:作状语时,语义的重心在动词上,状语只起到修饰和限制作用;而作补语时语义重心在补语上。大多数形容词是不能在意义不变、词语无增减的情况下,又作状语又作补语的。维、哈族学生的母语没有补语,习惯用状语表达,所以常用状语替代状态补语。如:

(192) *我很清楚地看了。(我看得很清楚了。)

(193) *今天他晚起了。(今天他起得晚了。)

例(192)"看得很清楚"是动作已产生了"清楚"的结果,"看"已结束;而"很清楚地看"动作仍在持续。例(193)的"起得晚了"是和某一标准时间相比而言晚了,而"晚起了"常与表示数量的词语结合,如"晚起了一个小时"。也就是说虽然它们可以作状语,也可以作补语,但是有限制条件的,不是任意的。维、哈族学生很难掌握这些限制条件,因此出现偏误。

偏误十三：遗漏。

状态补语与谓语之间必须用"得"。维、哈族学生的母语中没有与"得"对应的词语,所以常遗漏不用。如：

(194) ＊警卫站直直的。（警卫站得直直的。）

(195) ＊他的脸冻红红的。（他的脸冻得红红的。）

偏误十四：累加。

汉语有时为了增强效果,可以省略状态补语。学生在初步掌握状态补语后,常在这种句子中又加上补语,使句子反而变得累赘。如：

(196) ＊看你气得很。（看你气得。）

(197) ＊看把你累得很。（看把你累得。）

偏误十五：类推。

汉语状态补语的否定形式多数为在补语前加"不",如"他跑得不快",但也不尽然,也有不能用这种形式表达的。如：

(198) ＊他跑得不累。（他没跑累。）

(199) ＊他气得脸不红了。（他没气得脸红。）

状态补语是对动作状态的描写或评价。而例(198)"累"是主语的自身感受,句子的深层包含"他跑了"和"他累"两个表述。"累"是结果。两句之间有因果关系,如果没出现"累"的结果,应当否定"跑"这一原因。同样例(199)也应是对"气得脸红"的否定。

（四）学习趋向补语的偏误

汉语的趋向补语是由趋向动词充当的表示趋向、结果、状态等补语。所有的趋向补语都可表示趋向,大部分趋向补语表示结果,少数趋向补语表示状态[1]。虽然维、哈语中也有趋向动词,但由于没有补语,

---

[1] 张斌《现代汉语短语》,华东师范大学出版社,2002年,第155页。

加上汉语趋向补语语义功能和语法功能十分复杂,所以是学生偏误率较高的语法点。主要有以下几类偏误:

偏误十六:遗漏。

该用趋向补语而不用是维、哈族学生普遍存在的现象,以"起来"为例:

(200) *他站了说:"不行。"(他站起来说:"不行。")

(201) *说容易,做难。(说起来容易,做起来难。)

汉语的"站"有两种,一种是"站立",是静态的;一种是"从下向上的延续动作",这种"站"是动态的。"起来"负载的信息比"站"还大。所以要说"站起来说"。而哈语的"turəw"、"tyregeliw"既有"站立",又有"站起来"的意思,因此在表示"站起来"时,就不再需要用趋向动词表示,只需用"turəw"或"tyregeliw"表示就够了。在初级阶段学生受母语词义的影响,就会遗漏趋向补语。

例(201)的"起来"是引申意义,表示说话人着眼于事物的某一方面,对事物进行估量或评价。由于学生对"起来"这一引申意义理解不深,加上母语中"说起来"、"做起来"的"起来"有时不表示出来,有时用向格表示(ajtəwʁa oŋaj istewge qəjən),两者都不用"起来",所以学生套用母语的句型,也会遗漏趋向补语。

偏误十七:立足点混乱。

趋向动词表示动作行为的趋向时,立足点问题很重要。因为所谓的方向是相对而言的,必须有一个基点。这个基点就是立足点。立足点的确定比较复杂。立足点不一定专指说话者。掌握不好立足点,就会造成方向的混乱,因此对学生来说立足点的确定是一个难点。如:

(202) *我给我家寄来了照片。(我给我家寄去了照片。)

(203) *这时从墙后闪出去一个人。(这时从墙后闪出一个人来。)

例(202)的说话人已出现,并以第一人称叙述,所以说话人"我"的位置就是立足点。动词"寄"说明"我"不在家里,往家里寄一定是远离"我"向家的方向而"去"。例(203)是用第三人称进行客观叙述的,应以被陈述对象"墙"的位置为立足点,从墙后到墙前,动作从内到外,应为"出来"。

由于立足点在不同情况下取决于说话人的主观设定,掌握起来较为复杂,也就常会出现偏误。

偏误十八:误用。

学生在刚刚学习了一些陈述性知识后,开始用已知的知识联想,就很容易出现把已知的规则范围加以扩大,出现误用的偏误。如:

(204) *今天我很高兴起来。(今天我很高兴。)

(205) *他以前爱睡觉,现在不爱睡起来了。(他以前爱睡觉,现在不怎么爱睡觉了。)

例(204)原句只是强调高兴,并没有强调是否开始变得高兴,而且,"高兴起来"只是开始高兴,还没达到"很"的程度。因此"很"不能与"高兴起来"搭配。学生认为今天高兴就是开始高兴,所以误用了"起来"。例(205)原句也只是把现在与过去作一对比,并没强调从现在开始变得不爱睡觉了,所以不用"起来"。学生过分强化了"起来"的使用范围,因此出现了误用。

偏误十九:替代。

汉语的趋向补语和动词的搭配是有规律的,有时同一个动词可以和不同的趋向补语搭配,所表示的意义又因为受语用规律的制约而有所不同。维、哈族学生常因对各趋向补语的句法功能、语用规律缺乏辨析能力而出现替代的偏误。如:

(206) *他们昨天就搬进去新家了。(他们昨天就搬进新家了。)

(207) *我们把这些美景拍上了。(我们把这些美景拍下来了。)

例(206)的"进"是动作使人或物从某一处所的外部到内部,立足点是某处所。因此"进"可以带处所宾语。"进去"表示动作使人或物远离立足点,从一处所的外部向内部,立足点在某处所的外面。"来、去"不能带处所宾语。因此不能说"搬进去新家"。例(207)把"拍下来"说成"拍上"是因为"拍"与这两个趋向补语都可以搭配,学生很容易把它们看成是一样的。"拍下来"强调的是把美景摄取下来了。而"拍上"则强调已把景物存到照相机里了。原句的意思是"摄取",所以应用"下来"。

偏误二十:错序。

在一句话中,同时存在宾语和补语时,宾语和补语的位置有两种情况:一般说谓语动词表示为实现的动作时,宾语多在复合趋向补语的来/去前[①]。谓语动词表示已实现的动作时,宾语多在复合趋向补语后,而表示处所的宾语和离合词的宾语只能在复合趋向补语中间,不能出现在来/去的后边。由于学生对如此复杂的位置关系缺乏感性认识,一时很难掌握。学生母语对应表达时又不常用"kel-(来)/ket-(去)",只用一个趋向动词表达,所以出现偏误。如:

(208) *下课后我们回去宿舍。(下课后我们回宿舍去。)

(209) *双方吵架起来。(双方吵起架来。)

例(208)的"宿舍"是表示处所的词,应放在复合趋向补语的中间。例(209)的"吵架"是离合词。汉语的离合词根据表达的需要,有时合,有时分。"架"是宾语,应在复合趋向补语中间。学生对离合词的分合条件不熟悉,所以出现偏误。

偏误二十一:累加。

汉语动词后有趋向补语时,不能再出现第二个补语。学生在学习了一些补语后,有时会出现累加补语的偏误。如:

---

① 刘月华《实用现代汉语语法》,外语教学与研究出版社,1983年,第351页。

(210) *你要穿出去自己的风格来。(你要穿出自己的风格来。)

(211) *老人的身体还没恢复完过来。(老人的身体还没完全恢复过来。)

例(210)的"出来"是表示"动作使事物从无到有",而"穿出去"则是"穿着出去",意思完全不一样。例(211)的"恢复"是一个逐渐恢复到原来的过程,没有完成的标准,所以用"完"是不恰当的。

(五)学习数量补语的偏误

汉语的数量补语又可分为时量补语、动量补语和比较数量补语①。维、哈语中没有补语,数量词都出现在谓语的前边,而且在维、哈语中,纯粹的量词很少,大部分量词是借用其他词的,这些借用量词,也不完全与汉语借用量词对应,这就给学生学习汉语数量补语带来困难,出现偏误也就不可避免。

1. 学习汉语动量补语的偏误。

汉语的动量补语表示动作行为进行的数量,由动量短语充任。少数形容词也可带动量补语。

偏误二十二:遗漏。

当数词是"一"时,动量的意义比较"虚",多表示一些附加意义。学生缺少语感,对这种附加意义难以掌握,容易遗漏,出现偏误。如:

(212) *他答应了,拔腿就走。(他答应了一声,拔腿就走。)

(213) *请给我介绍。(请给我介绍一下。)

以上两例的数词都是"一",并不表示具体的数量。用"一声"表示动作的短暂,增加了两句的紧密度,没有"一声"两句之间显得比较松弛。"一下"用在祈使句中,使语气变得缓和、委婉,不用则显得生硬。

偏误二十三:误用。

---

① 刘月华《实用现代汉语语法》,外语教学与研究出版社,1983年,第378页。

在学习了一些动量词之后,学生常会把已学过的动量词类推到不适合的语言环境中造成偏误。如:

(214) *你去安慰他一顿。(你去安慰他一下。)

(215) *妈妈说了我一遍。(妈妈说了我一顿。)

"一下"在祈使句中使语气和缓,"一顿"常用于"吃饭、责骂、批评"等动作的次数。"一遍"强调从头至尾的一次过程。因此例(214)的"安慰"不能与"一顿"搭配;例(215)的"说"是批评的意思,应当与"一顿"搭配。

偏误二十四:错序。

一是动量补语和动态助词错序。

学生只看到动态助词有时出现在动量补语的前边,有时出现在动量补语的后边,而不了解它们在意义上的不同,因而出现错序的偏误。如:

(216) *星期天我收拾一下房间了。(星期天我收拾了一下房间。)

(217) *老师批评我一顿了。(老师批评了我一顿。)

二是动量补语与宾语错序。

动词后有动量词又有宾语时,词序有几种情况:宾语为一般性名词时,在动量补语之后;宾语为人称代词时,在动量补语之前,谓语是离合词时,动量补语在离合词之间。如果教师没有把这些条件讲清楚的话,学生很容易出现偏误。

(218) *我们交换了意见一下。(我们交换了一下意见。)

(219) *小狗咬了一口他。(小狗咬了他一口。)

(220) *我俩见面过一次。(我俩见过一次面。)

例(218)的宾语是一般名词,应在动量补语"一下"后面;例(219)的宾语"他"是人称代词,应在动量补语之前;例(220)的"见面"是离合词,本身就是动宾结构,所以动量补语在离合词中间。

三是动量补语和其他补语错序。

动词谓语后除了动量补语外,还有趋向、结果等补语。动量补语应在其他补语之后。如:

(221) *他说三次错了。(他说错了三次。)

(222) *我们爬一次上顶峰。(我们爬上一次顶峰。)

例(221)谓语"说"后有结果补语"错"和动量补语"三次",一般说结果补语和述语结合得最紧,所以它应在其他补语之前。例(222)的谓语后有趋向补语"上",而动量补语"一次"是"爬上"的次数,所以应在趋向补语之后。

四是副词的错序。

(223) *我去过他家只一次。(我只去过他家一次。)

(224) *他问了又一遍。(他又问了一遍。)

以上两例的副词在语义上是指向动量词的,但汉语的副词一般只在谓语前,所以不能用在数量补语前。

五是否定词的错序。

(225) *最近他很忙,去公园没一次。(最近他很忙,没去过一次公园。)

(226) *我们举行过没几次晚会。(我们没举行过几次晚会。)

带动量补语的动词很少用否定形式。上述两句的"没"和"一、几"都表示"少",而不是表示数量。所以不能替换为"两次、三次"。学生对"没……几/一/多少"结构的特殊意义不了解,误以为否定数量补语,所以把否定副词用在数量补语前。

六是连动句中动量补语的错序。

(227) *他去了一次看展览。(他去看了一次展览。)

(228) *我上了一次街买书。(我上街买了一次书。)

连动句的动量补语应在第二个动词谓语之后。因为这种连动句的第二个动词多为第一个动词的目的,即动作的终结,所以动量补语应在第二个动词之后。学生过分强调动作的次数,误把动量补语用在第一个动词后。

偏误二十五:替代。

由于学生母语没有补语,常用状语表达汉语补语的意思。学生受母语影响,多用状语替代动量补语。如:

(229) *老师又一次讲了。(老师又讲了一次。)

(230) *爸爸一顿打他了。(爸爸打了他一顿。)

偏误二十六:杂糅。

杂糅是把一种语言形式与另一种语言形式加起来使用的偏误。学生在学习了一些语言形式后,不能准确表达时,常出现这种偏误。如:

(231) *他的心情好起来一点儿了。(他的心情好起来了/他的心情好一点儿了。)

(232) *我们今天也痛快痛快一下。(我们今天也痛快痛快/我们今天也痛快一下。)

2. 学习汉语时量补语的偏误分析。

汉语表示时点和时段的时间词语只能用在动词谓语前,而表示持续长度的时间词语要用在动词谓语后[①]。维、哈语的时间词语都用在动词谓语前。因此错序是学生常出现的偏误。

偏误二十七:错序。

一是动词后有时量补语又有宾语时,宾语为一般名词时用在时量补语后,宾语为人称代词、专有名词时用在时量补语前。

(233) *我们在那里一个多小时等他了。(我们在那里等了他一

---

① 石毓智《现代汉语系统的建立》,北京语言大学出版社,2003年,第165页。

个多小时。)

(234) *连续两天下雨了。(连续下了两天雨。)

时点和时段是指示动作行为发生的时间位置的,而持续时间是指示动作行为进行的数量特征的。例(233)的宾语是人称代词,应在时量补语前;例(234)表示持续时间的,所以应用在动词之后。

二是状语错序。

动词有时量补语,而对时量补语又要加以限制时,应在动词前用副词作状语,而不能在时量补语前加副词。因为副词不能直接修饰名词性词语。如:

(235) *元旦我们休息只一天。(元旦我们只休息一天。)

(236) *我们汉语学习才半年。(我们才学习了半年汉语。)

学生认为"只"和"才"是限制动作的时间的,所以就把这两个副词直接用在时量补语前,造成偏误。

三是时量补语与其他补语错序。

(237) *他们爬半天上山顶了。(他们爬上山顶半天了。)

(238) *古丽的腿摔一年伤了。(古丽的腿摔伤一年了。)

例(237)的趋向补语"上"应在时量补语前,因为"半天"是上山顶后的时间,而不是爬的时间。例(238)的"伤"是结果补语,应紧跟着动词,中间不能插入其他成分。

四是离合词带时量补语的错序。

离合词本身是动宾结构,当离合词带时量补语时,时量补语在离合词的动宾结构之间。当学生尚不能判断哪些是离合词时,常把离合词看成是不可分开的一个词,因此把时量补语用在离合词后。如:

(239) *我们照相了一个小时。(我们照了一个小时相。)

(240) *我们只见面了五分钟。(我们只见了五分钟面。)

偏误二十八:替代。

维、哈语没有补语,所以学生常以状语替代时量补语。如:

(241) *我们一年多来北京了。(我们来北京一年多了。)

(242) *他半天去书店看书了。(他去书店看了半天书。)

例(241)的时量补语是表示先来北京,然后持续在北京的时间,所以是补语。例(242)句是连动句。连动句的几个动作是按时间顺序完成的,因此前面的动作一般不带时量补语,而最后的动作可以持续一段时间,所以可以带时量补语。

偏误二十九:动词重复不当。

一是应重复而没重复。

汉语当谓语动词为持续性动词,并且带有时量补语,述补结构的语义指向施事主语,又要引进受事时,要重复同一动词,第一动词后引进宾语,第二动词用时量补语,或用时量补语作宾语的定语。如:

(243) *这孩子做功课两个小时了。(这孩子做功课做了两个小时了。)

(244) *他来京打工三年了。(他来京打工打了三年了。)

从节律上看,"谓语动词和受事宾语在意义上是紧密联系的。这就要求这两种句法成分在线性序列上尽量靠近"[①]。重复动词是使动词和宾语靠近。

二是不应重复动词而重复。

当动词不是持续动词时,不用重复动词。一般名词作宾语时,位于时量补语后;人称代词、专有名词作宾语时,在时量补语前。学生在学习了重复动词的表达方式后,强化这一规律,造成泛化的偏误。如:

(245) *我奶奶去世去了一年了。(我奶奶去世一年了。)

---

① 李大忠《外国人学汉语语法偏误分析》,北京语言文化大学出版社,1996年,第186页。

(246) *我中学毕业毕了两个月了。(我中学毕业两个月了。)

"去世"、"毕业"都不是持续性动词,也没带宾语,不应重复动词。

3. 学习汉语比较数量补语的偏误。

汉语有比较事物、性状、程度等多种方式:

一是事物、性状同异:A 跟 B 一样或 A 有 B 那么……

二是性质、程度的差别、高低:比字句。

第一种格式后不出现数量补语。比较数量补语主要出现在比字句的谓语后。如:

(247) *他比我多一篇写了。(他比我多写了一篇。)

(248) *我比她一个月早来了。(我比她早来了一个月。)

维、哈语常在被比事物上加格或用后置词表示,表示差别程度的数量词作状语。受母语影响,在学习比较数量补语时,学生也常把补语放在状语的位置上。

(六)学习介词补语的偏误

维、哈语没有介词这个词类,也没有补语这一语法范畴。所以对维、哈族学生来说从理解到运用上都有较大的困难。维、哈语通常是通过名词后加"格"的附加成分,表示名词和其他词结合时的各种结构关系,因而词形变化形式抽象化程度很高,一个形式概括了几种意义。这几种意义在汉语中一般要用几个不同的介词表示;同样,汉语的介词数量有限,但有时同一介词在不同语句中表达不同的意义。所以汉语的介词与维、哈语的"格"形式不存在简单的一一对应关系。学生初学介词时,往往先用母语思维,然后按照母语的词序,把汉语的词对号入座。结果一个由母语语法规则生成,由汉语词语组成的句子便出现了,各种偏误也就产生了。介词结构作补语主要表示时间和处所。

1. 表示时间的介词结构作补语。

汉语表示时间意义的介词结构可以作状语,也可以作补语,在维、哈语中,常用名词加位格作状语对应表达。学生不知道什么时候作状语,什么时候作补语,常出现偏误。

偏误三十:替代。

受母语的影响,学生习惯用状语表达,所以出现用状语代替补语的偏误。如:

(249) *定了在明年8月召开研讨会。(定于明年8月召开研讨会。)

(250) *他一直到天亮学习了。(他一直学习到天亮。)

汉语的介词结构虽然可以作状语,也可以作补语,但状语与补语所传达的信息是有区别的。作状语,时间只是修饰动作,突出的是动作;而作补语,是传达了一个新信息,焦点在补语,突出补语。由于学生缺乏语感,对信息的焦点没有感性的体会,区别不了状语和补语,所以用错。

偏误三十一:有宾语时该重复动词没重复。

汉语的动词后有宾语,又有表示动作终止的时间补语时,一般要重复动词。宾语在第一个动词后,时间补语在第二个动词后。维、哈语不用重复动词,而是在宾语和表时间的词语上分别加上"格"来表示。因此遇到这种句子时也不重复动词。如:

(251) *我们喝酒到半夜了。(我们喝酒喝到半夜。)

(252) *我俩聊天到夜里两三点。(我俩聊天聊到夜里两三点。)

2. 表示处所的介词结构作补语。

汉语的处所词作补语时要有介词引进,即介词结构作补语。维、哈族学生常出现的偏误有以下几种:

偏误三十二:替代。

用处所状语代替补语。如:

(253) *我在桌上放了书包。(我把书包放在桌上了。)

(254) *我到大门外送朋友了。(我把朋友送到大门外。)

这种偏误主要出现在初学补语的学生中,他们还不习惯或尚未掌握补语的用法,套用母语的语序,造成偏误。

偏误三十三:误用。

不该用补语表示处所时用了补语。这种偏误产生的原因,一是不能区别处所状语和处所补语的意义;二是过分地强调补语,造成泛化的偏误。如:

(255) *他吃饭在食堂。(他在食堂吃饭。)

(256) *古丽学习汉语在北京一年多了。(古丽在北京学习汉语一年多了。)

偏误三十四:错序。

学生学习了动态助词在动词后的规则后,在句中有介词补语时,仍把动态助词放在动词后,造成错序的偏误。如:

(257) *他坐了在沙发上。(他坐在沙发上了。)

(258) *孩子坐着地上哭。(孩子坐在地上哭。)

(七) 学习可能补语的偏误

汉语的可能补语具有"前轻后重"的语义特点,即可能补语是信息的焦点。一般有三种形式:动词+得/不+结果补语或趋向补语;动词+得/不+了;动词+得/不得。汉语可能补语所表示的意义,在维、哈语中用动词加助动词或否定词表示。维、哈族学生对动词后加什么补语感到困惑,所以常造成偏误。

偏误三十五:动补不搭配。

(259) *这些东西他搬得出来。(这些东西他搬得动。)

(260) *这么贵,我哪买得了呀。(这么贵,我哪买得起呀。)

当学生掌握了"动词+得/不+补语"的句型后,感到困难的是用什么补语。例(259)的"动"表示的是动作使物体从一处移向另一处。例(260)的"起"常表示"有钱买某东西"。这些对于没有语感的维、哈族学生来说是比较难以掌握的。

偏误三十六：替代。

用状语代替补语是学生常出现的偏误。如：

(261) ＊我能听他说的话。（我听得见他的话。）

(262) ＊他能听你的意思。（他听得出来你的意思。）

汉语表示可能时,有时用能愿动词作状语,有时也可用补语表示。如"学得完"也可以说"能学完",但"听得见"、"听得出来"就不能说"能听"。因为"能听"表示主观愿意听和是否具备所需条件,焦点在"能不能"上,而"听得见"和"听得出来"的焦点在"听"的结果上,也就是说,重点在结果是否出现上。因此两种形式所表达的意义是有区别的。

偏误三十七：累加。

汉语的动词加可能补语是一种未然形式,即动作还未实现,因此不能和动态助词"了"、"过"结合。但学生常会累加"了",出现偏误。如：

(263) ＊今天我们做得完了这些事。（今天我们做得完这些事。）

(264) ＊我听得见过这些话。（我听得见这些话。）

偏误三十八：误用。

汉语的可能补语不能用在"把"字句、"被"字句中。学生受母语的影响常在"把"字句和"被"字句中误用可能补语。如：

(265) ＊我把这些作业写得完。（我写得完这些作业。）

(266) ＊房间能被他打扫得干净。（他能把房间打扫干净。）

"把"字句一般强调对人或事物的处置,动词后面一定会出现一种结果,所以表示的是已然状态,而可能补语表示的是未然状态,所以不能在同一句中出现。同样,"被"字句的述补具有完结性,也不能用可能补语。

三、教学难点及对策

汉语作为非形态型语言,语言各成分间的关系远远不是表层所呈现的那么简单。它受音节节律、语义关系、语序、语境、思维方式等多种因素的制约,既繁复,又多彩,既有定式又很灵活。正是这种灵活性,加大了学习汉语的难度。

汉语的补语本身十分复杂,又是维、哈语所没有的句子成分,因此学生在初学补语时,常不自觉地与母语对比,寻找汉语与母语的对等规律,用母语思维,然后翻译成汉语,造成用状语代替补语、遗漏补语、误用补语等。学习了一些补语以后,学生又会因为过于强调补语的某些规律,进行错误的类推,不恰当地套用。这些不正确的学习策略,也会造成偏误。两种原因交叉在一起,使学生感到补语难学,教师感到补语难教。针对维、哈族学生所出现的偏误,在补语教学中应注意以下难点问题:

难点一:述补结构是语法关系和语义关系的结合体,补语的深层语义关系对述补的搭配有着制约作用。汉语分析句子要先看语义,再看语法形式。而我们教学中多强调表层语法关系,很少讲解深层的语义关系。这刚好和维、哈语的重形式相吻合,所以学生习惯用语法形式去套,认识不到语义关系及其作用。面对一些完全符合语法规律,而又是错误的句子,学生常常会感到茫然,而教师也会对纠正学生这类偏误不知所措。如"他把老师问烦了"中"问"的施事是"他",受事是老师。"烦"不是"他"的自我感受,是老师的感受。由于汉语没有明确的表示成分的语法标志,学生就会说出"他问老师了,问烦了"这种含糊不清的话来。因此教会学生结合语义关系理解补语是教学中的难点。

对策:汉语重"意合",即不借助语言形式的手段,而是通过句子语义的逻辑联系来实现它们的连接[①]。重"意合"的结构就造成了语法上的隐性关系。这种隐性意义的内在衔接,形成了汉语补语的特点。汉

[①] 潘文国《汉英语对比纲要》,北京语言文化大学出版社,1997年,第337页。

语隐含的成分或语法关系,维、哈语都必须完全显现出来。如:"你走岔了。"隐去了"路",但并不影响对这句话的理解。而在维、哈语中,各成分都要显现出来。又如:"看他气得。"隐去了程度补语。维、哈语一定要用程度状语表示出来。学生母语和汉语的这种差异,影响他们对补语语义关系的理解。教师对初级水平的学生可以先要求学生照规则操练。对中高级水平的学生,可适当分析深层语义关系,使学生对补语的理解深入一步。

从表层结构上看补语与述语有语法关系,从深层语义上看,补语还与主语、宾语和状语有隐性的主谓关系。语义关系和语法关系相互依存,又具有相对的独立性。因此我们在认识补语的特点时,不能把语法关系和语义关系混为一谈,也不能把二者截然分开。

1. 有些补语为主语的隐性谓语。

(267) 我听懂了他的意思。——我听了+我懂了他的意思。

(268) 他吃饱了饭。——他吃饭了+他饱了。

从表层看,"懂"和"饱"与述语"听"和"吃"有述补关系,但深层却与主语"我"和"他"有语义关系。

2. 有些补语为宾语的隐性谓语。

(269) 野狼咬伤了马腿。——野狼咬了马腿+马腿伤了。

(270) 大风吹折了小树枝。——大风吹了小树枝+小树枝折了。

从表层看"伤"和"折"都指向述语,而在深层却都指向宾语。

3. "把"字句的补语为介宾的谓语。

(271) 艾力把狗打跑了。——艾力打狗+狗跑了。

(272) 他把我的表修好了。——他修我的表+我的表好了。

上述各句的补语都表示述语的结果,这种句子都包含两个主谓关系,这两个主谓关系之间还隐含着一层因果关系,如"因为我听了,所以我懂了他的意思"、"因为野狼咬了马腿,所以马腿伤了"、"因为他修了,所以表好了"。在补语教学中,教师要有意识地让学生从深层的两个主谓关系去思考述补是否能成立。

述补结构是由两个谓词组成的结构,充任补语的谓词是在谓语动词的背景下产生的新情况,是述补结构语义的焦点,因此句子的中心自然落到补语上,述补能否搭配的关键也就取决于补语了。补语在深层与其他成分之间语义的整体性制约着动补能否搭配。如为什么可以说"穿脏了衣服",而不能说"穿干净了衣服"?从表层的语法关系看它们都是"主语+述语+补语+宾语"(SVRO),但从深层语义看,"因为穿了,所以衣服脏了"是合理的,而"因为穿了,所以衣服干净了"是不能成立的,所以不能说"穿干净了衣服"。

动词常与表示自然结果的词语搭配,这种结合最符合逻辑,结构也最紧密,如:听+见/到/完/清/错/懂/惯/腻等。教师可以让学生多记忆一些这些最常结合的述补短语。把它们当作一个词去记忆。这样久而久之,就不会用错了。

此外,述语和补语在音节数上是否一致,也制约着述补能否搭配。如:做+完——*做完成、喝+足——*喝足够、打扫+干净——*打扫净、调查+清楚——*调查清。有时为了音节上和谐,在单音节词后加"得"或重叠单音节词,如:洗得发白——*洗发白、倒得满满的——*倒得满等。教师要多做一些操练,培养学生的音节和谐意识。

教师要了解学生母语,并通过汉语与学生母语的对比研究预测母语可能产生的影响,确定教学的重点、难点和顺序。做到心中有数,并尽量按照学生习得的顺序安排教学的顺序。在教科书里,补语可能会出现在若干课中,学生自己不容易理出纲来。这对汉族人来说无关紧要,因为汉族人是不需要靠语法来指导他们交际的。而对维、哈族学生来说就不同了,在学习汉语时他们总是按照教师教的规则说话的。在学习心理上会依赖已学过的知识来掌握新知识,因此由浅入深、循序渐进地安排教学就显得十分重要。

一般的教材首先把补语分为带"得"和不带"得"的两种。先讲不带"得"的,后讲带"得"的。这样一来就按先程度、结果、趋向、数量、介词结构补语,后可能、状态和带"得"的程度补语的顺序安排教学。其实学生自己也有一个学习的难易顺序。当教学的难易顺序与学生自己的难易顺序一致时,就会推动教学,加深理解;相反会产生阻力。教师如果不做调查研究,完全按教科书的顺序讲,有可能出现先难后易的现象。根据我们对哈族学生学习补语的调查,学生的难易顺序与教学顺序完全不同。教材的教学顺序为:程度—结果—数量—趋向—可能—介词结构—状态补语,而学生学习的难易顺序为:数量—结果—介词结构—状态—可能—趋向—程度补语。可以看出,教师认为最容易掌握的程度补语实际上是学生最难掌握的。教师如果不了解学生的学习顺序,一开始就讲程度补语,等于让学生一开始就啃一块硬骨头,学生自然难以接受,而且还可能会产生畏难情绪,给继续学习带来障碍。所以教师在讲课前要明确学生学习的难点,正确地确定教学的重点,这样才会制定出最佳教学方案,实施教学。

难点二:汉语的趋向补语通常是表示动作趋向和方向的,此外趋向补语还有些引申意义。趋向动词本义的趋向很具体,与学生的母语有一定对应关系,而引申意义就相对抽象。"趋向"可以理解为事物的发展变化,这种变化可以表示多种意义:既可以表示动作的开始、继续、添加,表示事物从无到有、从隐到显、从开到合、从远到近,也可以表示动作存在于某处,所表示的意义十分复杂,需要一个较长的时间才可以掌握。在学生尚不能完全理解趋向补语的意义时,常用用法或意义相近的词语代替,或总结出不正确的规律,造成偏误。如把"他写下了这封信"说成"他写出来了这封信"。所以趋向补语的引申意义是补语教学的难点。

对策：讲解趋向补语首先要讲清趋向动词的立足点的问题。由于维、哈语中也有趋向动词，因此让学生掌握趋向补语的趋向意义不太难，关键是趋向补语的引申意义。

汉语非实指的趋向补语数量不多。教师可给学生一一讲解，并与实指的趋向补语作一比较。让学生先学会判断哪些用法是实指趋向、哪些是非实指趋向的，非实指趋向补语表示什么意义。如：

（273）他站起身来走了。

（274）不一会儿下起雨来了。

两句都有"起来"。例（272）的"起来"是实指的趋向补语。例（273）的"起来"是非实指趋向补语，表示"开始下雨"。

在学生开始运用非实指趋向补语时，可针对学生出现的偏误再讲解。让学生做一些比较联系。如将"下来"和"出来"作一对比：

（275）这道题我没回答出来。＊这道题我没回答下来。

（276）老师讲的我没记下来。＊老师讲的我没记出来。

通过正误对比及两例的对比，让学生"下来"有动作使人或事物"停留住在某处"的意义。"出来"表示"事物从无到有"。

一个趋向补语有几种引申意义时，不要集中一次讲完。这样学生来不及消化，更不会用，要分为几次讲。待学生全部掌握后，再让学生把一个趋向补语共有几种引申意义，自己归纳一下。这样不仅可以形成完整的概念，还可以加深印象，便于记忆。

难点三：汉语的谓语后有时同时存在宾语和补语，一般来说补语在前，宾语在后；但也有时宾语在前，补语在后；或重叠动词，前一个动词后带宾语，后一个动词后带补语；也有的可以用"把"把宾语提到动词前。宾语和补语位置这种复杂的情况，对于维、哈族学生来说也是一个难点。

对策：宾语和补语之所以有不同的位置是与谓语是否实现、句子的重心等有关。要说明这个问题，先要说明述补结构在什么情况下可以带宾语的问题。述补是否及物并不取决于述语或补语是否及物,它是受深层语义关系的制约的。不及物动词和补语结合后可具有及物性。如"哭"不能支配"眼睛",但"哭红"可以支配"眼睛"。不可以说"他哭了眼睛",却可以说"他哭红了眼睛"。这说明:当补语与宾语有隐性的主谓关系时,述补结构是及物的,可以带受事宾语;当补语与宾语没有隐性的主谓关系时,补语后不出现宾语。如:

(277) *他吃胖了肉。

"吃胖"和"肉"没有隐性主谓关系。"胖"是动词"吃"引起主语的自身变化。与主语在深层有主谓关系。若要说明"吃"的宾语"肉",就必须重复动词,宾语出现在补语前:

(278) 他吃肉吃胖了。

教学时教师最好先讲补语和宾语的一般词序,再讲特殊情况。特别要说明特殊词序产生的条件。如有复合趋向补语又有处所宾语时,宾语在复合趋向补语中间。限制条件是"处所宾语"。又如"把"字句的宾语一般是介词"把"的宾语,它只出现在"把"字之后,不会在补语后。

难点四:维、哈族学生在学习汉语补语时,最常见的偏误就是用状语代替补语。这主要是受母语的干扰。另一方面他们也发现汉语有的用状语的句子,也可以用补语表达。如:

(279) 这本书很有用。

(280) 这本书有用极了。

学生对状语和补语在语法意义上的差别不甚了解,也是造成偏误的原因。此外诸如连动结构和述补结构的区别,能愿动词作状语和可能补语的区别,用"得"的状态补语和程度补语的区别,补语和一些同义结构的区别以及什么时候使用"得",什么时候不用"得",什么时候用"得"不用"得"都可以等。这些问题都是教学中应当解决的难点。

对策:在讲解补语的规律时,还应根据学生的偏误,对学生容易混淆的语法现象作必要的对比,使学生对概念有更加清晰的了解。注意讲解那些在大原则之下的小原则,因为恰恰是这些小原则可能是制约动词和补语共现的条件。我们在讲授状语与补语的区别时,教师可以用同一词语作状语和作补语的区别为例来加以说明:

同一词语在作状语和作补语时在语义及表达功能上是有差别的。有些形容词可以作状语,也可以作补语,但表义的侧重点及与动词的共现频率是不同的。如单音节形容词状动结构共现的频率少于动补结构,而且状动结构多出现在祈使句中,而动补结构除在表示程度或状态时须加"点儿/些"外,没有特殊限制。

在单音节形容词构成的动补结构中,补语提供了新信息,所以语义重心在补语上。动作及其产生的结果有必然的联系,加之单音节形容词和动词构成的双音节结构,符合汉语词汇双音节化的发展趋势,动补结合得很紧密,所以单音节形容词常作补语。而状语是描写动作的方式、工具、时间、地点等,具有伴随动词的特征。状动结构的语义重心在动词,状语与动作没有必然联系,因此状语与动词的结合没有动补紧密,加之单音节形容词作状语与动词的搭配受限制,所以单音节形容词较少作状语。双音节形容词作状语很普遍。但作结果补语比状态补语少,正因为汉语双音节的结果补语少,所以不是所有状语都可以在不改变意义的情况下转换为状态补语,反之亦然。

形容词作状语时语义重心在动词,形容词偏重于描写;当语义重心偏重于结果特征时,可以作补语,不作状语。从表义的角度看同一意义的形容词从状态补语转换为状语时,深层语义关系是有变化的:状语的语义都指向动词,是对语义的描写,而补语的语义都指向施事或受事,作施事或受事的谓语,说明动作产生的结果。在状语转换为补语的过程中语义发生了很大的变化,所以是不能随意转换的。

又如可能补语与能愿动词作状语的区别。当"能"在表示主、客观

条件容许实现动作时,与可能补语"V+得/不+结果补语/趋向补语"有相似之处。如:

(281) 你听得懂她的话吗?

(282) 你能听懂她的话吗?

这两句的意思差不多,但用"能"作状语和用可能补语的语境不尽相同。"能"作状语可以出现在陈述句中,而可能补语一般不出现在陈述句中,多出现在疑问句或回答对方问题时用。如:

(283) 我能推开窗户。＊我推得开窗户。

(284) 甲:你听得懂这句话吗?

乙:听得懂。

从以上分析中,我们可以看出,这些难以区别的语法现象有它们的相似之处。虽然在有些情况下看起来都可以用,但在表达的意义上,在使用的环境上,在深层的语义关系上还是有区别的。这对于有语感的汉族人来说,不会说错。但对缺乏语感的维、哈族学生来说,就会感到困惑。因此在教学中除了要注意讲清各种语法规则、限制条件外,还要注意培养学生的语感。

学习语言离不开语境,这一点已经得到共识。课堂教学的环境不能满足学习的需要,还要在真正自然的交际环境中习得,所以应把课堂教学延伸到课外。教师要有意识地组织一些课外活动,为学生提供必要的语境,让学生有机会学习活的语言,增强语感。

使用教材时要处理好结构与功能的关系。在学习的起始阶段先讲一种结构的一种功能。不要把一种结构的所有功能都一股脑儿地讲完。还要注意对偏误的分析。如词语简单对应的偏误、语序的偏误、音节搭配的偏误、语境不适合的偏误等都是学生普遍存在的偏误现象,要及时地进行分析。不仅让学生知道哪些是错的,还应当让学生明白为什么是错的,这样才不至于头痛医头,脚痛医脚。要注意课堂练习的交际性。过多地脱离语言环境的机械、单调地训练，不仅不能使学生真正了解补语使用的条件，还会使学生因为枯燥乏味而失去学习的兴趣。因此教师在备课时要设计一些交际性强又有趣味的练习，调动学生学习的积极性，从而更加自觉主动地进行交际活动。

第三章 动态助词

本章主要分析维、哈族习得汉语动态助词的难点和对策。按"着"、"了"、"过"分为三节,举例以维语为主。

汉语与维语属于不同的语系。汉语属于汉藏语系,形态变化不丰富;维语属于阿尔泰语系,形态变化非常丰富。因此在表示持续、实现或完成以及经历语法意义时,汉语一般要在词法的范畴内完成,即使用词汇表达手段,主要是在动词后加"着"、"了"、"过"来表示;而维语相对应的是在动词原形后添加时态附加成分表示。附加成分主要有:表示说话时动作行为正在进行的现在时附加成分"-watidu"和动作行为持续进行的现在持续时附加成分"-maqta",表示说话时动作行为已经结束或完成的"-di",以及表示动作行为在说话以前早已结束的曾经过去时附加成分"-ʁan"等。例如:

(1) 一辆汽车在公路上飞快地跑着。

  bir maʃina taʃjolida uʧqandek maŋmaqta.
  一　汽车　在公路上　飞快地　　跑着

(2) 今年我校修建了一座五层宿舍楼。

  bu yil mektiwimizde 5 qewetlik bir jataq binasi selindi.
  这 年 在我们学校　五 层　　一 宿舍 楼　被修建了

(3) 他父亲曾参加过足球比赛。

  uniŋ dadisi putbol musabiqisiʁa qatnaʃqan.
  他的　父亲　足球　　比赛　　参加过

例(1)在动词原形 maŋ-（走，跑）后添加表示持续意义的附加成分"-maqta"；例(2)在动词原形"seli-"（修建、盖）后添加表示完成、实现意义的附加成分"-di"；例(3)在动词原形"qatnaʃ-"（参加）后添加表示过去曾经经历意义的附加成分"-ʁan"。

但这并不是说，汉语动态助词"着"就完全等同于维语时态附加成分"-maqta"或"-watidu"，"了"等同于"-di"，"过"等同于"-ʁan"等。其实二者对应关系错综复杂，同中有异，异中有同，但更多的是异。主要差异有以下几点：

1. 汉语动态助词的"无时性"与维语时态附加成分的"有时性"的差异。

汉语动态助词"着"、"了"、"过"加在动词后边主要表示动作的"持续、实现或完成以及经历"意义，与动作发生的时间无关。若要表示现在、过去和将来的时间，则使用相应的词汇等手段表示（注：下例括号内的词语等表示具体的时间）。例如：

(4)（现在）她正上着课，小李却要去问她情况。

（那天上午）她正上着课，小李却要去问她情况。

（明天上午八点的时候）她正上着课，我怎么把她叫出来呢？

(5)（现在）他已经回到了西安。

（那天你还未到的时候）他已经回到了西安。

（明天晚上八点的时候）他已经回到了西安。

(6)（以前）他曾经去过喀什。

（明天）咱们吃过早饭就去逛商店。

表达上述相应的例子，维语是在动词原形后加时态附加成分"-watidu"或"-maqta"，表示说话时正在进行或持续进行的动作行为，加"-di"表示说话时已经结束或完成的动作行为；加"-ʁan"表示曾经发生的动作行为。这说明，维语动词时态附加成分与动作行为发生的时间是有关系的。

2. 汉语动态助词意义的多样性与维语时态附加成分意义相对单一性的差异。

通过对汉语动态助词进行深层次的语义分析,不难发现:动态助词"着"不只是表示动作的"持续"意义,"了"、"过"也不仅仅是表示动作的"实现或完成"以及"经历"的意义,而且还呈现出意义多样性的特点。参照维、哈族习得动态助词偏误的难点,汉语的动态助词可以做以下的分析:"着"在动词后表示动作或状态的持续意义时,实际包括两种情况:一是表示动态的动作行为的"持续"(用"着$_1$"表示);二是表示静态的性质状态的"持续"(用"着$_2$"表示)。在连动句中,"着"用在第一个动词后,表示进行第二个动作(主要的动作)的状态或方式(用"着$_3$"表示)。"了"用在动词后表示动作状态的实现或完成(用"了$_1$"表示),当"了"出现在句末时,既表示实现或完成意义,又表示变化意义(用"了$_2$"表示)。如果句中出现时量补语,句末的"了"还表示时间的"延续"意义(用"了$_3$"表示)。动态助词"过"根据其深层次的语义也可以分为表示曾经发生的动作"过$_1$"和已完成的动作"过$_2$"。而维语中的时态附加成分"-watidu"或"-maqta"、"-di"以及"-ʁan"等主要表示时间意义,即动作行为正在进行或持续进行、已经结束或已完成以及早已结束等,呈现出意义相对"单一性"的特点。

3. 汉语动态助词的相对限制性与维语时态附加成分的非相对限制性的差异。

汉语动态助词在使用上会受前面的动词、后面的宾语或补语成分的制约。一些动词的性质决定了后边不能用动态助词"着"。这些动词是:不表示持续行为的动词,如"是、在、等于、结束、逝世、消灭、完、塌、逃、进、出、去"等;含有持续动作的动词,如"恨、怕、像、知道、需要、认识、拥护、赞成、同意"等;前边有能愿动词的,如"能读、会写、想买、要学"等;含有动补关系的,如"提高、说明、推翻、打败、打倒"。以上四类动词后边都不能用"着"。还有一些动词后边不能加动态助词"了":一类是动作不是短时间内能够完成的,如"爱、恨、想念、羡慕、企图、反对"等;一类是动作性不强的,如"像、是、在、姓、叫作"等。

从带宾语情况来看,有些动词只能带谓词性宾语。如:"进行(研究)、开始(讨论)、难以(理解)、予以(承认)、得以(实现)、给予(支持)、给以(帮助)、加以(克服)、主张(参加)、希望(考上)、从事(教学研究)、声明(作废)、感到(高兴)、觉得(挺好)、装作(不认识)"等。这类动词后边不能出现动态助词"了"。如:"*继续了研究(继续研究)、*开始了讨论(开始讨论)"。还有的宾语带主谓短语、动宾短语时,动词后边不能出现动态助词"着"、"了"、"过"。如:"*我希望了(*着,*过)你能参加晚会(我希望你能参加晚会),*他认为了(*着,*过)事业是第一位的(他认为事业是第一位的),*他怕了(*着,*过)自己失去她(他怕自己失去她),*我发现了(*着,*过)他变(我发现他变了)"。

从所带补语来看,当谓语动词是表示持续意义的"吃、喝、穿、看、玩、坐、睡、躺、停、站、住、学、工作、休息、研究"等时,可以构成"动词+了$_1$+时量补语"和"动词+了$_1$+时量补语+了$_3$"的句式。

维语则不同。动词虽然也有限制,但表示动作行为变化的动词原形后一般都可以加时态附加成分"-watidu"或"-maqta"、"-di"以及"-ʁan"。从带宾语情况来看,维语动词时态附加成分不像汉语的动态助词那样易受限制,动词带谓词性宾语时,仍可以在动词后添加"-di"附加成分表示动作的完成。

第一节 "着"

一、对应表达

汉语动态助词"着"主要用在动词的后面,表示动作行为的持续意义。"着"在维语中的对应表达形式为在动词原形后加"-watidu"或"-maqta"等,表示说话时正在进行或持续进行的动作行为。例如:

(1) mektiwimizdiki barliq oqutquʧi, iʃʧi-χizmetʧi we oquʁuʧilar
　　我们学校的 所有的 老师　　 职工　 和　学生
doklat aŋlawatidu.
报告　　正在听

我校全体教职工和学生在听报告。

(2) dunja ilgirlimekte, wezijet tereqqi qilmaqta.
世界　在前进　　 形势　发展　正在进行

世界在前进,形势在发展。

例(1)动词原形"aŋla-"(听)后边的"-watidu"、例(2)动词原形"qil -"(做,进行)后边的"-maqta"都是现在时附加成分,表示说话时正在进行或持续进行的动作行为。但汉语动态助词"着"用在不同类别的动词后,往往具有不同的功用。"着"用在表示行为动作的动词后表示持续意义,用在具有持续意义的动词后面表示动作的持续进行,用在具有瞬间意义的动词后面则表示动作的反复进行。此外,"着"又表示某种状态或某种姿态不变。因此在动态助词"着"的教学中,教师不仅仅是让学生掌握"着"的语法结构,更重要的是引导学生理解掌握"着"的深层语义特点,尤其是其语用特点。

二、偏误类型分析

因为汉语动态助词"着"的意义和用法比维语相应的表达形式"-watidu"或"-maqta"要复杂一些,因而维族学生在学习和使用"着"时出现的偏误也较多。主要有下列几种类型:

偏误一:遗漏。

是指应当用"着"的,而没有用。例如:

(3) ＊他们都在看答案做练习。

他们都在看着答案做练习。

(4) ＊我进去的时候,他正躺看电视呢。

我进去的时候,他正躺着看电视呢。

(5) ＊她看我半天,一句话也不说。

她看着我半天,一句话也不说。

(6) ＊因为听课的人太多,所以她只好拿话筒讲课。

因为听课的人太多,所以她只好拿着话筒讲课。

(7) ＊你放心,我在这儿过很愉快的日子。

你放心,我在这儿过着很愉快的日子。

例(3)至例(7)中每个句子都有两个动词,其中第二个动词是主要信息,第一个动词是次要信息。第一个动词和第二个动词在语义上不是两个平行并列的动作,前者是后者的方式或状态,全句的语义重点在第二个动词上。因此应该在第一个动词上,即在例(3)的"看"、例(4)的"躺"、例(5)的"看"、例(6)的"拿"的后边加上"着$_3$",表示第二个动作的方式或状态。例(7)不是在强调"过"的动作本身,而是在说明一种状态、一种情况。因此整个句子没有动作性,只有持续性。

偏误二:赘加。

是指不应该用"着"的而用了。例如:

(8) *代表们坐着在主席台上看比赛。
    代表们坐在主席台上看比赛。
(9) *我妹妹喜欢躺着在床上看书。
    我妹妹喜欢躺在床上看书。

例(8)、例(9)中的第一个动词"坐"、"躺"的后边都有由"介词＋名词＋方位词"构成的表示处所的短语。它们作动词谓语的处所补语,表示人或事物通过动作行为到达某个处所,或者该动作是在某个处所发生的。因此第一个动词"坐"、"躺"后边,不能再用动态助词"着"。

(10) *她小心翼翼地从手提包里掏出着钱包。
     她小心翼翼地从手提包里掏出钱包。
(11) *他拉亮着电灯,马上喊了起来。
     他拉亮电灯,马上喊了起来。

例(10)、例(11)中动词谓语"掏"的后边有结果补语"出","拉"的后边有结果补语"亮"。按照"结果补语与谓语动词或形容词之间不能插入其他成分"①的规则,结果补语后不能再用动态助词"着"。这是因为动词谓语带了结果补语,就意味着动作有了结果,事件的过程有了完整性,这与表示动作或状态持续意义的"着"相矛盾。换言之,"动词＋结果补语"不能与"着"同现。因此"掏出"的后边、"拉亮"的后边都不能用动态助词"着"。

偏误三:替代。

是指将已学过的语法规则套用在新的语言现象上,或用母语的时态观念来理解汉语的动态助词。例如:

(12) *我等着他半天了,他还没来。
     我等了他半天了,他还没来。

---

① 刘月华《实用现代汉语语法》,外语教学与研究出版社,1986年,第334页。

(13) *爷爷病着一个多月了,总不见好。

　　　爷爷病了一个多月了,总不见好。

(14) *这本书我已经看着两遍了,还不太懂。

　　　这本书我已经看了两遍了,还不太懂。

例(12)、例(13)中,动词谓语后有时量补语"半天"、"一个多月",例(14)中有动量补语"两遍",它们指动作全过程的数量,这与"着"表示非完整的动作持续是有矛盾的。因此应该用表示动作完成或实现意义的动态助词"了$_1$",而不能用表示持续意义的动态助词"着"。之所以会出现这样的偏误,是因为学生在学习动态助词"着"时,并没有真正掌握其用法,就使用类推的方法,用表示持续意义的"着$_1$"替代了表示完成意义的"了$_1$"。如以下偏误:

(15) *他离开着老师和同学,心里挺难受的。

　　　他离开了老师和同学,心里挺难受的。

(16) *李丽进着教室,发现教室里一个人也没有。

　　　李丽进了教室,发现教室里一个人也没有。

例(15)、例(16)中的动词"离开"、"进"都是结束性动词(也叫瞬间动词),即动作一发生就结束,发生和结束在时间上是重合的,因此都不能持续,不能用动态助词"着",而应该用表示行为动作完成或实现意义的动态助词"了$_1$"。

偏误四:误用。

是指应该用表示持续意义的"着",却用了表示实现或完成意义的"了"。例如:

(17) *她俩一边喝了茶,一边吃了玉米花。

　　　她俩一边喝着茶,一边吃着玉米花。

(18) *孩子们看了看了就睡了。

　　　孩子们看着看着就睡着了。

(19) *同学们听了听了就流下了眼泪。

同学们听着听着就流下了眼泪。

例(17)中的动词谓语"吃"、"喝"着意强调的不是动作本身、动作的实现或完成,而说明的是"吃"、"喝"的持续状态,因此应该把"了"改为"着"。例(18)、例(19)中的第一个动词"看"、"听"分别连续重复使用时,表示第一个动作持续的同时,又转入第二个动作"睡"、"流",含有不知不觉的意味。因此第一个动作后应该用表示持续意义的"着",而非实现或完成意义的"了"。

偏误五:泛化。

是指在学了一些语法规则后,在还没有真正理解掌握的情况下,将这些语法规则泛化到其他语言现象上。例如:

(20) *他听着那样专心,连我们进去都不知道。

他听得那样专心,连我们进去都不知道。

(21) *我们去西公园划船了,我们划着很开心。

我们去西公园划船了,我们划得很开心。

(22) *今天的课老师讲解着非常清楚。

今天的课老师讲解得非常清楚。

(23) *爸爸生气着一句话也说不出来。

爸爸气得一句话也说不出来。

例(20)到例(23),这几个例句都不是在说明一种持续的状态或持续的动作,而是在强调对动作、状态进行评价性或描写性说明,因此应该使用带"得"的状态补语,而不能使用动态助词"着"。例(20)、例(21)、例(22)、例(23)中动词谓语"听"、"划"、"讲解"、"气"后边的"着"都应该改为"得"。

偏误六:错序。

是指动态助词"着"的位置错用。例如:

(24) ＊我正看书着的时候，他来了。

我正看着书的时候，他来了。

(25) ＊他坐在那里低头着沉思。

他坐在那里低着头沉思。

(26) ＊他们鼓掌着热烈欢迎上级领导。

他们鼓着掌热烈欢迎上级领导。

(27) ＊离开的时候，孩子们不断地向我们招手着。

离开的时候，孩子们不断地向我们招着手。

例(24)至例(27)这几个例句，都是"着"的位置用错的偏误。这些例子中的"看书、低头、鼓掌、招手"都是动宾短语，这些动宾短语都是由前边的动词"看"、"低"、"鼓"、"招"和后边的宾语"书"、"头"、"掌"、"手"两部分构成。有些学生不了解这些短语中的内部结构关系，把它们当作没有可分性的词语，出现了把表示持续状态的"着"放在整个动宾短语后边的偏误。动态助词"着"在句中的位置应紧接在动词之后，即用在动宾之间，而不在动宾之后。

二、教学难点及对策

动态助词"着"是维族学生学习汉语的难点之一。原因有两个：一是汉语动态助词"着"的意义和用法较为复杂，学生对什么时候该用"着"、什么时候不该用"着"、"着"的位置以及"着"表示动作行为的伴随方式等意义了解掌握得不够。二是学习和使用动态助词"着"时受母语的影响较大，容易用母语的时态观念来看待汉语的"着"，把"着"等同于母语的"-maqta"或"-watidu"等。因此在进行动态助词"着"的教学中，要确定好教学难点，使教学有的放矢。现将难点及对策分述如下：

难点一：什么时候一定要用"着"，什么时候一定不能用"着"。

从以上的偏误分析中可以看出，学生在学习和使用动态助词"着"

时,对在什么情况下一定要用"着",什么情况下一定不能用"着"还不十分明了。

汉语的句子,两个动词若第一个动词说明第二个动词的方式或状态,这时要在第一个动词后边加上"着",即用"动词₁＋着＋动词₂"的句式来表达。但维族学生常常漏用"着",如:"＊她一直看我,什么也不说(她一直看着我,什么也不说)";或者把原句的意思分成两句话来表达,说成"＊她笑了,然后跟我们每个人握手(她笑着跟我们每个人握手)"。

当动词谓语带结果、处所、动量和时量补语时,就不应该用"着"。但维族学生可能要用"着",如:"＊她从包里掏出着一份礼物送给我(她从包里掏出一份礼物送给我)","＊那些内容我复习着两遍了,还是没弄懂(那些内容我复习了两遍,还是没弄懂)","＊今天的语法课老师讲解着非常清楚(今天的语法课老师讲解得非常清楚)","＊他住着医院一个多月了,总不见好(他住医院住了一个多月了,总不见好)","＊我们躺着在草坪上聊天(我们躺在草坪上聊天)"。如何解决好该用"着"与不该用"着"的问题应该是教学中的难点。

对策:首先要结合"着"的语义特点讲清一定要用"着"的条件。

当句中出现两个动词时,其中第一个动词和第二个动词所表示的动作在语义上不是平行并列的,第二个动词是全句的主要信息,是全句的语义重点、主要动作;而第一个动词是次要信息,不强调动作本身,而是说明第二个动作的方式或状态,没有动作性,只有持续性。因此应该在第一个动词后边加上"着",这时的"着"不能不用。

其次,要讲明当动词谓语带了结果、状态、处所、动量和时量等补语后,句中的焦点、语义中心或表达的重心是补语。动词谓语带了结果补语后,就意味着动作有了结果,事件的过程有了完整性,这与表示动作或状态持续意义的"着"相矛盾。动词谓语后边的状态补语主要强调对动作、状态进行评价性或描写性的说明,而不是在说明一种持续的状态或持续的动作,因此应该使用带"得"的状态补语。动词谓语后有时量补语和动量补语时,是指动作全过程的数量——完成该动作所用的时间长短及次数,这与"着"所表示的动作持续而非完整的意义相矛盾。由"介词+名词+方位词"构成的表示处所的短语出现在动词谓语后边作处所补语,表示人或事物通过动作行为到达某个处所,或者该动作是在某个处所发生的意义,应该是终结的动作行为,这与表示动作或状态持续意义的"着"矛盾。因此动词谓语后带结果补语等补语时不能再用动态助词"着",即补语不能与"着"同现。

难点二:"着"能否与副词"在"、"正"、"正在"共现的条件。

有些教材在讲到动态助词"着"的用法时,其中都有一项解释:动态助词"着"可以与表示动作行为正在进行的"正/正在/在"等副词一起用。但没有进一步说明"着"能或不能与副词"在"、"正"、"正在"共现的条件。因此维族学生容易出现这样的偏误:"*商店的门正在关着,他们只好回去了(商店的门关着,他们只好回去了)","*最近他正一直穿着那件蓝工作服呢(最近他一直穿着那件蓝工作服)"。教学中,教师应该通过语义分析讲清楚在什么条件下"着"能与"正/正在/在"一起用,什么条件下"着"不能与"正/正在/在"一起用。

对策:从"叙述"与"说明"的功能差异入手,讲明"着"能或不能与副词"在"、"正"、"正在"共现的条件。

如果说话人要叙述某件事在说话时的某一个时点——"现在"的时间发生时,"动词+着"前可以用副词"在"、"正"、"正在",表示动作正在进行。例如:"我们正上着课的时候,他来了"。如果说话人的意图在于"说明、描写"某个事实,或者说不是叙述一个客观的时间流动过程,这时"动词+着"前就不能用表示正在进行意义的副词"在"、"正"、"正在",例如:"*桌子上正放着一张照片(桌子上放着一张照片)","*他正穿着一双拖鞋就走进来了(他穿着一双拖鞋就走进来了)",这两句话都是在说明某个客观情况,因此动词前用"正"等副词就不对。当动词前出现表示经常性、一贯性、规律性意义的副词"经常、往往、总是"等时,动作行为在相当一段时间内具有不变化、不改变的稳定情况,动作性也就相对减弱,这时"动词+着"前也不可以用副词"在"、"正"、"正在",例如:"*他经常正在躺着看书(他经常躺着看书)","*他总是正在听着音乐写作业(他总是听着音乐写作业)"。

难点三:"动词+着"与"动词+了"的区别。

汉语表示持续意义的动态助词"着"实际包含两种意义和用法,即表示动态的动作行为"持续"的"着$_1$"和表示静态的性质状态持续的"着$_2$"。对"着$_1$"的意义学生较容易理解,因为这种意义与母语所表达的意义基本相同。而对"着$_2$"的意义学生不太容易掌握,易将这种意义理解为"实现"或"完成"的意义,因此往往不用"着",而用"了"或改变句式。例如把"墙上挂着一张中国地图"的句子说成"在墙上(被)挂了一张中国地图"或"中国地图(被)挂了墙上"。鉴于此,教学中首先要向学生讲明表示动态的动作行为的持续意义"着$_1$"与表示静态的性质状态的持续意义"着$_2$"的区别。

对策:通过对比,并结合语义讲明"动词+着"与"动词+了"的区别。

汉语属于重意义的语言。在第二语言教学中,不能把语法教学单纯理解为纯形式结构的讲解和训练。因为汉语语法是由语义制约着它的表层形式,因而认识表层关系时,必须认识它们的语义联系,讲清语义联系和条件关系。例如:讲"着"就不能孤立地讲"动词+着"的句式本身。不能简单地追求表层形式结构,笼统地告诉学生"着"表示的持续意义,而要把重心放在讲清"着"的深层语义上,讲清动态的持续意义"着$_1$"与静态的持续意义"着$_2$"之间的区别。"着$_2$"一般用在表示人对物体进行安放或处置动作意义的"放"、"挂"、"插"、"摆"、"刻"等动词后边,构成"处所词语+动词+着₂+名词(表示存在的人或事物)"的句式,即存现句。存现句是汉语特殊的动词谓语句,其语法主语和逻辑主语往往不一致,宾语一般是逻辑主语。在维语中语法主语和逻辑主语一般都要一致,没有类似于汉语存现句"处所词语+动词+着₂+名词(表示存在的人或事物)"的句式。要表示某人或某事物在某处存在的意义时,维语是用"(处所名词+位格附加成分)(作状语)+名词主格形式(人或事物)(作主语)+(动词+被动态附加成分+时态附加成分)"的句式。从学生的偏误中可以看出:学生显然是受了母语的影响而说出了"在墙上(被)挂了一张中国地图"或"中国地图(被)挂了墙上"的错句。因此教学中要通过对比,讲清"着"与"了"语义上的区别,凸显汉语表示静态的、存在意义的"动词+着₁"的特点及其在维语中的对应表达。

第二节 "了"

一、对应表达

汉语的动态助词"了"用在动词后主要表示动作的完成,可称之为"了₁";用于句末,表示情况发生变化以及有成句、表达语气作用的"了",可称之为"了₂"。在维语中,表示已经结束或完成的行为动作时,是在动词原形后加"-di"等时态附加成分。例如:

(1) men bygyn jerim sæt ketʃikip qaldim.
　　我　今天　半　小时　迟到　(出现)了
　　今天我迟到了半个小时。

(2) oqup øtken derslirimizni tɛtildɛ bir qur tekrar qilip tʃiqtuq.
　　学　过的　把课程　在假期　一遍　复习　我们做了
　　假期中,我们将学过的课程从头到尾复习了一遍。

例(1)动词原形"qal-"(出现了)后边的"-dim"、例(2)动词原形"tʃiq-"(做出了)后边的"-tuq"都是过去时附加成分,表示说话时已经结束或完成的动作行为。汉语动态助词"了"的学习和使用比维语过去时的附加成分要复杂一些。这是因为:一是汉语动态助词"了"的意义较为复杂。汉语动态助词"了$_1$",只表示动作行为的完成或实现,与动作发生的时间无关。即动词谓语后加"了$_1$"并不一定就专指过去的时间,它还可以表示将来的时间,例如:"明天我下了$_1$课就去书店买书",显然表示的是将来的时间。"了"用在句末还表示变化意义(用"了$_2$"表示)。如果句中出现时量补语,句末的"了"还表示时间的"延续"意义(用"了$_3$"表示)。而维语的过去时附加成分纯粹表示时态,即表示过去的时间。二是"了"的位置"多变",是指它既可以出现在一个词语后面,也可以出现在短语或小句后面。"了"出现在什么位置,除了同句子的语义指向有关外,还受动词谓语前的状语、宾语前的定语、宾语后是否还有其他成分以及动词谓语自身相关条件的限制。在维语中,过去时附加成分始终黏附在动词原形后。如果表示行为动作结束或完成,一般都可以在动词后添加过去时的附加成分。三是能用"了"与不能用"了"的条件限制也很多。在维语中,一般都可以在动词后添加过去时附加成分,表示行为动作的结束或完成。

二、偏误类型分析

维族学生在学习动态助词"了"时出现的偏误数量多、类型多,其中一个重要原因是来自于母语的干扰。因为汉语"了"的一些意义和用法与维语有不完全相同的地方,因而学生易用其母语的时态观念来使用汉语的动态助词"了",把母语的时态表达手段套用在汉语的"了"上。主要有下列一些偏误类型:

偏误一:遗漏。

是指应该用"了"而漏用。例如：

(3) *这几件事充分表现工人们艰苦奋斗的精神。

这件事充分表现了工人们艰苦奋斗的精神。

(4) *后来，我们去参观一个现代化的养鸡场。

后来，我们去参观了一个现代化的养鸡场。

(5) *明天我们下课就马上去书店。

明天我们下了课就马上去书店。

(6) *那天我们吃完了饭就去唱歌。

那天我们吃完了饭就去唱歌了。

(7) *你们已经看了六个小时，还看吗？

你们已经看了六个小时了，还看吗？

(8) *他已经学了三年，看样子还得学。

他已经学了三年了，看样子还得学。

例(3)和例(4)表示已完成的动作行为的动词后面，应该要用"了"。学生将例(3)理解为表达人们精神状态的句子不需要用"了"，故遗漏了"了"。例(4)句中的时间状语"后来"表示过去的时间，不是表将来的时间，混淆了"后来"和"以后"的区别，所以遗漏了"了"。例(5)中的第二个动词"去"这个动作的实现、完成是在第一个动词"下"结束之后，因此动词"下"的后边应该用"了"。例(6)中的时间状语"那天"显然是指过去的时间，第一个动词"吃"后边的"了"并不表示全句动作的完成或实现，只表明第二个动词"去"这个动作的完成或实现是在第一个动作"吃"结束之后，因此"吃"后边的"了"只与"吃"这个动作有关。若要说明"去"这个动作的完成、实现，还要在句末再加一个语气助词"了$_2$"。根据句意，例(7)中的动词谓语"看"和例(8)中的动词谓语"学"都包含着持续意义，因此第一个动词"看"和"学"后表示动作完成结束的"了$_1$"不能省略，表示时间延续意义时还要在句末再加语气助词"了$_3$"。

偏误二：赘加。

学生在学了"了"表示行为动作的完成或实现后,由于没有真正掌握其意义和用法,因而用类推的办法,将"了"用在许多句式上,出现了不该用动态助词"了"却用"了"的偏误,主要有以下几类:

第一类

(9) *工作以后,他还一直学了汉语。

　　工作以后,他还一直在学汉语。

(10) *他在运动会上经常得了第一名。

　　他经常在运动会上得第一名。

(11) *北京的春天总是刮了大风。

　　北京的春天总是刮大风。

(12) *每天早晨他都绕了操场跑了一圈。

　　每天早晨他都绕着操场跑一圈。

例(9)至例(12)中有"一直"、"经常"、"总是"、"每"等词语。这些词语所修饰的动词谓语都有多次性、经常性、反复性的意义,而"多次性"、"经常性"、"反复性"与"了"表示动作完成的动态意义是相矛盾的。因此动词谓语后都不能用动态助词"了"。例(12)中的动词"绕"是"跑"的方式、状态,"绕"的后边应该用"着$_3$",而不能用非完成意义的动态助词"了"。上引各例中动词谓语后边的"了"都应该去掉。

第二类

(13) *我们去了农村以前,已经了解一点儿那儿的情况。

　　我们去农村以前,已经了解一点儿那儿的情况。

(14) *访问了林教授的那天,我们都觉得收获很大。

　　访问林教授的那天,我们都觉得收获很大。

(15) *我收了妈妈的信的时候,高兴得差点儿跳了起来。

　　我收到妈妈的信的时候,高兴得差点儿跳了起来。

(16) ＊下午我们有时候听了音乐,有时候一起谈了话。

下午我们有时候听音乐,有时候一起谈话。

例(13)中"……以前"表示在所说的某一个时间之前,"去农村"这个动宾短语主要说明某一个时间,而"去"这个动作并未实现或完成,因此"去"后不该用动态助词"了"。例(14)中"……的那天"和例(15)中"……的时候"都表示时间。前面的定语"访问林教授"和"收到妈妈的信"着重说明在某时,并未强调动作的完成或实现,因此动词"访问"、"收到"后无须用动态助词"了"。例(16)中"有时候"(或"有时"/"有的时候")着重叙述表示不定的时间,而非动作的完成或实现。因此动词"听"、"谈"的后边也都不能用动态助词"了"。

第三类

(17) ＊你下个学期能再来了新疆吗?

你下个学期能再来新疆吗?

(18) ＊我们没听清楚,应该再听了听。

我们没听清楚,应该再听一听。

(19) ＊我要买了那本语法书,可是没买到。

我要买那本语法书,可是没买到。

(20) ＊你可以把我的话转达了给他吗?

你可以把我的话转达给他吗?

例(17)至例(20)中的谓语部分有能愿动词"能"、"应该"、"要"、"可以"等,表示可能性或主观意志上的要求、客观实际上的需要等意义。这些例句中的动词谓语所表示的动作都是未完成的,因此动词"来"、"听"、"买"、"转达"后边不该用动态助词"了"。

第四类

(21) ＊到现在我还没有完全习惯了这儿的生活。

到现在我还没有完全习惯这儿的生活。

(22) *我把这些语法内容还没有整理完了。

　　　　我还没有把这些语法内容整理完。

动词前有否定副词"没(有)"时,表示动作没有实现或完成,因此例(21)中的动词"习惯"和例(22)中的动补短语"整理完"后都不该用动态助词"了"。例(22)是"把"字句,"把"字句中否定副词"没(有)"、能愿动词等应该用在"把"的前边。之所以会出现例(21)和例(22)中的偏误,主要是学生受母语的影响而错误类推所致。维语过去时否定形式为"-midim"等,学生认为母语的"-mi"相当于汉语的否定副词"没(有)",动词过去时附加成分"-dim"等相当于汉语的"了"。如下例的偏误就是受母语类推的结果。

(23) *我没为大家表演了节目。

　　　mɛn køptʃilikkɛ nomur orundap bɛrmidim.
　　　我　向大家　　节目　表演　我没做了
　　我没为大家表演节目。

从例(23)中可以看出:维语的动词否定时态与汉语的动态助词"了"的否定形式有很大的不同,受母语表达句式习惯的影响,很容易出现在动词谓语前用否定词"没有"时,动词谓语后又加"了"的偏误。

第五类

(24) *我刚来了这里,还不太习惯这儿的生活。

　　　我刚来这里,还不太习惯这儿的生活。

(25) *老师刚进了教室,教室里就安静下来了。

　　　老师刚进教室,教室里就安静下来了。

这类偏误,主要是因为学生对"刚"(或"刚刚")等词语理解有误,再加上受母语的影响,因此出现偏误。例(24)、例(25)句中的"刚"(或"刚刚")是副词,在动词"来"、"进"前作状语,"我刚来这里"与"老师刚进教室"分别表示"不太习惯这儿的生活"和"教室里就安静下来了"的时间。

"来"、"进"一类动词都是无持续性意义的动词,因此,"刚"分别在"来"和"进"前作状语,后面无须用动态助词"了"。副词"刚"、"刚刚"用在有持续性意义的动词前面时,用动态助词"了"与不用"了"所表示的语义不同。例如:

(26) 他来我家的时候,我们刚/刚刚吃饭。

(27) 他来我家的时候,我们刚/刚刚吃(完)了饭。

"吃"是有持续性意义的动词。例(26)表示"吃"的动作开始不久,并且仍在持续进行。例(27)表示"吃"的动作不久前才完成。

第六类

(28) * 寒假我打算了去海南旅游。

  寒假我打算去海南旅游。

(29) * 他们很早以前就盼望了游览长城。

  他们很早以前就盼望游览长城。

(30) * 开始学汉语时,我感觉了声调太难。

  开始学汉语时,我感觉声调太难。

(31) * 我知道了他现在已经当上大学老师了。

  我知道他现在已经当上大学老师了。

(32) * 他决心了今年一定要通过 MHK 四级考试。

  他决心今年一定要通过 MHK 四级考试。

汉语中表示人的一种带有经常性或持久性精神状态的动词"打算"、"盼望"、"感觉"、"想念"等,都不表示看得见的行为动作,也没有完成或实现意义,因此动词后边不应该用动态助词"了"。此外,例(28)到例(32)中,动词谓语"打算"、"盼望"、"感觉"、"知道"、"决心"的后面有的是带小句宾语,有的是连动短语、动宾短语,还有的是主谓短语。如果动词谓语后面带宾语小句或短语等成分时,动词谓语后面一般都不能再用动态助词"了"。

第七类

(33) *阿里木大叔说了:"依我看,计划会提前完成的。"

阿里木大叔说:"依我看,计划会提前完成的。"

(34) *我在远处向她喊了:"一定给我打电话啊!"

我在远处向她喊道:"一定给我打电话啊!"

例(33)和例(34)中的动词谓语"说"、"喊"分别带了直接引语"依我看,计划会提前完成的"与"一定给我打电话啊"作宾语。直接引语作宾语时,动词谓语"说"、"喊"的后面不能用动态助词"了"。直接引语只是为了介绍引语中的内容,而并不强调动词谓语的完成或实现,因此不需要用动态助词"了"。学生在动词谓语后加"了"是因为受了母语的影响。例(33)和例(34)中的动词谓语,在维语中动词谓语要用过去时。例如:

(33′) "meniŋʧe, pilan muddettin burun orunlinidu" didi alim aka.
　　　　我看　　计划　比预定　以前　完成　　说了 阿里木大叔

(34′) mɛn jiraqtin "ʧoqum maŋa telifon beriŋ" dep uniŋʁa
　　　我　从远处　　一定　向我　电话　你给　说　向她
waqardim.
我喊了

例(33′)中的"didi"是"说"的过去时,例(34′)中的"waqardim"是"喊"的过去时,"-di"和"-dim"相当于汉语的"了"。

偏误三:误用。

是指由于受母语表达方式的影响,而误用某些词语和句式,从而出现不符合汉语语法规则的偏误。例如:

第一类

(35) *新生联欢会晚上七点半开始了。

新生联欢会是晚上七点半开始的。

(36) ＊"天山杯足球赛"在学校新建的运动场上举行了。

"天山杯足球赛"是在学校新建的运动场上举行的。

(37) ＊昨天同学们坐火车去乌鲁木齐了。

昨天同学们是坐火车去乌鲁木齐的。

(38) ＊人的正确思想从社会实践中来了。

人的正确思想是从社会实践中来的。

例(35)强调时间,例(36)强调地点,例(37)强调方式,例(38)强调事物发生的来源。这几个句子都在强调过去发生的时间、地点、方式、来源等,因此都不能用动态助词"了"来表达,而要用"是……的"句式表达。"是"用在被强调的成分之前,"的"用在动词、动补或动宾短语之后。句中的"是"有时可以省略不用,但"的"一般不能省略,并且不能用动态助词"了"或语气助词"了"。在维语中,这几个句子的动词都是过去时,是在动词原形后加"-dim"等附加成分来表示的。这类偏误的产生都源于学生认为"了"是表示动作完成、表示过去发生的动作的标志。因此误以为动词谓语后加动态助词"了"与"是……的"表示的都是过去的时间,都是已经发生的动作,而且还认为这两种句式所表达的意义也完全相同。于是该用"是……的"的句式,都误用了"动词谓语+了"的句式。在汉语中,这两种句式的语义不同:

第一,两种句式的背景信息不同。

以"李老师早晨跟他谈了"和"李老师是早晨跟他谈的"为例。两种句式中的"李老师"都是已知信息,前一个句子可以有这样几个未知信息:即"李老师怎么了","李老师什么时候谈了","李老师早晨干什么了";而后一个句式只具备一个未知信息——时间,即"李老师是什么时候谈的"。

第二,两种句式所表达的信息焦点不同。

"动词谓语+了"的信息焦点是整个谓语部分,叙述已知信息(主语)通过动作的影响而产生的结果。还以"李老师早晨跟他谈了"为例,动词谓语"谈"的后边可以有"谈了什么"、"谈了多长时间"、"谈了几次"等内容;而"是……的"句式的信息焦点是动词谓语前的成分,如"李老师是早晨跟他谈的","谈"的前边可以有"什么时候谈的"、"在哪儿谈的"、"和谁一起谈的"、"怎么谈的"等内容。掌握了这些特点,使用时才会准确无误。

第二类

(39) *他的英语说了非常流利。

他的英语说得非常流利。

(40) *那个问题他回答了又快又正确。

那个问题他回答得又快又正确。

因为维语中没有补语,因此学生常常用状语来替代汉语的补语或将补语的标记"得"误用为"了"。在汉语中,动词谓语后有状态补语时,动词谓语后不能再带动态助词"了"。因为动词谓语后的状态补语着重说明动作或状态的结果或程度,具有描写的作用。而动词谓语后带动态助词"了"主要强调动作行为的完成或实现。如需同时表明动作的完成及所要达到的程度时,就要分成两句来表达,例(40)中的"那个问题他回答了又快又正确"可以说成"他回答了那个问题,回答得又快又正确"。

偏误四:错序。

这类偏误是指由于受了母语表达方式的影响,而把母语的词序套用在汉语句子中,出现动态助词"了"放错位置的偏误。归纳起来主要有以下几类:

第一类

(41) *我跟他聊聊了这件事,但他一点儿也不感兴趣。

我跟他聊了聊这件事,但他一点儿也不感兴趣。

(42) *我又看看了这篇文章,还是没弄懂他的意思。

　　　我又看了看这篇文章,还是没弄懂他的意思。

(43) *听完报告后,我们又讨论讨论了这个问题。

　　　听完报告后,我们又讨论了讨论这个问题。

(44) *昨天吃完晚饭后,我跟朋友一起散散步了。

　　　昨天吃完晚饭后,我跟朋友一起散了散步。

汉语的单音节或双音节动词重叠后表示过去的、已完成的动作时,应将动态助词"了"放在第一个动词之后、重叠的动词之前。例如:"聊了聊"、"看了看"、"谈了谈"、"试了试"、"讨论了讨论"、"调查了调查"等。离合动词重叠后,动态助词"了"也应该用在第一个动词之后、重叠的第二个动词之前。例如"散了散步"、"见了见面"、"帮了帮忙"、"唱了唱歌"等。"了"用在不重叠的动词之后与用在重叠的动词之前,所表达的语义是不同的。例如:"那天我们在一起聊了很多问题"中的"了$_1$",表示"聊"这个动作的完成、实现;而"那天我们在一起聊了聊工作的问题"中的"了$_1$"则表示实现、完成"聊"这个动作用时短、所聊的内容不深,只是泛泛地聊等,并含有轻松、随便的意义。

第二类

(45) *毕业后我把自行车送了给新同学。

　　　毕业后我把自行车送给了新同学。

(46) *他来新疆后交了上许多哈萨克族朋友。

　　　他来新疆后交上了许多哈萨克族朋友。

(47) *孩子一进屋就把书包扔了在床上。

　　　孩子一进屋就把书包扔在了床上。

(48) *上午十点多,我们的车就开了到果子沟。

　　　上午十点多,我们的车就开到了果子沟。

(49) *昨天晚上他看了电视五个小时。

昨天晚上他看电视看了五个小时。

(50) *星期六那天我俩复习了语法四个小时。

星期六那天我俩复习语法复习了四个小时。

例(45)和例(46)中的"给"、"上"分别是动词谓语"送"、"交"的结果补语；例(47)和例(48)中的"在 + 处所名词"、"到 + 处所名词"分别是动词谓语"扔"、"开"的处所补语。结果补语和动词谓语之间、处所补语和动词谓语之间都不能插入任何成分，包括动态助词"了"。因此，上引各例中的"了"都应当在"给"、"上"、"在"、"到"的后边。

例(49)和例(50)中的动词谓语"看"、"复习"都带宾语，又带时量补语，因此应该要重复动词，并将动态助词"了"放在重复的动词之后、时量补语之前。

第三类

(51) *他一进了教室，就拿出书本读起来。

他一进教室，就拿出书本读了起来。

(52) *孩子一看了妈妈，就笑起来。

孩子一看到妈妈，就笑了起来。

"一 + 动词$_1$……就 + 动词$_2$"这种句式表示后一动作行为紧跟着前一动作行为。这种句子的动态助词"了"不能用在第一个动词之后，而应该用在第二个动词之后。因为这种句式着重强调的是第二个动作行为的发生，而动词$_1$只表示第二个动作行为发生的时间。

第四类

(53) *昨天他送我了一张电影票。

昨天他送了我一张电影票。

(54) *李姐教我了一种做鸡翅的方法。

李姐教了我一种做鸡翅的方法。

汉语有一些及物动词，如"问、教、借、还、给、送(给)、通知、告诉"等作动词谓语时可以带两个宾语,前一个叫间接宾语,一般指人;后一个叫直接宾语,一般指物。例(53)和例(54)中的"我"都是间接宾语;例(53)中的"一张电影票"和例(54)中的"一种做鸡翅的方法"都是直接宾语。动态助词"了"要用在动词谓语之后、间接宾语之前。

第五类

(55) *上个星期他来了医务室取走化验单。

上个星期他来医务室取走了化验单。

(56) *我们坐了汽车来到这座美丽的小城。

我们坐汽车来到了这座美丽的小城。

(57) *我们学院请了北京大学语言学专家讲两节课。

我们学院请北京大学语言学专家讲了两节课。

(58) *我让了他给妹妹带很多吃的东西。

我让他给妹妹带了很多吃的东西。

例(55)和例(56)都是连动句。例(55)中的第二个动词"取走"是第一个动词"来"的目的;例(56)中的第一个动词"坐"表明第二个动词"来到"的方式。例(57)和例(58)都是兼语句。兼语后面的第二个动词"讲"、"带"所表示的行为动作,都是由第一个动词"请"、"让"所表示的动作引起的。以上四个例句中的第一个动词所表示的动作行为是否完结已不重要,句子意义的重点都在第二个动词上。因此动态助词"了$_1$"应该放在第二个动词之后。

三、教学难点及对策

在动态助词"着"、"了"、"过"中,"了"的意义和用法是最复杂、最难掌握,也是偏误数量最多的一个难点。因此动态助词"了"的教学应该是动态助词教学中的重点。在进行动态助词"了"的教学中,教师首先要了解学生学习中的难点,并对这些难点进行归类分析,这样才能使动

态助词"了"的教学针对性更强。"了"的教学难点主要有以下几种:

难点一:什么时候一定要用"了",什么时候一定不能用"了"。

从偏误分析中可以看出:学生在学习和使用动态助词"了"时,没有完全理解掌握"了"的意义,因此不清楚什么时候该用"了",什么时候不该用"了"。

在维语中一般表示已经实现或完成的动作行为都可以在动词原形后添加过去时附加成分"-di"。受母语时态观念的影响,习得者在很多不该用"了"的时候用"了"。例如:动词谓语前出现"经常、总是、每年、每天"等状语,或者是"应该、必须、能够、会、想、愿意"等能愿动词,或者是动词前有否定词"没"时,动词谓语后都不能用动态助词"了"。当谓语是表示人带有经常性或持久性状态的动词"盼望、希望、打算"等时,这些动词的后面也不能用动态助词"了"。

(59) *他在上大学的时候常常/经常参加了长跑比赛。

他在上大学的时候常常/经常参加长跑比赛。

(60) *遇到困难时,她总是热情地帮助了我。

遇到困难时,她总是热情地帮助我。

(61) *上大学时,我几乎每年冬天都得了感冒。

上大学时,我几乎每年冬天都得感冒。

(62) *昨天他们都没参加汉语演讲比赛了。

昨天他们都没参加汉语演讲比赛。

(63) *放暑假以后,我打算了先到吐鲁番旅游。

放暑假以后,我打算先到吐鲁番旅游。

(64) *孩子这样下去,会养成了不好的习惯。

孩子这样下去,会养成不好的习惯。

在"一 + 动词$_1$……就 + 动词$_2$"这种句式中,动词$_1$只表示第二个动作行为发生的时间。但学生受母语时态观念的影响误以为第二个动作行为是在第一个动作行为发生之后发生的,因此往往在动词₁后加"了"。例如:"＊孩子一看了妈妈,就笑起来(孩子一看到妈妈,就笑了起来)。"

如果动词谓语后有时量补语,并且时间还在延续时,句末要再用一个"了"(用"了₃"表示),即"动词＋了₁＋时量补语＋了₃"。对此学生不容易理解,往往不用"了₃"。例如:"＊我已经学了三年英语,我还要继续学习(我已经学了三年英语了,我还要继续学习)。"

对策:通过对比,并结合语义讲清不能用"了"和能用"了"的条件。

这里所说的对比既指目的语同母语之间的对比,也指目的语中相近语言现象的比较。成人在学习目的语时已有的语言系统、知识结构、思维能力会对目的语的学习产生一定的干扰,套用本民族的习惯表达方式。例如:学习动态助词"了",学生会按母语时态的表达习惯将其当作"过去时"的标记并与自己母语过去时时态附加成分"-di"等同而出现偏误。教学中,教师要根据自己的教学经验(已掌握的学生负迁移规律)和汉语的特点等,把学生学习"了"可能出现的问题都想到,通过对比讲清不能用"了"和能用"了"的条件,尽可能减少负迁移和偏误率。维语过去时否定形式为"-midim"等,学生误认为母语的"-mi"相当于汉语的否定副词"没(有)",动词过去时附加成分"-dim"等相当于汉语的"了",因而常常出现偏误。例如:

(65) ＊我没为大家表演节目了。(我没为大家表演节目。)

   mɛn køptʃilikkɛ nomur orundap bɛrmidim.
   我 向大家 节目 表演 我没做了

从例(65)中可以看出:维语的动词过去时否定形式与汉语的动态助词"了"的否定形式有很大的不同。维、哈族学生受母语句式表达习惯的影响,很容易出现在动词谓语前用否定词"没有"、动词谓语后又加"了"的偏误。通过对比,可以使学生加深理解所学知识,不但要知其然,而且更要知其所以然。此外,教师还要进一步引导学生进行语义分析,指明不能用"了"的理由。例如:"经常"一类的副词含有多次性、反复性、经常性等意义,与动态助词"了"所表示的实现或完成意义相矛盾,因此不能用"了"。而"盼望、希望、打算、感觉、想念、抱有"等动词是表示人带有经常性或持久性状态的动词,这些动词本身不表示具体的动作,也就没有实现或完成意义,因而后边都不能带动态助词"了"。至于表示需要、可能或愿望意义的能愿动词,如"应该、必须、能够、会、想、愿意"等,既不表示具体的动作,也没有完成意义,因此动词谓语前出现能愿动词时,动词谓语后也不能带动态助词"了"。

汉语动词根据其自身特点可分为"结束性动词"(或叫瞬间动词)和"持续性动词"。"结束性动词"的动作在任何时点上都是完整动作,其起点和终点很接近,有的甚至是重合的,如:"来、去、忘、死、懂、到、发现、拒绝"等。而"持续性动词"动作的起点和终点有明显的距离,而且从动作实现到完结有一个过程,虽然可以在某一时点上实现,但并不是动作的完结,如"吃、喝、穿、看、玩、坐、睡、躺、停、站、住、学、工作、休息、研究、参观"等。"持续性动词"可以构成"动词+了$_1$+时量补语+了$_3$"的句式,其中的"了$_3$"表示时间的延续意义。如"这件大衣我已经穿了$_1$十年了$_3$"这句话,维语一般要用两句话来表达,即"这件大衣我已经十年穿了,(以后)还要穿"。其中的"了$_1$"相当于维语的动词过去时附加成分"-di",而"了$_3$"在维语中一般要在动词前加表示时间意义的副词。

难点二:动态助词"了"在句中的位置。

"了"的位置"多变",既可以出现在一个词语后面,也可以出现在短语或小句后面。但维语句子的语义关系是以动词为中心,动词在人称、数、时态等方面都要与主体一致。因此表示"过去时"、"现在时"、"将来时"等时态附加成分的位置是固定的,始终黏附在动词后面。由于受母语的影响,维、哈族学生"了"位置用错的偏误较多。如:"*我知道了她已经考上一所重点大学"、"＊他俩看看了那套新房子就走了"、"＊我们一起去了书店买很多参考书"等。这些偏误说明学生对动态助词"了"的位置了解掌握得还不够,因而教师在教学中要有意识地突出"了"出现的位置与其相关的条件。

对策:结合偏误,讲清动态助词"了"位置"多变"的特点。

在偏误分析时,教师要举出具有典型性、易发性、普遍性的偏误例子分析,最好是将正确形式与错误形式放在一起比较分析,因为正误比较分析会使偏误分析更加具有针对性。

进行偏误分析的最终目的是要让学生理解掌握所学语法知识,并能正确运用,因此分析偏误一定要注意"策略"。首先应在"可懂"的基础上分析偏误。教师要本着让学生听懂和理解的原则进行分析,否则,分析偏误分析了半天,学生却难以接受,以后照样出错,这样的偏误分析就没有多大的意义。因此偏误分析一定要充分考虑学生汉语水平的高低和实际接受能力的大小,在学生听得懂的前提下分析,这样的偏误分析才会有效。其次偏误分析应是"可感应"的。为此教师要精心设计语言情景,依据语言情景深入浅出地分析偏误,并让学生反复使用,在偏误分析的过程中逐步获得正确、完整的语言知识。教师在教学中还可将归纳总结与简洁清晰的板书形式结合起来,使学生在理解的基础上记住动态助词"了"在句中的位置。

"了"出现在什么位置,除了同句子的语义指向有关外,还受动词谓语前的状语、宾语前的定语、宾语后是否还有其他成分以及动词谓语自身相关条件的限制。

如果宾语前有定语或动词谓语前有状语,或宾语后另有动词或其他分句时,"了"可直接用在动词谓语后,否则"了"就要用在句末。例如:

(66) 最近格日勒买了不少参考书。

(67) 昨天他跟我们一起看了电影。

(68) 他看了杂志,还看了一些报纸。

(69) 星期六那天我们参观了博物馆就回学校了。

(70) 孩子们背课文了。

如果宾语是一个独立的句子时,"了"不能用在动词谓语后;如果宾语是一个词或短语时,"了"可以用在动词谓语后。例如:

(71) *我知道了她已经找到一个好工作。

　　　我知道她已经找到了一个好工作。

(72) 我知道了一个好玩的地方。

动词谓语重叠时,"了"不能用在重叠的动词后边,而要用在两个动词中间。例如:

(73) *他看看了那个房间就走了。

　　　他看了看那个房间就走了。

在连动句和兼语句中,"了"不能用在第一个动词后边,一般要用在第二个动词后边或句末。例如:

(74) *我妹妹去了商店买一件衣服。

　　　我妹妹去商店买了一件衣服。

(75) *他俩用了英语聊两个小时。

　　　他俩用英语聊了两个小时。

(76) *同学们请了班长唱一首歌。

　　　同学们请班长唱了一首歌。

如果动词谓语带结果补语,"了"要放在动补短语后边,而不能放在动补短语之间。如果动词谓语带趋向补语,又带宾语,则要视宾语情况而定。如果宾语是非可控宾语,"了"要在趋向补语和宾语之间;如果宾语是可控宾语时,"了"可以在趋向补语和宾语之间。例如:

(77) *他很快就回答了完这几个问题。

　　　他很快就回答完了这几个问题。

(78) ＊远处飞了来几只小鸟。

　　　远处飞来了几只小鸟。

(79) ＊前边飘了来一阵丁香花味。

　　　前边飘来了一阵丁香花味。

难点三：动态助词"了"与"是……的"的区别。

汉语中强调过去发生的时间、地点、方式、来源等意义时，一般不用"动词谓语＋了"来表达，而要用"是……的"句式。在维语中，这两种形式的表达都是在动词原形后加过去时"-di"等附加成分来表示。受母语影响，学生容易出现这样的偏误，例如："＊去年的开学典礼仪式九月一号举行了（去年的开学典礼仪式是九月一号举行的）"，"＊国庆节那天我们骑自行车去人民公园了（国庆节那天我们是骑自行车去人民公园的）"等偏误。教学中就要通过大量的词语替换与变换句式的练习，使学生真正掌握"动词谓语＋了"与"是……的"这两种句式语义的不同。即"背景信息的不同"与"信息焦点的不同"。用"动词谓语＋了"时，句子中可以有好几个未知信息，而用"是……的"时只有一个未知信息，即时间或地点、方式、来源等。"动词谓语＋了"的信息焦点是整个谓语部分，而"是……的"句式的信息焦点是动词谓语前的成分。

对策：注重表达中背景信息的不同和信息焦点的不同。语法教学不应只给学生讲应该怎样，还必须要讲清不应该怎样或者结合语用讲明怎样得体、怎样不得体。例如：

(80) 我们昨天参观了人民大会堂。

(81) 我们是昨天参观的人民大会堂。

单看这两句都没问题，但把它们放在一定的情景中就能看出错误来。

(80′) 甲：昨天你们干什么了？

　　　乙：昨天我们参观了人民大会堂。

(81′) 甲：听说你们参观人民大会堂了，什么时候参观的？

乙：＊我们昨天上午参观了人民大会堂。

我们是昨天上午参观的人民大会堂。

例(81′)类偏误的产生主要源于学生头脑中已有的错误信息："了"是表示动作完成、表示过去发生的动作的标记，因此误以为动词谓语后加动态助词"了"与"(是)……的"表示的都是过去的时间，都是已经发生的动作，因而这两种句式所表达的意义也完全相同，于是该用"(是)……的"句式时，都误用了"动词谓语＋了"的句式。分析例(80′)、例(81′)的背景信息和信息焦点可以发现：一是两种句式的背景信息不同。例(80′)从主观上是要传递给听话人全然未知的动作或状况，即是全新的未知信息；而例(81′)所传递的是关于已知事情中的局部未知信息点——时间。二是两种句式所表达的信息焦点不同。"动词谓语＋了"的信息焦点是整个谓语部分，叙述已知信息(主语)通过动作的影响而产生的结果。"(是)……的"句式的信息焦点是动词谓语前的成分，动词谓语的前边可以有"什么时候做的"、"在哪儿做的"、"和谁一起做的"、"怎么做的"等内容。通过深层次的语义分析，可使学生了解什么样的语言环境下使用"动词＋了"，什么样的语言环境下使用"(是)……的"的句式。掌握了这些语义特点，使用时才会准确无误。

第三节 "过"

一、对应表达

动态助词"过""用在动词、形容词后面，表示曾经发生这样的动作或者曾经具有这样的性状"[①]。对"过"进行深层语义分析，可以看出

[①] 黄伯荣、廖序东《现代汉语》(下册)，高等教育出版社，1991年，第43页。

"过"有两种语义:一种是表示动作行为完成或结束的"过$_1$";还有一种是表示过去有过某种经历或某种状态的"过$_2$"。例如:

(1) 她洗过$_1$脸后马上就到厨房忙了起来。

(2) 我以前从没跟他这样的人打过$_2$交道。

与"着"、"了"相比,动态助词"过"的语法意义含有明显的同过去相比较的意味,而"着"、"了"却不含有比较的意味。"过"还"常常用于说明和解释某个道理或观点的意义范畴,即以'过'句表达的经历为依据,阐明道理,说明观点。"[①]例如:

(3) 她以前从来没迟到过,今天是怎么了?

(4) 暑假他参加过培训班,因此比我们知道得多。

(5) 王老师帮过很多失学儿童,所以孩子们都很尊敬她。

动态助词"过"的位置总是在宾语前,与动态助词"着"的位置所不同的是:动词谓语与"过"之间可以插入结果补语等。例如:

(6) 那个人我好像在哪儿看到过,但一下子又想不起来。

与动词谓语后加动态助词"了"或"着"的否定形式所不同的是,否定有过某种经历时要在动词前用"没(有)"或用"未曾",后面的"过"仍要保留。而对表示持续意义的"着"或完成意义的"了"进行否定时,"着"或"了"一般都不能保留。例如:

(7) 我没到那所大学参观过。(肯定:我到那所大学参观过)

(8) 我们未曾听说过这样的事儿。(肯定:我们以前听说过这样的事儿)

试比较:墙上挂着中国地图。(否定:墙上没挂中国地图)

我们完成了领导交给的任务。(否定:我们没完成领导交给的任务)。

---

① 吕文华《对外汉语教学语法探索》,语文出版社,1994年,第142页。

汉语的动态助词"过"在维语中的对应表达是：在动词原形后加"-ʁan"等附加成分构成，它一般表示的是时间意义，即表示行为动作在说话以前早已结束的一种动词形式。例如：

(9) 我去过莎车，也去过和田。

  mɛn jɛkɛn'gɛ barʁan, hotɛn'gimu barʁan.

  我　　向莎车　　去过，　也向和田　　去过

(10) 他从小就过着悲惨的生活。

  u kitʃikidin tartipla padiɛlik turmuʃ kɛtʃyrgɛn.

  他　从小　　开始　　悲惨　生活　　过了

例(9)动词原形"bar-"(去)后边的"-ʁan"、例(10)动词原形"kɛtʃyr-"(度过)后边的"-gɛn"都是过去时附加成分，表示过去曾经有过的某种经历。这说明维语表示过去时意义的形式比汉语的相对单一。因此在动态助词"过"的教学中，教师要引导学生在掌握"过"的基本意义之后，还要引导学生在一定的语境中了解掌握"过"在话语交际中传递信息的特点。

二、偏误类型分析

维族学生学习和使用动态助词"过"时出现的偏误类型主要有以下几种：

偏误一：遗漏。

这种偏误类型是指应该用"过"，但却没用"过"。例如：

第一类

(11) *虽然我以前没跟他见面，但早就听说他的大名。

  虽然我以前没跟他见过面，但早就听说过他的大名。

(12) *我去内蒙古一次，我可以告诉你们怎么坐车去。

  我去过内蒙古一次，我可以告诉你们怎么坐车去。

例(11)中的动词"见"、"听说"和例(12)中的动词"去"所要强调的是过去有无"见"、"听说"、"去"的经历或经验,而不是动作行为本身,因此应该在这些动词后面加动态助词"过"。

第二类

(13) *李老师曾经给我们讲这所学校的光荣历史。

　　　李老师曾经给我们讲过这所学校的光荣历史。

(14) *杨教授未曾指导这几个少数民族研究生。

　　　杨教授未曾指导过这几个少数民族研究生。

例(13)中动词谓语"讲"前边的"曾经"这个副词表示从前有过某种行为或情况,它是表示过去经历态的"形态"标记。而例(14)中动词谓语前边的"未曾"是表示过去经历态的否定形式的"形态"标记。因此如果句中用了副词"曾(经)"或"未曾"时,动词谓语后边一般要用动态助词"过"。

偏误二:赘加。

是指在不强调动作的结束或过去曾经有过某种经历意义时,不应该用"过",但却用了"过"。例如:

第一类

(15) *每天早晨我都大声地念过一个小时的课文。

　　　每天早晨我都大声地念一个小时的课文。

(16) *刘姐经常帮助过村里的那些无儿无女的老人。

　　　刘姐经常帮助村里的那些无儿无女的老人。

当"经常"、"总是"、"每"等词语出现在动词谓语前修饰动词谓语,含有多次性、经常性、反复性的意义时,动词谓语后不能用动态助词"过"。因为动态助词"过"表示过去曾经有过某种经历或表示动作的结束。这与多次性、经常性、反复性的意义相矛盾。因此应该去掉例(15)和例(16)中动词谓语"念"、"帮助"后边的动态助词"过"。

第二类

(17) *有一天,同学们一起去过天池游览。

　　　有一天,同学们一起去天池游览。

(18) *考试以前,有时候我们看过电视连续剧。

　　　考试以前,有时候我们看电视连续剧。

例(17)和例(18)中的"有一天"、"有时候"都表示不确定的时间。如果动词谓语前边有表示不确定时间的状语时,动词谓语后不能用动态助词"过"。"动词谓语＋过"虽然表示的是过去的事情,但一定要用确定的时间词语作状语,或者不提时间也可以。因此应该将例(17)和例(18)中动词谓语"去"、"看"后边的动态助词"过"去掉。

偏误三：错序。

是指在学习和使用动态助词时,由于受母语词序的影响,把动态助词"过"放错位置的偏误。归纳起来主要有以下几类：

第一类

(19) *读大学期间,我从来没生病过。

　　　读大学期间,我从来没生过病。

(20) *那年分手后,我就再也没见面过他。

　　　那年分手后,我就再也没见过他。

(21) *去西安以前,她悄悄告诉我过她的计划。

　　　去西安以前,她悄悄告诉过我她的计划。

例(19)到例(21)都是把动态助词"过"放在宾语后边的偏误。例(19)中的"生病"、例(20)中的"见面"都是离合动词。在像"生病"、"见面"、"谈话"、"聊天"等这样的动宾结构中,动词"生"、"见"等与宾语"病"、"面"前后两部分结合得不紧,中间可以插入其他成分,如动态助词"着"、"了"、"过"；而动量补语、时量补语和结果补语等都可以插入动词和宾语之间,而不应该放在动宾整体结构的后边。例(21)是一个双宾语句,动词谓语"告诉"带了两个宾语:一个是指人的宾语,叫间接宾语,如例(21)中的"我";另一个是指物的宾语,叫直接宾语,如例(21)中的"她的计划"。动态助词"过"等应该放在间接宾语"我"的前边,而不能放在间接宾语"我"的后边。

第二类

(22) * 开学前一天,我们都去过校医院检查身体。

　　　开学前一天,我们都去校医院检查过身体。

(23) * 他来过我们这儿调查当地人使用双语的情况。

　　　他来我们这儿调查过当地人使用双语的情况。

(24) * 上高中的时候,我们骑过自行车去很多地方。

　　　上高中的时候,我们骑自行车去过很多地方。

例(22)至例(24)都是连动句。例(22)和例(23)中的第一个动词谓语分别是"去"、"来";第二个动词谓语分别是"检查"、"调查"。第二个动词都是第一个行为动作的目的,因此句子意义的重点就都在第二个动词上。例(22)和例(23)所要强调表达的句义重点并不是"去校医院"、"来我们这儿",而是"检查(身体)"、"调查(情况)",所以动态助词"过"不应该用在第一个动词"去"、"来"的后边,而应该用在主要动词"检查"、"调查"的后边。例(24)也是连动句,与例(22)和例(23)所不同的是第一个动词"骑"表示第二个动作"去"的方式等意义,句义重点不是"骑(自行车)",而是"去(很多地方)"。因此动态助词"过"应该放在第二个动词"去"的后边。

第三类

(25) * 那个医生曾经治过好我的病。

　　　那个医生曾经治好过我的病。

(26) * 朋友们冒着生命危险救他过三次。

　　　朋友们冒着生命危险救过他三次。

(27) *我们学校上星期五举行一次过学术报告会。

我们学校上星期五举行过一次学术报告会。

(28) *他俩是老同事,曾经一起工作三十年过。

他俩是老同事,曾经一起工作过三十年。

例(25)至例(28)中的动词谓语后都带了补语。例(25)中动词谓语"治"的后边有结果补语"好"。结果补语用在动词后边强调动作的结果,而动态助词"过"用在动词谓语后边表示动作的完结。结果补语与"过"所表示的语义是一致的,并且按常例,有了结果才能成为过去的经历。所以"过"应该放在完整的动补结构"治好"之后。例(26)、例(27)中的动词谓语"救"、"举行"的后边分别带了动量补语"三次"和"一次",例(28)中的动词谓语"工作"带有时量补语"三十年"。在有动量补语和时量补语的句子中,动态助词"过"一般要用在动词谓语后边,表明动作"救"、"举行"、"工作"全过程的数量。

三、教学难点及对策

维族学生学习和使用动态助词"过"的偏误率相对低于"着"、"了",但也存在着一些问题,如用错"过"的位置、混淆"过"与"了"的区别以及对"过"用于说明和解释某个道理或观点的意义范畴理解认识得还不够。针对学生的这些实际情况,教学中教师首先要选好教学难点,解决了难点问题,其他问题也就迎刃而解。

难点一:动态助词"过"的位置。汉语的动态助词"过"在维语中的对应表达是在动词原形后加"-ʁan"等附加成分。维语中的时态附加成分总是紧随在动词后。母语中固有的时态观念和时态表达形式会对学生学习动态助词"过"产生一定的影响。例如:当句中出现两个或两个以上的动词时,即在连动句中常常用错"过"的位置,把"过"放在第一个动词后。如:

(29) *以前我去过美术馆参观画展(以前我去美术馆参观过画展)。

(30) *他坐过马车去那拉提草原(他坐马车去过那拉提草原)。

这些偏误正是我们在教学中应注意的问题。

对策：注意分析句子结构。

例(29)和例(30)都是连动句。前一个句子中的第二个动词"参观"是第一个动词"去"的目的；后一个句子中的第一个动词"坐"是第二个动词"去"的方式。这两个句子意义的重点都在第二个动词上。前一个句子所要强调表达的语义重点并不是"去美术馆"，而是"参观(画展)"，所以动态助词"过"不应该用在第一个动词"去"的后边，而应该用在主要动词"参观"的后边。后一个句子中的第一个动词"坐"表示第二个动作"去"的方式等意义，语义重点不是"坐(马车)"，而是"去(那拉提草原)"。因此动态助词"过"应该放在第二个动词"去"的后边。

当动宾结构中的动词谓语和宾语之间的关系比较松散时，"过"应该放在动词的后边、宾语的前边。学生出现的偏误是：把"过"放在了"动词＋宾语"的整体结构后边。如："*好多年以前我见面过他"。鉴于此，教学中要编选一些凸显动态助词"过"位置的练习，如：选择"过"在句中的正确位置等练习来巩固所学知识。

难点二：动态助词"过"所蕴涵的深层语义。

有些语法教材在讲到动态助词"过"时，认为"动词＋过"表示曾经有过的"经历"但现在已经不发生了。在教学中如果仅仅告诉学生这些，学生就会造出一些非常别扭的句子，如"我坐过飞机，去过西安。我又去过兰州，去过敦煌"。单从语法上看，好像没什么问题，但听起来会觉得很别扭。在动态助词"过"的教学中，不能仅告诉学生"过"表示过去曾经有过的某种"经历"，而应通过一定的语境，使学生明白怎样用得"得体"，这应是教学中的难点。

对策:结合语境,使学生会"得体"地使用动态助词"过"。

在语言交际中,"过"不仅仅只表示动作的完结或表示曾经有过某种经历等意义,"过"在交际中还有传递信息、阐明道理、说明观点等语义,即说话人真正想表达的重点应该是"动词+过"相邻的那句话,即使是省略不说,暗含的意思也很清楚。例如:"我吃过烤鸭",这句话实际隐含着"味道真的不错"或"不怎么好吃"等意义。由此可以看出:"动词+过"的功能在于说明、解释,而不在于叙述。叙述的功能应该用"动词+了"的句式来表达。上例中的错句应改为:"我坐飞机去了西安,之后我又去了兰州和敦煌"。在动态助词"过"的教学中,要达到使学生正确运用其"说明"、"解释"的深层语义的目的,教师要设置好语言情景,在一定的语境中进行讲练。例如:

(31) 他出过国,知道的比我们多。

(32) 甲:你怎么知道她会唱哈萨克民歌呢?

乙:我以前听她唱过呀!

(33) 甲:我们明天都去参观民族文化宫,他为什么不去呢?

乙:因为他上个星期参观过。

例(31)、例(32)和例(33)中的"过"起了一个传递信息、揭示深层语义的作用。而这个信息、深层语义是什么,则要通过语用环境来获得。因此教学中,教师要构拟好语境,通过语境使学生来理解掌握动态助词"过"所蕴涵的深层语义。教师所构拟的语境要具备这样两个特点:一是具有仿真性,能让学生很容易就进入角色,所以话题要尽量选择学生熟悉的内容。二是具有典型性,就是说,所要教的知识在这个语境中的出现无法避免,从而使学生非说这个结构不可。

总之,在动态助词"着"、"了"、"过"的教学中,教师既要注意教学策略,此外还要引导和帮助学生掌握好学习策略,要让学生学会抓住教师讲课中的重点与难点,学会自己归纳总结所学的知识,逐步摆脱母语的时态观念和时态表达手段对学习汉语动态助词"着"、"了"、"过"的干扰,从而真正理解掌握并能正确使用动态助词"着"、"了"、"过"。

第四章 "是"字句

"是"字句指的是用"是"表示判断或强调的句式。维、哈语中没有"是"字句,学生说汉语时往往造出"我学生","妈妈医生"之类的偏误句。本章分析"是"字句的教学难点并提出相应的对策。

第一节 对应表达

维、哈语没有与"是"对应的特定词语。除了"是"的否定形式"不是"在维语中常用"ɛmɛs"与之对应表达外,"是"在维、哈语中的对应形式是多样的。本章以维语为例。

1. "是"字句中表示等同分类等关系意义的"是"作谓语,与其相对应的维语句子则用名词、代词直接作谓语。如:

(1) 理论是行动的指南。

nezirije hɛrkɛtniŋ qiblinamisi.

理论　　行动的　　指南

(2) 阿娜尔是我们学校的学生。

anar mɛktiwimizniŋ oquʁutʃisi.

阿娜尔　我们学校的　　学生

2. 汉语里有表示各种科学定义的"是"字句,也有名词解释名词的"是"字句。其中的"是"字在维语中常用破折号(书面语)或逗号(口语)表示。如:

(3) 失败是成功之母。

  mɛʁlubijɛt-muwɛpɛkijɛtniŋ anisi.

   失败   成功的   母亲

(4) 这是人之常情。

  bu，kiʃlɛrdɛ bolup turidiʁan ɛhwal.

  这 人 作为   情况

3. 汉语表示"是什么"的"是"，在维语中用"digɛn"对应表达。如：

(5) 什么是幸福？

  bɛχt digɛn nimɛ?

  幸福 叫做 什么

(6) 真正的铜墙铁壁是什么？

  hɛqiqi polat istihkam digɛn nimɛ?

  真正的 铜墙 铁壁 称作 什么

4. 汉语"是"字句中的"是"表示"成为什么"、"变为什么"、"算作什么"时，维语用"bolmaq"或"bolup hisaplanmaq"对应表达。如：

(7) 四个现代化建设是当前最大的政治。

  4ni zamanniwilaʃturuʃ quruluʃi nøwɛttɛ hɛmmidin tʃoŋ

  四个   现代化   建设 当前 比所有的 大

  sijasɛt bolup hisaplinidu.

  政治   算作

(8) 为人民服务是我国的出版方针。

  hɛlq ytʃyn χizmɛt qiliʃ memlikitimizniŋ neʃirijattʃiliq fanʤeni

  人民 为 工作   我国的   出版   方针

  bolidu.

  成为

5. 汉语"是"前加副词"就"表示强调名词谓语，维语则在"digɛ-

nlik,dimɛk"之后加"dur(tur)",也是加重强调语气。如:

(9) 工作就是斗争。

　　χizmɛt　kyrɛʃ　dimɛktur.
　　工作　　斗争　　就是

(10) 调查就是解决问题。

　　tɛkʃyryʃ　mɛsilini　hɛl　qiliʃ　dimɛktur.
　　调查　　　问题　　　解决　　　就是

6. 汉语"是"字句中的"是"表示"在于什么"、"等于什么"、"归根于什么"时,维语常用要求从格的后置词"ibarɛt"对应表达。如:

(11) 科学的态度是实事求是。

　　ilimij　pozitsijɛ　hɛqiqɛtni　ɛmilijɛttin　izdɛʃdin　ibarɛt.
　　科学的　态度　　　真理　　　从现实　　　寻找　　　在于

(12) 我们的目的是学好汉语。

　　bizniŋ　mɛqsitimiz　hɛnzutʃini jaχʃi yginiʃtin　ibarɛt.
　　我们的　目的　　　汉语　　　好　　学习　　　归根于

7. 汉语"是"加"的"字短语表示领属、质料、分类等意义的,维语与之相对应的表示法有两种:一是把"的"字短语所省略的中心词表达出来,"是"用破折号表示;二是中心词语不表达出来,"是"用词序手段表示。如:

(13) 青年时代是美好的。

　　jaʃliq　dɛwr　gyzɛl　dɛwr.
　　青年　　时代　　美好的　时代

(14) 未来的世界是你们的。

　　kɛlɛtʃɛk　dunija　silɛrniŋ.
　　未来的　　世界　　你们的

8. 汉语表示强调的"是……的"格式,维语中没有与之对应的格

式,表达时不加任何强调性词语。如:

(15) 新生是需要帮助的。

　　　jeŋi　oquʁutʃi　jardəmgə　muhtadʒ.
　　　新　　学生　　　帮助　　　　需要

(16) 敌人是不会自行消灭的。

　　　dyʃmen　øzligidin　joqalmajdu.
　　　敌人　　　自行　　　不会消灭

第二节　偏误类型

由于汉语的"是"字句在维、哈语中的对应表达形式多样,再加上维、哈族受母语思维方式的影响,学习过程中维、哈族学生出现了大量的"是"字句偏误。归纳起来大致有以下几种偏误类型:

偏误一:漏用。

1. 漏用"是"。

在用汉语表达判断、联系,或者肯定、强调的意义时常常遗漏"是"。如:

(1) ＊我你的朋友。

　　　我是你的朋友。

(2) ＊这一年,对我来说非常特殊的一年。

　　　这一年,对我来说是非常特殊的一年。

汉语的"是"是一个特殊的词,在句中主要起判断、联系,或者肯定、强调的作用。而且汉语的名词性词语一般不能直接作谓语,主语和宾语之间要加判断词"是",构成"A 是 B"的主谓宾句。维、哈语的名词性词语一般可以直接作谓语,不一定要有一个表示判断意义的动词。维、哈族学生受母语句法结构负迁移的影响,在用名词性词语表达汉语的判断、强调意义时,常常直接套用母语的句子结构,将"A 是 B"结构改成"AB"结构。

名词单独作谓语(不用判断动词)在汉语中虽然少见,但也不是绝对没有。这类句子,应该向学生交代清楚。名词性短语作谓语的句子,主要用于说明职业、节气、日期、处所等,并且这些句子都是肯定句。如:

(3) 明天星期一。

(4) 前边国际大巴扎。

(5) 他大学生,我工人。

此外,用来说明人物的籍贯、容貌、类属或人物的情况的名词性短语也可以直接作谓语。如:

(6) 我新疆人。

(7) 他大鼻子、黑头发。

(8) 你们几个人?

量词短语,复合数词、量词的重叠形式也可以作谓语。如:

(9) 核桃,一公斤十五元。

(10) 他三十二岁,你三十四了吧?

(11) 歌声阵阵。

2. 漏用"的"。

"是……的"结构中的"的"是维、哈语所没有的。"是……的"对主语进行判断,"是"和"的"都不能省略。维、哈族学生往往遗漏"的"字。如:

(12) *成功与失败是恰恰相反。

　　　　成功与失败是恰恰相反的(一对词语)。

(13) *他说的话是正确。

　　　　他说的话是正确的(话)。

一般教材很少说明"是……的"具体的使用环境，教师也只是进行一般性讲解，很少对不同语境的表达方式进行比较，这就使得学生因不能区分语境而出现偏误。不明白什么语境下"是"和"的"都用，什么语境下可以不用"的"。认为"是……的"和"是"是一回事。分不清下面两个句子的差异：

(14) 这边是新疆大学。

(15) 这边是新疆大学的。（这边是属新疆大学所有）

例(14)表示"这边是新疆大学所在地"，"是"字前后是等同的关系；例(15)表示"这边是属新疆大学所有的地盘"，"是"字前是部分，"是"字后是整体，"是……的"表领属关系。

3. "是"和"的"都漏用。

造成遗漏的原因比较复杂，但最主要的还是因为遗漏的成分是学生母语中所没有的。汉语结构助词"的"组成的名词性结构，在句中作"是"的宾语，"是"和"的"皆不可少。缺"是"不能构成"是"字句；缺"的"，有的不能成句。维、哈语中没有与汉语"是……的"相对应的格式。汉语使用词汇手段"是……的"的表达方式，维、哈语是通过词形变化的手段表示的。因此学生认为"是"和"的"都不重要，或觉得难用，放弃使用"是……的"。如：

(16) ＊这件衣服姐姐。（这件衣服是姐姐的）

(17) ＊那本书图书馆。（那本书是图书馆的）

4. 漏用"是＋动词性词语"中的动词性词语。

凡判断句，主语、宾语必须有概念上的共同性，否则会使语句不通，文理不顺，造成逻辑上的混乱。如：

(18) ＊有些人的理想是老师。（有些人的理想是当老师）

例(18)偏误出现的主要原因是句中主语、宾语所表示的概念没有共同性。"理想"和"老师"既无同一关系，也无从属关系，二者没有共同性,因而是一个偏误句。

偏误二:误代。

是指从两个或几个句型中选取了不符合特定语言环境的一个而造成的偏误。这两个或几个句型或者意义相同或相近,但用法不同;或者只是形式上有某种共同之处,但意义和用法不同;或者是用法相同,意义相反。总之,这些都是很容易使初学者发生混淆而出现偏误的句型。"是"字句的误代偏误常表现为下列两种:

1. "在"与"是"互代。

维、哈族学生搞不清"在"与"是"的区别,误用"在"表示判断。如:

(19) *他在《今日新疆》的记者。(他是《今日新疆》的记者)

(20) *我妈妈在医院里的医生。(我妈妈是医院里的医生)

动词"在"表示存在。用"在"作谓语的句子表示的是某物(人)存在于某处。句型为"某物(人)+在+处所词(方位词、方位结构)";而用"是"作谓语表存在的句子,表示的是存在于某处的为何物(人),句型为"处所词(方位词、方位结构)+是+被说明的物或人"。

2. 用"了"替代"的"

维、哈族学生对动态助词"了"比较熟悉,但常常将它泛化,用"了"替代"的",于是就会出现以下偏误。如:

(21) *中华人民共和国是1949年成立了。(中华人民共和国是1949年成立的)

(22) *他是昨天来了。(他是昨天来的)

"是……的"结构强调动作或行为发生的时间、地点、方式。"是"后边一般不能用"了"。学生在这里用"了",一是不了解"了"的性质和用法,过度泛化"了"的使用规则;二是把维语一般过去时态的用法套用在"了"上,造成偏误。如果强调肯定的是"中华人民共和国成立的时间"及"他来的时间",则用"的";如强调动作已发生过,则只能在动词后用

"了"。

偏误三：错序。

汉语中几个成分结合在一起是有一定顺序的。不按照汉语的语法规则把语言成分组合起来,而把句中的成分放错了位置,就是错序偏误。维、哈语是有丰富形态变化的语言,语序较为灵活,相对来说不太重要。受母语的影响,维、哈族学生不太重视汉语的语序,常直接套用维、哈语的语序,从而造成偏误。

1. "不是"与宾语的位置错序。

汉语"是"字句的否定形式是"A 不是 B"。受母语的干扰影响,维、哈族学生常出现"不是"与宾语的错序,即"AB 不是"。如:

(23) ＊我老师不是。

　　　我不是老师。

(24) ＊小王的目的上大学不是。

　　　小王的目的不是上大学。

2. 正反疑问"是不是"与宾语错序。

汉语"是"字句的正反疑问形式是"A 是不是 B"。受母语的影响,维、哈族学生有时出现"是不是"与宾语的错序,即"AB 是不是"。如:

(25) ＊你学生是不是?

　　　你是不是学生?

(26) ＊那宿舍是不是?

　　　那是不是宿舍?

3. 状语与"是"错序。如:

(27) ＊我妈妈是在家里一个好妈妈。

　　　我妈妈在家里是一个好妈妈。

(28) ＊我觉得老师是对我们来说最重要的人。

　　　我觉得老师对我们来说是最重要的人。

这类判断句通常较长,"是"应放在状语之后,宾语之前。例(27)的状语强调的是处所,例(28)的状语强调的是对象。维、哈族学生难以把握这种较长的判断句的语序和语义指向,所以常把"是"的位置放错。

第三节 教学难点及对策

学习第二语言,总是要与母语对比。与母语相同的掌握得快,称正迁移;而对于不相同的语言点,学生学起来常常感到困难,学生容易用母语思维,产生一种负迁移,对学习造成干扰,从而出现错误。对比语言学理论认为,教第二语言的教师只有充分了解学生产生偏误的原因,才能有效地防止和纠正这些偏误。学生用"是"字句出现的偏误,大部分都是由于母语干扰造成的。

难点一:不会用汉语的"是"字句表达判断之义。

在表判断的"是"字句中,"是"字常被遗漏。说明维、哈族学生习惯先用自己的母语思维,然后在大脑中翻译成汉语再说出来。这就不可避免地出现套用母语的现象,导致用错。

对策:讲清"是"字句的特点。

"是"字句是汉语的特殊句型之一,说它特殊是因为在维、哈语中没有这样的句型。该句型最明显的特征是句中都有"是"字。汉语的名词一般不能直接作谓语,而是在主语和宾语之间加判断词"是",构成"A是B"的主谓宾格式。"是"字不表示动作行为,而表示判断,判断从属、等同、存在、关系等多种意义。而维、哈语表示上述意义时往往用"AB"的格式。通过下图可以较清楚地看到汉语"是"字句在维、哈语中的对应表达。

	汉语	维、哈语
肯定式:	A 是 B	AB

否定式：	A 不是 B	AB ɛmɛs(不是)
疑问式：	A 是 B 吗	AB mu(吗)
	A 是不是 B	AB mu(吗)ɛmɛs(不是)mu(吗)

可以看出,"是"字句不仅表肯定的句式与汉语的表达方式不同,而且否定句式及疑问句式与汉语的表达方式也有所不同。因此,维、哈族学生说出诸如"小王工人","小王工人不是","小王工人吗?","小王工人吗不是吗?"之类的句子就不足为奇了。所以我们在讲解时有必要让学生强记汉语"是"字句的肯定句式,以及"是"字句的否定句式和疑问句式。

我们还可以再从"是"字句的句法、语用特点认识"是"字句的格式及特点。

"是"字句的句法特点

"是"字句的句法结构主要由三部分组成:主语、谓语动词"是"、宾语。谓语动词"是"的前面有时出现状语成分,对句子的语义表达起辅助作用,但对句子的结构影响不大。关系动词"是"起联系主语和宾语的作用。下面主要分析主语和宾语成分,并归纳出"是"字句的基本句法格式。

"是"字句的主语主要由名词性词语充当,也可以由非名词性词语充当。

1. 名词性词语充当主语。如：
(1) 我们是医生。
(2) 中国是发展中国家。

2. 动词性词语充当主语。如：
(3) 慢跑是一项有益的体育活动。
(4) 勤俭是我们的传家宝。

3. 主谓词组充当主语。如：

(5) 他热爱音乐是父母的遗传。

(6) 祖国强盛是人民的幸福。

"是"字句的宾语主要由名词性词语充当,也可以由其他词语充当。

1. 名词性词语充当宾语。如:

(7) 这本书是小李的。

(8) 我是他的老师。

2. 形容词性词语充当宾语。如:

(9) 儿童的可爱是天真。

(10) 他的毛病是不稳重。

3. 主谓短语充当宾语。如:

(11) 这是生活在召唤。

(12) 父母盼望的是孩子快点长大。

"是"字句的基本结构格式包括:

1. "N+是+N(的)"式("N"指名词性词语,下同)。如:

(13) 他们是硕士研究生。

(14) 教室是学校的。

2. "N+是+非N"式("非N"指非名词性词语,下同)。如:

(15) 他的工作是收发信件。

(16) 关键时刻需要的是冷静沉着。

3. "非N+是+N"式。如:

(17) 采莲是江南的旧俗。

(18) 鸟语花香是大自然的语言。

4. "非N+是+非N"式。如:

(19) 读书是学习,使用也是学习。

(20) 购买国库券是支援国家经济建设。

"是"字句的语用特点

"是"字句里,作主语的词语在语用上是主题,谓语部分是述题。"是"字句的语用价值跟句中的谓语动词"是"密切相关。"是"虽然是动词,但是不表示具体的动作行为,它对主语和宾语所表示的两个事物(或概念)的某种关系起判断和肯定的作用。也就是说,述题对主题进行判断和肯定的说明。如:

(21)门前是一条小河。

(22)门前一条小河。

例(21)这个"是"字句,其语用意义不仅表示某处存在某事物,而且还对处所和事物之间的关系表示判断和肯定;例(22)是名词谓语句,其语用意义只是对某处存在某事物进行描写性的说明。

"是"字句的主语是语用结构的主题,关系动词"是"与宾语是语用结构的述题。如"他是学生"中,"他"是主题,"是学生"是述题。"是"字句的焦点一般都在宾语上。这是因为在"是"字句里,宾语通常是新的信息,是说话人要告诉别人的重点信息所在,也是听话人接受信息中的主要信息。如问"小王是上海人吗?"答:"小王是上海人。"无论疑问语气的"是"字句,还是陈述语气的"是"字句(包括肯定形式和否定形式),宾语都是句尾焦点,是全句的表达重心。根据表达需要,"是"字句的表达重心也可以落在关系动词"是"或修饰限制"是"的状语成分或主语上,这时,强调表达重心的那一部分一定要重读。如:

(23)鲸鱼是哺乳动物。(难道你不相信吗?)

(24)他们可能是复旦大学的学生。

(25)我是中文系的,他不是中文系的。

例(23)的表达重心落在"是"上,例(24)的表达重心落在状语"可能"上,例(25)的表达重心落在主语"我"和"他"上。

对"是"字句进行表达重心的基础性训练,可以增强学生对"是"字句的感知力度,提高运用"是"字句的熟练程度。比如,教师可以让维、哈族学生通过背诵、反复练习(包括填空、画线连句、维翻汉、用一定数量的"是"字句写简短的写人记事的记叙文)等强化训练的方式,牢记汉语"是"字句是如何使用的。同时还要多加指教,讲明学习汉语不刻意地去记住一些语法规则,是行不通的,特别是对"是"字句这样的维、哈语中所没有的特殊句式,更要用心地去学,说出来的句子才不会出错或少出错。

  教师还可开设偏误分析课,激发学生学习汉语的积极性。首先应该讲清"是"字句的意义和特点,然后把以往搜集到的有关"是"字句的偏误句按照类别,有选择地写在黑板上或分发给学生,让他们自己去分析和纠错。在此过程中,可能还会出现不少偏误句。对此,教师再引导学生讨论、分析,直至改对为止。由于偏误源自学生个人,这种自我纠错训练,对他们来说不会有很大的距离感,因而他们是愿意积极主动地参与分析和纠偏过程的。而且这种方法比在课堂上只给出正确的句式、空说语法规则更容易使学生理解和掌握。此外,教师可适当结合维、哈语分析对比句子,让学生明白偏误产生的原因,了解汉语和母语的区别所在,从而避免错误的重复出现。还可以在讲课的过程中,根据教学时间和相关的授课内容有目的地穿插"是"字句,进行改错练习,以培养维、哈族学生辨别正误句和自觉纠错的能力。

  难点二:难以把握"是……的"句式。

  对策:对维、哈族学生来说,"是……的"句式因多了一个"的",并且"是……的"句式表达的语义内涵在学生母语中情况显得比较复杂,因此相对于"是"字句可能更难掌握一些。"是……的"句式的语义分两种情况,一种是当"是"是动词,"的"字加在名词、代词、形容词及部分词组后面构成名词性的"的"字结构,说明主语的类别时,"是"和"的"都不能去掉,去掉了结构就不完整。该句型中的"的"字结构在维语中的表现形式有下列几种:

汉语	举例	维语	对应表达
名词＋的	这是学校的。	名词＋属格＋附加成分	mektepninki
	那张桌子是木头的。	名词	jaʁa-
代词＋的	那是他的。	代词＋属格＋附加成分	uninki
形容词＋的	书是新的。	形容词	jeŋi

从上表可以看出,汉语"名词＋的、代词＋的"表示所属时,在维语中用"名词＋属格＋附加成分"来表示;当"名词＋的、形容词＋的"表示主语的属性时,在维语中用相应的"名词,形容词"来表示。

另一种情况是,当"是……的"中的"是"是副词,"的"是语气词,强调动作或行为发生的时间、地点、方式等意义时,句中的"是"和"的"可以都去掉。或者去掉其中的一个,去掉以后结构基本完整,句意也讲得通。这种情况在维语中要用动词过去时的变化式来表示。例如:

(26) 他是从北京回来的。　　qaytip kɛlgen

(27) 小王是昨天去喀什的。　　qeʃkerge barʁan

正是由于汉语用"是……的"句式表达的语义在学生母语中与之对应的表达形式较为复杂,所以不难理解学生为什么容易漏掉"是……的"句式中的"是"或"的"或者二者都漏掉,从而说出诸如"这边新疆大学的","这一天,是我永远都无法忘记","那本书图书馆"的偏误句子。

针对这类偏误句,教师可以采用一问一答的方式将学生引入一个相对完整的会话语境,先举例示范,罗列出基本的"是……的"句式,如:

(28) 甲:你去年是怎么来青岛的?

　　乙:我是坐飞机来的。

(29) 甲:你是从哪儿来的?

　　乙:我是从纽约来的。

然后用这些基本句式发问,让学生回答。直至练习到学生能正确回答时再让学生用类似的句式发问,让其他学生回答,或干脆自问自答。

难点三：难以正确使用"是"字句的长句。

对策：在学习汉语的初级阶段，"是"字句出现偏误主要是由于受母语的干扰造成的。而到了中高级阶段，学生在基本掌握了"是"字句的用法之后，"是"字句的泛化成为偏误句的主要干扰源。主要表现为学生不能正确地将"是"字句扩充为长句。比如当一个"是"字句之中有状语成分、"是"字句又担当另一句子的宾语时，学生常常因搞不清楚这个"是"到底应放在哪里，说出诸如"我觉得老师是对我们来说最重要的人（我觉得老师对我们来说是最重要的人）"和"他认为我是对于今天来参加晚会的同事们来说最受欢迎的人（他认为我对于今天来参加晚会的同事们来说是最受欢迎的人）"。

在教学中，应把学生容易理解的、容易掌握的"是"字句的基本句式安排在前面讲，待学生基本掌握以后再讲它的扩充式"是……的"句式。具体讲解顺序为："是"＋名词性的词语→"是"＋动词性的词语→动词"是"＋结构助词"的"→副词"是"＋语气词"的"→"是"字句的长句。若教材也按照这样的顺序来编写，可能效果会更佳。

"是"字句长句对维、哈族学生来说是个很大的难点。当句中有较多的成分时，学生常搞不清楚究竟应该把"是"放在哪里。其实，解决这个问题也不难。只要教师把一定数量的"是"字句长句写在黑板上，引导学生观察这些长句中各成分的位置，并根据其特征列出相应的公式，然后让学生再根据这个公式去造出较长的"是"字句，通过反复的训练，这个难点就可以迎刃而解。

难点四：难以辨别"是"字句是否表示判断。

对策：学生经常错误地认为"他上午在家里是给我打了一次电话"与"他上午是在家里给我打了一次电话"句意相同，且都表判断。但实际上，"是"用在动词、形容词、代词、介词短语等前面，对动作、行为、性状起增强语气和突出强调的作用,相当于"的确""确实"的意思。"他上午在家里是给我打了一次电话"中"是给我打了一次电话"强调的是给我打了一次电话这件事;而"他上午是在家里给我打了一次电话"中的"是在家里"强调的是发话人发话的地点。在这类句中"是"后面紧挨的内容即是要强调突出的部分,不表示判断,因而这类表示强调的"是"字句不是判断句。

再比如表示转折或让步的句子"漂亮是漂亮,可个子不高"、"他俩吵是吵,闹是闹,但遇到大事意见还很一致"。这两句的"是"的前后使用同一个形容词,起转折或让步的作用,相当于"尽管""虽然"的意思,不表示判断,故这类表示转折或让步的句子也不是判断句。

关于"是"字句,其实包含的内容很多。教师在教学的起始阶段应先讲清一种结构的一种功能,不要同时讲解一种结构的多种功能。同时在讲练过程中注重交际化的原则,不要过多地脱离语境,机械而又单调地训练,而是通过大量的交际性练习,使学生真正学会使用"是"字句。

第五章 "把"字句

对维、哈族学生的汉语教学,"把"字句一直是难点之一。在讲授"把"字句时,教师常常会给学生写出"把"字句的基本句式:"A 把 B 怎么样了。"初学的学生非常喜欢这种归纳的公式,并且会依法临摹,说"孩子把衣服脱了"的句子。得到老师的首肯后,有的学生又会说"孩子把衣服穿了"。老师说"这句话错了",学生会很茫然。为什么用"脱"可以构成"把"字句,而用"穿"就不能构成"把"字句呢?这说明基本句式只是语法结构的表层关系,还有深层的、隐性的语义关系。这种内在的意义联系,在制约着语法结构。遇到这类问题,连老师有时也会感到困惑。虽然花很多时间和精力反复讲解,但收效甚微。

在"把"字句教学中,多数人仍沿用"处置说"解释,即经过某种动作行为对介引的对象加以处置、支配和影响,使它产生某种结果,发生某种变化或处于某种状态。但是,学生对什么是"处置",什么是"影响","把"字句究竟表达什么语义内容,仍很难掌握。加上过去教学中多重视结构形式而忽略句子的语义和语用功能,学生不清楚什么时候应该用"把"字句,什么时候不能用"把"字句。认为一般动词谓语句的宾语提到"把"前就可以构成"把"字句,因此就不可避免出现偏误现象。本章试图通过分析,探求解决"把"字句教学难点的出路。

第一节 对应表达

汉语的"把"字句包括两个部分:"把什么"和"怎么了"。"把什么"的"什么"是"把"后的名词性词语,它是动作处置的对象,在语义上是受事;"怎么了"是动作的执行及执行后出现的结果。这就是所谓的处置,它由动作及表示结果和状态的补语构成。用公式表示为:

"主语+把+什么(名词性词语)+怎么(动词+补语)了"。如:

(1) 我们把那只羊宰了。

(2) 老师把他批评了一顿。

维、哈语常用带宾格的宾语作动作处置的对象。具有处置意义的句子与汉语的"把"字句相对应。用公式表示为:

"主语+什么(带宾格名词)+怎么(动词)了"。如(本章以哈语为例):

(3) biz ana qojdə sojdəq.

　　我们 那 把羊 宰杀

　　我们把那只羊宰了。

(4) muʁalim onɪ səndadə.

　　老师 把他 批评

　　老师把他批评了一顿。

从两个公式中我们可以看出汉语"把"字句与维、哈语宾语带宾格句结构很相似,都是 S—O—V。但并不是维、哈语宾语所有带宾格的句子都与汉语"把"字句对应。如:

(5) ol etti mylde ʥemejdɪ.

　　他 肉 根本 不吃

　　他根本不吃肉。

(6) ælgi kinonə kørdiŋiz be?
　　那　　电影　　您看了　　吗
　您看那部电影了吗？

例(5)中的"etti"(肉)和例(6)中的"kinonə"都是带宾格的宾语,但这两句与"把"字句不对应。因为维、哈语这些句子没有处置意义。

维、哈语有些双宾语句与"把"字句对应。如：

(7) 我把这本书送给了弟弟。
　　bul kitaptə inime berdim.
　　这　把书　　弟弟　我给了

在维、哈语的双宾语句中,带宾格的名词与汉语"把"的宾语相对应,带与格的名词和"把"字句的宾语相对应。

第二节　偏误类型分析

"把"字句不仅结构复杂,而且语义关系和语用功能多样,这就使维、哈族学生掌握起来有一定的难度,容易出现偏误。主要有以下偏误类型：

偏误一：误用。

即不该用"把"字句的用了"把"字句。

1. 用形容词或不及物动词作"把"字句的谓语。如：

(1) *我在老师的帮助下很快地把学习进步了。(用形容词作谓语)
　　我在老师的帮助下,学习进步得很快。

(2) *有一次,我把数学考试不及格了。(用不及物动词作谓语)
　　有一次,我数学考试不及格。

(3) *我把这个问题让步了。(用不及物动词作谓语)
　　我在这个问题上让步了。

(4) *你把这些东西破裂的吗？（用不及物动词作谓语）
　　是你把这些东西弄碎的吗？
(5) *他把玻璃破碎了。（用不及物动词作谓语）
　　他把玻璃弄碎了。
(6) *今天怎么把你生气得那么厉害呢？（用不及物动词作谓语）
　　今天怎么把你气得那么厉害呢？
(7) *他把眼睛似闭不闭地在那儿读古诗。（动词与介宾没有处置关系）
　　他眼睛似闭不闭地在那儿读古诗。

2. 用表示认知、心理活动、状态、存在、判断、及非动作动词等没有处置意义的动词作"把"字句的谓语。

(8) *我把车坐了一天才回到学校。（用表示状态的动词作谓语）
　　我坐了一天车才回到学校。
(9) *这个地区把污染环境存在了。（用表示存在的动词作谓语）
　　这个地区存在着环境污染现象。
(10) *妈妈把办法有了。（用表示存在的动词作谓语）
　　妈妈有办法了。
(11) *他把我很喜欢。（用表示心理活动的动词作谓语）
　　他很喜欢我。
(12) *他把妈妈很像了。（用非动作动词作谓语）
　　他很像妈妈。

3. 用能愿动词作"把"字句的谓语。

(13) *我把这些单词会了。
　　我会这些单词了。
(14) *他把开车可以了。
　　他可以开车了。

4. 用表示趋向的动词作"把"字句的谓语。

(15) *他把校门出去了。

他出校门了。

(16) *妈妈把孩子回来了。

妈妈带孩子回来了。

造成以上四类误用"把"字句的原因主要是学生不了解作"把"字句谓语的动词必须对"把"字后的宾语有处置意义,而且动作性较强。没有处置意义、动作性不强的动词不能作"把"字句的谓语。汉语有处置意义的动词是有限的。趋向动词、能愿动词、表示感受的动词、不及物动词、动宾式结构的动词、非动作动词、表示心理活动的动词、表示感知的动词等,都没有处置意义,所以都不能作"把"字句的谓语。形容词只有在带补语的情况下,才能作"把"字句的谓语。

偏误二:漏用。

即应该用"把"字句而没用。

(17) *值班员(把)大门锁起来。

(18) *我(把)读过的书还回图书馆去了。

(19) *我现在(把)住宿费、学费等一系列手续已经办好了。

(20) *他(把行李)搬行李到我们宿舍。

漏用的原因是维、哈语没有"把"字句。学生在尚未掌握"把"字句时,完全按照母语的词序翻译成汉语,因而会漏掉"把"字。如:

(21) kyzetʃi qaqpanə ɖawəp quləp saldə.

　　值班员　大门　　关闭　　锁　　上

*值班员大门锁起来。

值班员把大门锁起来。

(22) oqələp bolʁan kitaptardə kitapxanaʁa qajtarəp berdim.

　　读　完　书　　　图书馆　　还　　给

＊我读过的书还回图书馆。

我把读完了的书还给图书馆。

我们可以看到,两个偏误的句子和哈语句子的语序完全相同,是按照哈语句的语序直译成汉语的。哈语没有"把"字,所以直译时就遗漏了"把"字。

偏误三:错序。

即"把"字句的各成分的位置不对。

(23) ＊你把这件事赶快做好。

你赶快把这件事做好。

(24) ＊我把昨天的作业没做完。

我没把昨天的作业做完。

(25) ＊你们把这件事不要告诉老师。

你们不要把这件事告诉老师。

(26) ＊他把钱不想借给他朋友。

他不想把钱借给他朋友。

在"把"字句中,动词谓语前的其他修饰成分,如否定、能愿、形容词等都在"把"字结构前。而维、哈语句子是以动词为中心的,人称、数、否定、时、态、能愿等语法意义都在动词后加一定的附加成分表示。受母语的影响,维、哈族学生也把否定副词和其他状语加在"把"字结构后,靠近动词谓语。如例(24):

keʃegi tapsərmanə ʤazəp bolmadə.

昨天的　　作业　　　写　　　没完

＊我把昨天的作业没做完。

我没把昨天的作业做完。

偏误四:泛化。

即只要是施受关系,都用"把"字句表达。

(27) ＊我们把他很想念了。

我们很想念他。

(28) ＊他把办法有了。

他有办法了。

(29) ＊我把故事给您讲吧!

我给您讲个故事吧!

(30) ＊他把目标实现了。

他实现了目标。

(31) ＊我们要把科学追求。

我们要追求科学。

产生泛化的原因主要是受母语的影响。汉语是主谓宾(SVO)句型,维、哈语是主宾谓(SOV)句型,汉语"把"字后的宾语和动词谓语有施受关系,语序为 S 把 OV(C),与维、哈语的 SOV 句型很相似,这就使维、哈族学生产生一种错误的理解,认为母语所有的 SOV 句都与"把"字句对应。在"把"字句教学中,一些老师也把维、哈语的 SOV 句和"把"字句对应起来,让学生反复做翻译练习。受母语的影响和教学的误导,学生就会产生偏误现象。

"把"字句虽然结构形式符合维、哈语的 SOV 形式,"把"后的宾语和维、哈语带宾格的名词有对应关系,但"把"字句的构成受语义制约,有很多的限制。如"把"字的宾语是确定的,不能是抽象名词(如例(30)和例(31)),学生往往习惯于母语的句式,加上还没掌握"把"字句的条件,就会出现泛化现象,认为只要是施受关系就可用"把"字句表达,将"把+名词"和母语的"名词+宾格"完全等同起来,使一些不该用"把"字句的也用了"把"字句,造成偏误。如例(27):

＊我们把他很想念了。

我们很想念他。

biz onə øte saʁəndəq.

　　我们　他　很　想念

其中的"onə"(他)是带宾格的名词,受"saʁən-"(想念)的支配,构成施受关系。汉语句的"想念"与"他"也是施受关系,但却没有处置意义,所以不能构成"把"字句。

维、哈语有些双宾语句与"把"字句对应,把这种对应泛化,也会造成偏误,如例(29):

＊我把故事给您讲吧!

我给您讲个故事吧!

sizge bir æŋgime ajtajən!

(给)您　一个　故事　　讲吧

偏误五:误代。

即用状语代替补语。如:

(32) ＊他把我的书在桌上放。

他把我的书放在桌上。

(33) ＊他想用纱布把手干净地擦了。

他想用纱布把手擦干净。

例(32)、例(33)的补语都被放在"把"字结构前边状语的位置上了,这是因为维、哈语没有补语,汉语的补语,维、哈语常用状语或副动词对应表达。因此学生常把"把"字句的补语说成状语,致使"把"字句的动词谓语成了光杆动词,造成偏误。如:

(34) ＊他把我的书在桌上放。

他把我的书放在桌上。

ol meniŋ kitabəmdɛ stolʁa qojdə.

他　我的　　书　　　桌上　放

(35) ＊他想用纱布把手干净地擦了。

他想用纱布把手擦干净。
ol matamen qolən tazalap syrtpek boldə.
他 用棉纱 手 干净 想擦

例(34)的"stolʁa"是名词加与格作状语,例(35)的"tazalap"是副动词作状语,它们与汉语的"在桌上"、"干净"相对应。受母语影响,哈族学生常用状语代替补语而产生偏误。

偏误六:用不定指的词语作"把"字句的介词宾语。如:

(36) ＊他把一首诗写完了。

他把这首诗写完了。

(37) ＊你把几支笔带上。

你把这支笔带上。

(38) ＊他把一个人领来教室。

他把那个人领到教室来。

产生偏误的原因:一是对"把"字句介词宾语"定指"的要求不明确,二是对"定指"、"不定指"分辨不清。

汉语"把"字后的宾语必须是"有定"的,即必须是确定的事物。而维、哈语在强调对不确定事物的处置性时,宾语的宾格不能省略。也就是说,有些带宾格的宾语是不确定的。如:

(39) biz bir øgizdi sattəq.
　　 我们 一头 公牛 卖了

　＊我们把一头公牛卖了。→我们把这头公牛卖了。

句中"bir øgizdi"(一头公牛)是不确定的。受母语的影响,学生就会用一些不定指事物作"把"字句的宾语。

偏误七:"把"字句的介词宾语与动补结构不搭配。如:

(40) ＊我们把他看医院。

我们把他送到医院去。

(41) *我把考试考完后放假了。
　　 我考完试后就放假了。
(42) *我们把他成为好朋友。
　　 我们把他当好朋友。

例(40)谓语"送"的受事是"他","到医院"是"送"的结果,"看"和"医院"没有语义关系,因此介词宾语与动补结构不搭配。学生对"把"字句的介词宾语与动补的语义关系不明确,因而产生偏误。例(41)的"考试"和"考"在哈语中都用 emtixan aləw 或 emtixan beriw 表示。例(42)的"当"、和"成为"都和"boləw"对应。两种语言相对应的词的语义范畴不同。而学生误认为它们完全对应,因而造成偏误。

偏误八:"把"字句的主、谓语不搭配。如:
(43) *你们的努力把这一片荒山变成了绿色的金库。
　　 你们的努力使荒山变成了绿色的原野。
(44) *阿依古丽把衣服秀美了。
　　 阿依古丽的衣服很秀美。

例(43)产生偏误的原因是将"把"字句和"致使句"混同起来,"努力"不能作"把"字句的主语,所以与谓语"变成"不搭配。例(44)"秀美"是形容词,形容词没有补语,没有处置意义,不能作"把"字句的谓语。

偏误九:成分残缺。
即缺少句子成分。如:
1. 缺谓语。
(45) *他把书包(背)在肩上。
(46) *大风把树上的花都(吹)落了。

产生偏误的原因是维、哈语中没有补语,在表达汉语补语意思时经常用与补语对应的动词作谓语。如例(46):

boran aʁaʃ gylderin uʃərəp ketti.
大风　　树　　花　　　落

学生先用母语思维,然后翻译成汉语,把母语的表达方式套用在汉语上,从而造成谓语成分短缺的偏误。

2. 缺补语。如：

(47) *同学们把全部才干施展。

(48) *我们要把这个问题全面地考虑。

(49) *只要用一点功,就能把成绩提高。

维、哈语句子的动词谓语,永远出现在句尾。因此用"把"字句表达时也常遗漏补语,用光杆动词作谓语,造成补语短缺的偏误。

偏误十:动补不搭配。如：

(50) *他把自己的本事都施展起来了。

　　　他把自己的本事都施展出来了。

(51) *老师又把课文讲了一次。

　　　老师又把课文讲了一遍。

(52) *我今天把这些工作做不完。

　　　我今天做不完这些工作。

由于维、哈语中没有补语,学生初学时常出现动补不搭配的现象。其原因很复杂:有些属于母语语法规则的负迁移,如例(38);有些偏误现象属于词语辨析的问题,如例(50);有些偏误是对补语应用范围不甚了解,如例(52)例;"做不完"是可能补语,可能补语只说明动作行为是否能产生某种结果的可能性,是未实现的,而"把"字句所表示的是一种已出现的结果,因此不能用可能补语。还有些偏误是汉语语法规则的负迁移。如例(11)"他把我很喜欢",就是按照汉语的语法规则造出来的病句。

以上对各类偏误的分析,主要从维、哈语对汉语学习产生的影响来分析的。对于初学汉语的学生来说,当母语与"把"字句有相同或相似之处时,就会产生一种迁移现象。这种迁移有时是对的,是正迁移。但"把"字句还受很多因素的制约,有时表面的相似掩盖着深层次的不相似,这时学习者的类推会产生负迁移,出现偏误。这是学习者的内因。而教材的误导、只重视结构形式,忽略句子的语义和语用功能的课堂教学是造成偏误的外因。

对于中级学习者来说,偏误产生的主要原因是学生采取了不恰当的学习策略。主要有以下几种学习策略:

1. 回避的策略。

学生对能否使用这种句式进行判断,举棋不定时,为避免出错就采取回避的策略。如:

(53) 你把昨天的错字改过来了吗?

*昨天的错字改了吗?

2. 以简代繁的策略。

去掉处置意义,用"把"字句的主要意思代替"把"字句。

(54) 他把这个消息传出去了。

*他传了这个消息

3. 套用的策略:

在尚未完全掌握"把"字句的语义关系和语用功能时,用"把"字句的基本句式套用。如:

(55) 我的朋友们都热心地帮助我。

*我的朋友们把我热心地帮助了。

第三节 教学难点及对策

"空缺"是语言学习的干扰因素之一。维、哈语都没有"把"字句,要填补这个空缺,使学生准确掌握它,难度较大。加上"把"字句本身比较复杂,因此教学效果不甚理想。成为汉语教学的"老大难"问题。主要有如下难点:

难点一:什么时候一定要用"把"字句,什么时候一定不用"把"字句。

从以上误用、泛化、漏用等偏误现象中,我们可以看出学生还不能掌握什么时候一定要用"把"字句,什么时候一定不用"把"字句。这是学习"把"字句必须解决的问题,也是教师用一两句话难以说明白的问题。

要讲清这个问题,实际上就是要讲清"把"字句的结构、语义、语用等问题。因为意义决定结构,内容制约形式。但是如果从理论到理论面面俱到地讲,一来太深奥的理论学生难以理解;二来很可能使学生丧失重点,产生畏难情绪。因此从何处入手讲解,才能把握"把"字句教学的重点,也就成为"把"字句教学的难点。

对策:要从讲清构成"把"字句的条件入手,使学生逐渐明确什么时候用"把"字句,什么时候不用。"把"字句的形成和发展除了语义上的需求外,结构上的特殊要求起着至关重要的作用。有些宾语不能在动词后,只能用"把"字句,也有些情况不能用"把"字句。对于初学者,我们不必集中、系统地大讲"把"字句的语法规则。那样,难点过于集中,学生会感到眼花缭乱,更谈不上掌握运用了。最好是通过课文或练习,有针对性地进行讲解、练习,给学生潜移默化的影响。到一定阶段要进行必要的总结,让学生把各课学习的语法点连贯起来,逐渐形成系统。这就要求教师要合理地安排"把"字句的语法点,按语法点的需要来编排课文。以便于语法点的系统化。

要讲清"把"字句句子成分的条件,要尽量少用语法术语。把讲解"把"字句各成分的条件作为突破口。如:

讲"把"字后介词宾语的条件,只要将"'把'后的名词性词语,必须是确指的事物"这一条件作出明确而又通俗的说明,并稍微点一点汉语"把"字句和维、哈语的差别,学生就能理解。如:

(1) 你把<u>那本杂志</u>递给我。

(2) 我把<u>这件事</u>告诉了妈妈。

例(1)、例(2)两句,"把"字的介词宾语都有指示代词修饰,所以都是确指的。这一点和维、哈语一样,所以学生很好理解。这一部分要重点讲解的是一些例外的情况。如:

(3) 你别把<u>事情</u>说出去。

(4) 明天我们再把<u>报告</u>交上去。

(5) 我们把<u>帮助别人</u>当作乐事。

例(3)、例(4)两句,"把"字后的介词宾语从表面看,没有修饰、限制性成分,是不确定的。但由于语言环境清楚,说话者和听话者都知道指的是什么"事情"和"报告"。语用环境对句子产生了影响,因此也是确定的。例(5)句"把"后的介词宾语是动宾结构,一般只出现在把某一事物认同为另一事物的句中,动补结构常为"当作、看成、看作、当成"等,深层语义关系制约着句法关系,因此也可构成"把"字句。

讲构成"把"字句的另一个条件是"把"字句的动词后必须加上补充成分,不能是光杆动词。要说明为什么不能是光杆动词。这是因为"把"字句的动词谓语一般是有处置意义的,即动作执行后,在动词谓语后会出现一个结果或状态。动作执行后的结果包括已完成或将要完成动作的结果和状态。因此"把"字句的动词谓语不可能是光杆动词,后面一定要有表示结果、状态的补语。如例(3)的"出去"、例(4)的"上去"等。在讲解这一普遍规则后,还需特别说明一些特殊情况。如:

(6) 我把书包往床上一<u>扔</u>,就又跑出去了。

(7) 他把奶<u>洒</u>了。

(8) 昨天他把我撞了。

(9) 我刚把那件衣服洗了。

(10) 你把我们忘了。

(11) 他们把这片荒山绿化了。

(12) 他把老婆孩子抛弃了。

(13) 我们把他的阴谋揭穿了。

上面八个"把"字句的动词谓语后都没有表示结果状态的词语,都是光杆动词。从表面结构上看都不符合"把"字句的条件,为什么也可构成"把"字句呢?这种例外现象也是有规律可循的。"对汉语这样一种在很大程度上依赖于'意合'的语言来说,其语法形式的语义蕴涵与语境的关系尤为密切,自然语言逻辑对语法形式的规定性就显得十分重要了"[1]。例(6)的动词谓语前有"一",和后句构成"一……就"的省略形式。在语境中,这种"把"字句后一定会引出紧接着发生的第二个动作,这也是一种结果。这时"把"字句动词后就只用"了",而不需要其他成分了。例(7)的"洒"会造成"奶"的位置转移。例(8)的"撞"会造成对"我"的损害。例(9)的"洗"会造成状态的改变。例(10)的"忘"会造成意念上的消失。这四种情况虽然句中动词后没有表示结果、状态的词语,但自然语言逻辑中包含了结果、状态意义,所以也能构成"把"字句。例(11)的"绿化"和例(12)的"抛弃"本身就是一种结果。例(13)的"揭穿"是动补结构的动词,它本身包括表示结果意义的词素。所以可总结出一个规律:本身就有结果、状态意义的动词后可以不带补语,就能构成"把"字句。可见"把"字句的构成与"把"字前后的成分有关。我们在讲解构成"把"字句的构成条件时,特别要注意讲清那些从表面上

---

[1] 张旺熹《"把"字结构的语义及语用分析》,《语言教学与研究》1991年第3期,第89页。

看与构成"把"字句的条件不符,而又能构成"把"字句的特殊情况。

"把"字句动词谓语不能是光杆动词,常带补语。但不是任何补语都可以出现在"把"字句里,出现也是有条件的。我们讲解这一规则时要特别着重地讲哪些补语不能出现在"把"字句中,即不能用"把"字句表达。主要有:

1. 可能补语表示主观能力及客观条件是否允许出现某种结果和变化,而"把"字句所出现的结果和变化是谓语动词处置后带来的现象。要在"把"字句中表示某种结果出现的可能性,不能用可能补语。要用能愿动词作状语表示。如:

(14) *我把这些书搬不动。

　　　我搬不动这些书。/我不能把这些书搬走。

2. 在"把"字句中结果补语的语义是指向"把"字的介词宾语的。结果补语的语义若指向主语,就不能用"把"字句表达。如:

(15) *我把老师的批评听烦了。

　　　我听烦了老师的批评。

句中"烦"的语义是指向"我"的,因此不能用"把"字句表达。

3. 带"得"的状态补语语义指向主语的,不能用"把"字句表达。如:

(16) *他把汉语说得很流利。

　　　他汉语说得很流利。

4. 当介词补语为"在+处所",动词没有使"把"的宾语发生位移时,不能用"把"字句表达。如:

(17) *我们把酒喝在宿舍。

　　　我们在宿舍喝酒。

句中"喝酒"的位置在宿舍,"喝"并未使"酒"产生位移或其他结果,所以不能用"把"字句表达。

掌握了什么情况下不能用"把"字句后,还要讲清在什么情况下必须用"把"字句。具体地说,有以下几种情况:

1. 动补结构后带有另外一种特殊的宾语(不是指人的)时,必须用"把"字句。如:

(18) 他把我的脸画成个大花脸。

＊他画我的脸成个大花脸。

2. "把"字宾语后有表示处所的介词结构作状语,或动词谓语前有"一"时,必须用"把"字句。如:

(19) 他把书往床上一扔,就躺下了。

＊他往床上一扔书,就躺下了。

3. "把"字宾语后有表示处所的介词结构作状语,动词谓语后有表示处所的介词结构作补语时,必须用"把"字句。如:

(20) 他把家从东城搬到西城。

＊他从东城搬家到西城。

4. 动词谓语后有表示时间、处所或对象的介词结构作补语时,必须用"把"字句。如:

(21) 他把那件衣服挂在衣架上。

＊他挂那件衣服在衣架上。

5. 动补有等值意义,其后有宾语的,必须用"把"字句。如:

(22) 我把友谊看成最珍贵的东西。

＊我看友谊成最珍贵的东西。

6. 动补后有宾语和第二个动词的,必须用"把"字句。如:

(23) 他把这当成一种消遣。

＊他当这成一种消遣。

7. 谓语后虽有指人的宾语,但有时"把"的宾语不是动词直接支配的宾语。意念上若是动词的发出者,必须用"把"字句。如:

(24) 他把身子背着我。

＊他背我身子。

8. 带"化"动词若是"双音节动词＋化",而且不带宾语的,必须用"把"字句。如：

(25) 我们不要把这个问题简单化。

＊我们不要简单化这个问题。

9. "把"后有表示任指的疑问代词或"任何",或动词前有"都、全、互相"作状语时,动词后带不带补语或宾语都必须用"把"字句。如：

(26) 他把所有可能发生的意外情况都想到了。

＊他都想到了所有可能发生的意外情况。

10. 动词是"进行"、"加以"、"作"等要求带动词性宾语的,必须用"把"字句。如：

(27) 他把水里的成分进行了分析。

＊他进行了分析水里的成分。

11. 动词是"结合、统一、区别、对立、混同、割裂"等,介词宾语是联合结构的,必须用"把"字句。如：

(28) 我们不能把理论和实际分离开来。

＊我们不能分离开理论和实际。

在讲解"把"字句的每个成分的条件时,要善于针对学生出现的偏误进行分析、说明。在讲解每一种类型的"把"字句时,都要把构成条件作为讲解的重点。强调条件,使学生建立起"条件意识",这样才不会失去重点。

难点二:怎么理解"把"字句的"处置"概念。

在讲解"把"字句的语法意义时,会遇到对"处置"这个概念的理解问题。维、哈族学生对汉语很少有语感,对"处置"这样抽象的概念会感到茫然,而能否用"把"字句表达,又决定于动词谓语是否有处置意义,所以讲清"处置"概念对掌握"把"字句是至关重要的。

对策:建议教师先不要从讲解"处置"的概念入手,而要凸显"把"字句使用的语境,从逐个讲解各类型"把"字句的语法意义入手,讲清什么时候一定要用"把"字句、用"把"字句和不用"把"字句所表达的意义有什么不同。让学生自己反复比较、反复操练。在反复操练的过程中,发现学生的偏误,及时进行正误的对比。把偏误分析和讲解结合起来。通过对学生的偏误分析,进一步讲解什么时候不能用"把"字句,要使学生真正理解每一类"把"字句的意义,从而逐渐理解"处置"的概念,教师在适当的时候还应加以总结归纳,以加深学生对"把"字句处置意义的理解。还可以让学生进行对比,加深理解。如:

(29) 他把桌子一拍,站起来瞪大了眼睛。——他一拍桌子,站起来瞪大了眼睛。

(30) 他把玻璃打碎了。——他打碎了玻璃。

(31) 雨把衣服淋湿了。——雨淋湿了衣服。

(32) 我把调查资料整理完了一部分。——我整理完了一部分调查资料。

(33) 你把身上的土掸掸。——你掸掸身上的土。

(34) 他把衣服脱了。——他脱了衣服。

(35) 你别把这件事告诉别人。——你别告诉别人这件事。

(36) 我把他请到家里来。——我请他到家里来。

(37) 妈妈非把你打一顿不可。——妈妈非打你一顿不可。

这些句子虽然都可以说,但两句的焦点不同。汉语句式信息的安排一般总是遵循从已知到未知的原则。"把"字句强调动作发出者通过对"把"后的宾语施加影响和作用,使之出现动作行为的结果,句子的焦点在补语上。而主谓宾句主要说明动作作用于客体事物的过程,句子的焦点在宾语上。所以在什么情况下用"把"字句,与信息的焦点有关。

难点三:"把"字句的谓语通常是及物动词,但也有形容词、代词或固定短语。学生误用"把"字句还有一个原因就是分不清哪些是及物动词,哪些是不及物动词。不知什么时候形容词、代词可以作"把"字句的谓语。

对策:维、哈语的动词也有及物不及物的范畴。因此教师只要讲清概念,并与学生的母语进行对比。这样学生掌握汉语的及物动词就不会太难。教师在讲"把"字句时,还可以让学生反复进行替换动词的练习,并讲解动词的语义关系,使学生逐渐熟悉句型,掌握哪些动词可以作"把"字句的谓语。

代词作"把"字句谓语的情况是有限的。一般只限于"怎么、怎么样"这些能表示某种动作行为及动作引起的性状的代词。如:

(38) 你把他怎么样了?

(39) 我把你怎么了?

这两句的"怎么、怎么样"都表示做某种动作及引起的性状,所以可以作"把"字句的谓语。

形容词作"把"字句的谓语时,形容词后通常都会带补语,说明引起的结果。这时的形容词带有动词性质。如:

(40) 他把头发都愁白了。

句中的"愁"实际是"发愁"的意思。所以形容词作"把"字句的谓语也是有限的。教师要把代词、形容词及熟语作"把"字句的谓语的语境作为重点讲清楚,就可避免学生将其泛化。

难点四:如何区别"把"字句和维、哈语的"SOV"句。

汉语"把"字句的语法结构与维、哈语的语法结构有某些相似之处。学生在学习"把"字句时,常忽略两者的差异,把母语的"SOV"句都看成"把"字句,造成泛化的偏误。

对策:教师要针对学生这种"内译",对比说明汉语"把"字句与学生母语的"SOV"句的区别。如：

(41) men ol maqaranə bir ret oqəp ʃəṭpeʃ.
　　 我　那　文章　一　次　读　完

可以译成"我把那篇文章看了一遍"、"那篇文章我看了一遍"、"我看了一遍那篇文章"三句话。而汉语的这三句话所表示的意义并不相同，第一句是强调那篇文章被我处置的结果（一遍）。第二句是把那篇文章作为话题加以陈述，说明那篇文章怎么样了。第三句是对主语"我"的行为的陈述，说明我做什么了。通过对比，使学生初步了解母语的"SOV"句和汉语的"把"字句不都是对应的。只有强调处置时，才有可能对应。

难点五：讲清制约句法的语义现象。

在"把"字句教学中，学生会提出为什么可以说"把衣服脱了"，而不能说"把衣服穿了"；可以说"我把这件事了解得很清楚"，不可以说"我把这件事知道得很清楚"。这些语法结构相同的句子，为什么有的对，有的错？这些问题从表层的语法结构很难解释清楚，而要从深层去解释它的原因。深层语义关系是隐性的，而且与表层的句法关系又不完全一致。

对策："把"字句的各语言单位之间的语义制约关系很复杂。"把"字句的动词有时通过动作，可以使"把"的宾语所指的事物产生位移，移得离主语所指的事物远了。"把衣服穿了"之所以是错句，是因为通过动作不是使"衣服"远离主语，而是靠近主语，所以不能用单个动词加"了"；而应加上补语"上"。"知道"和"了解"在哈语中都是"bɨl-"。学生不了解汉语的"知道"和"了解"，虽然都有"知道"的意义，但"了解"还有"调查"的意义。当"了解"相当于"知道"意义时，不能构成"把"字句；当"了解"相当于"调查"意义时，可以构成"把"字句。

教师在教学中要关注语义现象，突出语境。不要脱离具体课文和词、句,直接讲解各种语义现象。因为学生所掌握的词汇量不足、句型单调,集中讲各种语义关系,学生不但难以接受,还会产生焦虑情绪,甚至失去信心。学生在习得过程中总是努力寻求"把"字句与母语相似的模式,因此教师应随机采取一些点拨的方法,尽可能把语法形式体现的语义关系加以简单化。结合具体语境,让学生体会"把"字句所隐含的因果关系。教师可以列出原因,让学生用"把"字句说出结果。如:"雨下得太大了,——(雨)把衣服都淋湿了","这辆车开得太快了,——(车)把树给撞倒了"。通过大量的练习,学生会逐渐体会到"把"字句是为实现某种目的而执行的手段,或者说因为某个原因而引起的结果。

另外,教师还要注意指导和帮助学生掌握学习策略。"学习策略是指学习者为了促进信息的获得、存储、提取和利用而进行的操作,即学习者用来促进学习,使学习更加迅速有效的方法或行为"[①]。学生的知识在不断复习中螺旋式上升,从而使语言知识从知识层次转化为技能层次,使学生真正掌握"把"字句,并能运用自如。

---

① 江新《汉语作为第二语言学习策略初探》,《语言教学与研究》2000年第1期,第61页。

第六章 被动句

被动句指主语是谓语动作的接受者(受事者)的句式。汉语和维、哈语都有被动句。汉语的被动句与维、哈语被动态的一些动词谓语句有对应关系。有的教师为讲授方便,就用这种对应关系来讲解被动句。如:"敌人被我们消灭了",哈语是:

ʤawlar bɪzden ʤojəldə.
敌人　　从我们　　被消灭

学生按照这个格式造句,就会类推出"这篇文章被写得太乱了"、"这孩子被生在北京了"的错句。显然,这两句话汉语都不用"被"字句表达,但译为维语、哈语都是被动句。可见在很多情况下,两种语言的被动句是不对应的。汉语动词没有表示语态的语法形式,主语和谓语之间的被动关系是用句法、语义结构来表示的。对于尚不能脱离母语思维,而且缺乏汉语语感的维、哈族学生来说,学习汉语的被动句有一定难度,成为学习汉语的一个难点。

第一节　对应表达

汉语的被动句分为有标记的被动句和无标记的被动句两类。

有标记被动句的标记为"被"、"让"、"叫"、"给"、"为",又称为"被"字句。用符号表示为"N_1+被(N_2)+V+C"。"被"后的名词性词语(N_2)是动作的实际发出者(施事者)。如:"他被妈妈批评了一顿。"中的"妈妈"和"批评"是施动关系。因此"被"字句的主语一般应当是确定的。"被"字句动词谓语对主语处置后会出现一些伴随特征,不能是光杆动词,后面须有补语或动态助词"着、了、过"。如:"他的电脑被小王弄坏了"、"他还被关着"、"我被他说服了"。

无标记被动句主语意念上是受事,述补结构是施事。受事主语是确定的、已知的,且多为无生命的。如:"房子盖好了"、"报纸卖光了"。意念上的施事一般不出现。如果强调施事者或强调时间、地点、方式,通常用"是……的"的形式表达[①]。如"这栋楼是北建一公司盖的"。有些是"在……中"句,如:"事故的原因在调查中"。"事故"和"调查"之间存在被动关系。

维、哈语用动词的被动语态形式来表示被动,并与受事主语在人称、数、语态保持一致。被动语态是被动句必备的条件。由于汉语和维、哈语在表示被动关系时采用不同的语法手段,因此除了少数被动句相对应外,多数被动句是不相对应的。下面以哈语为例,与汉语被动句作一对比:

1. 汉语的"被"字句,哈语有时用被动态动词作谓语,表示施事的名词后加从格对应表达,有时用被动态动词构成的连动句对应表达。如:

(1) 这项纪录已被国际奥林匹克委员会承认了。

　　bul　rekor　xaləqaraləq　olimpik　kommɪsijasə　tarabənan
　　这　　纪录　　国际　　　奥林匹克　委员会　　　要求(从格)
　　mojəndaldə.
　　承认(被动态)

(2) 我妹妹被逼死了。

　　siŋilim　dʒæbirlenip　øldi.
　　我妹妹　逼(被动态)　死

[①] 张国云《维汉被动句的对比研究》,《语言与翻译》1998 年第 4 期,第 29 页。

例(1)汉语句的"被+N_2",哈语句用"N_2+从格"和被动态动词谓语对应表达。例(2)汉语"被"字后没出现施事者,补语为动词性词语"死"。哈语用连动句与汉语的"被"字句对应。其第一个谓语为被动态动词"dʒæbɪrlen-(被逼)",第二个谓语是与汉语补语"死"对应的动词"øl-"。

2. 汉语的"被"字句,哈语有时用主动句对应表达。如:

(3) 他们没被困难吓跑。

　　olar qəjənʃələqtan qorəqəp qaʃəp ketpede.

　　他们　因为困难　　　吓　逃跑　没走

(4) 他被人打了。

　　onə birew sabap ketti.

　　把他　一个人　打　了

例(3)汉语句的"被+N_2",哈语用"N_2+从格"作原因状语表示,其谓语动词都为主动语态,为主动句。例(4)汉语为"被"字句,哈语用 N_2 作主语的主动句对应表达。

3. 汉语一些单音节动词谓语句必须用"被"字句表达,否则语义就会改变。哈语通常用主动句对应表达。如:

(5) 战利品被抢了。

　　oldʒalarən tonap ketti.

　　把战利品　　抢　走了

(6) 他被打了。

　　ol tajaq dʒedi.

　　他　棍子　吃了

4. 汉语用"作、为、成"作补语的"被"字句,当表示施事的名词出现时,哈语常用主动句对应表达;表示施事的名词不出现时,哈语常用被动句对应表达,如:

(7) 他的事迹被作家写成了小说。

　　ʤazəwʃə onəŋ izgi isterin roman etip ʤazip ʃəqtə.（主动句）

　　作家　他的　优秀　事迹　小说　作为　写　出来

(8) 他被评为劳动模范。

　　ol eŋbek ozat boləp baʁalandə.（被动句）

　　他　劳动　模范　成为　被评选

5. 汉语"为（被）……所＋V"的"被"字句，哈语多用主动句对应表达。

(9) 我们绝不被敌人所屈服。

　　ʤawʁa æste bas ijmewimiz kerek.

　　向敌人　绝对　头　不低　应该

(10) 没有一个不为他的事迹所感动。

　　onəŋ izgi isterinen æserlenbejtin birde-biri ʤoq.

　　他的　优秀　事迹　不感动　一个也　没有

6. 汉语无标记被动句，哈语通常用被动句对应表达。如：

(11) 饭已经准备好了。

　　tamaq dajəndaləp boldə.

　　饭　被准备　好了

(12) 门呼地一声关上了。

　　esik sart etip ʤabəldə.

　　门　呼地　被关上

例（11）的"dajəndal-"（准备）和例（12）的"ʤabəl-"（关上）为被动态的动词，两句均为被动句。汉语两句的受事主语"饭"和"门"，为无生命的，所以是无标记被动句。

7. 汉语无标记被动句出现施事者时，常为表被动意念的主谓谓语句，哈语则用主动句表达。如：

(13) 他的宿舍我打扫完了。

　　　ʤataʁan　men　tazalap　boldəm.

　　　他的宿舍　我　　打扫　　完了

(14) 这本小说我已经看完了。

　　　bul　romandə　men　oqəp　boldəm.

　　　这　　小说　　我　　读　　完了

8. 汉语有些格言谚语,固定词组含有被动色彩,哈萨克语用被动句对应表达。如:

(15) 千里之行始于足下。

　　　uzaq　ʤoraq　ajaq　astənan　bastaladə.

　　　长　　长途　　从脚　　下　　开始(被动态)

(16) 壮志未酬。

　　　asəl　armanə　orəndalmaw.

　　　崇高的　理想　　没完成(被动态)

9. 汉语动词谓语是"受、挨、遭"等的句子是隐含被动接受动作意义的主动句,哈语也用主动句表达。如:

(17) 人老受人欺。

　　　børi　kærsin　ʤyndejde.

　　　狼　　老的(宾格)　欺负

10. 哈语的被动句,汉语有时用存现句对应表达。如:

(18) iʃiki　yjden　birewdiŋ　qorəldaʁan　dawəsə　estildi.

　　　里面　从屋里　一个人的　打鼾的　　声音　　听到了(被动态)

　　　里屋传来了呼噜呼噜的打鼾声。

(19) bul　ʤerge　orəlʁan　ʃøp　yjilip　boldə.

　　　这　　地方　　割　　　草　　堆(被动态)

　　　这里堆放着割下来的草。

、哈语没有存现句，表示地点的词语在被动句中常作状语。

11. 哈语有些被动句，汉语用"是……的"句对应表达。如：

(20) bul kitap ulttar baspasənda basəlʁan.
　　 这　 书　　民族　　出版社　　出版（被动态）
这本书是民族出版社出版的。

(21) ol 1982-dʒələ ile awdanənda tuwlʁan.
　　 他　1982年　伊宁　　县　　出生（被动态）
他是1982年在伊宁县出生的。

通过上述对比，我们可以看出汉语被动句与哈语被动句只有少数完全对应。多数情况是汉语的无标记被动句与哈语的被动句或主动句对应。维、哈族学生误以为母语的被动句与汉语的被动句完全等同，常把母语的规则套用在汉语被动句上，造成偏误。

第二节　偏误类型

维、哈族学生在学习汉语被动句时，总希望能找到一个与母语的被动形式相对应的标记，于是就把汉语的"被"字句泛化，误认为"被"字句与维、哈语所有的被动句都对应，造成偏误。大致有以下几种偏误类型：

偏误一：误加。

把汉语的无标记被动句加上了"被"字。如：

(1) ＊这座房子是被用木头盖的。

　　这座房子是用木头盖的。

　　　bul yj aʁʃtan salənʁan.
　　　这　房子　木头　盖（被动态）

(2) ＊这幅画儿被画得真不错。

这幅画儿画得真不错。
bu1 suwret øte ʤaqəsə səzəleptə.
这   画   很   好   画（被动态）

例(1)的汉语句是无标记被动句。用"是……的"强调质料，就不能再用"被"字。例(2)汉语句的主语是无生命的,也应为无标记被动句。造成这种偏误的原因是不能区分动词的及物和不及物、主语有生命和无生命,把母语的被动句与汉语的"被"字句等同看待。

偏误二：漏用。

应该用"被"字而没用。如：

(3) *我父亲的咳嗽声吓醒了。

我被父亲的咳嗽声吓醒了。

men ækemniŋ ʤøtelnen ʃoʃəp ojandə.

我   我父亲的   咳嗽   吓   醒了（反身态）

(4) *我们他们的建议接受了。

他们的建议被我们接受了。

biz olardəŋ pikirin qabəldadəptə.

我们   他们的 把意见   接受了

造成这种偏误的原因主要是这两句在学生的母语里都用主动句表达。初学时,学生常不由自主地按母语的语序表达。造成"被"字的漏用。

偏误三：误用。

应该用主动句表达而误用了"被"字句。如：

(5) *阿娜尔不小心被摔倒了。

阿娜尔不小心摔倒了。

Anar abajsəzədan ʤɐʀələp qaldə.

阿娜尔   因不小心   摔倒（被动态）

(6) *夜幕被降临了。

　　夜幕降临了。

　　əmərt ʤabələp keledɨ.

　　夜色　　覆盖（被动态）

(7) *我今天被妈妈挨了一顿骂。

　　我今天被妈妈骂了一顿。或：我今天挨了妈妈一顿骂。

(8) *古丽被老师受到批评。

　　古丽受到了老师的批评。或：古丽被老师批评了。

例(5)的"摔倒"是不及物动词，它不能使主语接受它的动作，因此不能构成"被"字句，如果是"绊倒"就可以用被动句。例(6)因母语句是被动句，受母语影响，误用了"被"字句。

例(7)、例(8)是"受、挨、遭"等遭受类动词作谓语的句子，在深层语义上虽然有被动接受的意义，但这种被动接受的意义是词汇意义所赋予的，而被动句的被动关系是句法结构构成的。所以这些由遭受类动词构成的句子是主动句，不能用在"被"字句中。

偏误四：误带可能补语。"被"字句的谓语不能带可能补语而带了可能补语。如：

(9) *这种玩具被玩不得。

　　这种玩具玩不得。

(10) *这台电视机太旧了，被修不好了。

　　这台电视机太旧了，修不好了。

学生注意到主语是受事，但没掌握"被"字句补语的限制，因而造成了偏误。

偏误五：将"被"字句和"由"字句混淆。如：

(11) *学生宿舍被张老师管理。

　　学生宿舍由张老师管理。

(12) *交通费问题被对方解决。

　　　交通费问题由对方解决。

由于"被"字句和"由"字句这两种句子的句型相似,都是"N_1被(由)N_2V",所以误以为两种句子相同而造成误用。其实二者是不同的:

其一,"由"后的N_2只在"由"后出现,而"被"后的N_2有时不出现。如:"院长是由校长提名,校党委任命的"、"他被打断了腿"。

其二,"被"字句强调的是受事者的遭遇或发生的情况,语义的重点是受事者,而"由"字句动词多为关涉他人、他物的行为动词[1],多表示施事者负责或执行的动作。语义的重点是施事者,动作的主动性很强,所以不能用于被动句中。

偏误六:将"被"字和"从"字混淆。

(13) *他因考试作弊从学校开除了。

　　　他因考试作弊被学校开除了。

(14) *这个残疾孩子从他家抛弃了。

　　　这个残疾孩子被他家抛弃了。

例(13)中的"他"是"开除"的对象,"学校"是施事。例(14)中的"残疾孩子"是"抛弃"的对象,"他家"是施事,两例均应当用"被"字句。学生把"学校"和"他家"当成地点了,所以用了"从"。

偏误七:"被"字句缺谓语。

(15) *上个月他被公司到广州出差。

　　　上个月他被公司派到广州出差。

(16) *我的衣服被雨湿了。

　　　我的衣服被雨淋湿了。

---

[1] 吕文华《"由"字句》,《语言教学与研究》1985年第2期,第20页。

例(15)的谓语应是使令性动词。句中"到广州出差"不是公司的动作,而是公司让他做的,因此句中还应有一个使令性动词"派",作兼语谓语的第一动词。例(16)中"湿"是淋的结果,而不是动词谓语,所以缺少谓语"淋"。

偏误八:"被"字句缺补语或动态助词"着、了、过"。

(17) *他的腿被自行车撞。

　　他的腿被自行车撞折了。

(18) *我从来没被父亲这样严厉地责备。

　　我从来没被父亲这样严厉地责备过。

维、哈语中没有补语,学生在句中加补语表达就是一个难点,加上对被动句的结构特点——被动句动词后须带补语或"着、了、过"掌握不好,容易造成成分残缺。

偏误九:"被"字句缺宾语。

"被"字句的"被"也可以用"让、叫"表达。它们的后边常带有宾语。有时"被"字后不出现名词性词语,如"这件事被发现了"。而"让"、"叫"后的施事者一定出现,施事者不清楚时,也可用泛指的"人"表示,如"他让人骗了"。学生尚不能掌握这种区别时,常把三者完全等同起来,造成"让、叫"后缺宾语的情况。如:

(19) *种子都让咬坏了。

　　种子都让老鼠咬坏了。

(20) *阿娜尔叫气哭了。

　　阿娜尔叫他弟弟气哭了。

偏误十:错序。

即被动句中句子成分的语序不对。

1. "被"字与其他状语错序。如:

(21) *他的贪污罪行被已充分揭露了。

他的贪污罪行已被充分揭露了。

(22) *这个问题被人们正在逐渐认识。

这个问题正在逐渐被人们认识。

上述两例的语序都不对。"被"和它后面的名词所构成的介宾结构在句中充任状语,一般"被"字短语靠近动词谓语,时间状语应在其前。

2."被"与助动词及否定副词的语序不对。如:

(23) *他被没发现。

他没被发现。

(24) *孩子被狗可能吓坏了。

孩子可能被狗吓坏了。

否定副词和助动词都应在"被"字前。由于维、哈语的否定副词和表示能愿的助动词都附加在动词后,受母语语序的影响,学生也把"没"和"可能"放在靠近动词的位置了。

以上仅对具有普遍性的偏误现象进行了分析,还有一些个体的偏误现象,没有包括在内,如词语不搭配等。这些偏误的产生大多与学生母语的影响有关,也与汉语被动句本身的复杂性和学生的学习策略有关。

第三节 教学难点及对策

分析维、哈族学生学习被动句出现的偏误,为我们了解学生学习过程中所遇到的困难和教学中存在的问题提供了宝贵的资料。也为汉语被动句的教学提供参考。我们认为给维、哈族学生讲授被动句,应当突出以下难点:

难点一:无标记被动句。

汉语主语和谓语的被动关系是用句法手段、语义结构来表示的。

主语为受事是被动句必备的条件,标记并不是必备的条件。有人统计过,无标记的被动句约占被动句的 80%[1]。而维、哈语的被动句是通过动词的被动态表示的,标记是必备的条件。由于汉语无标记被动句没有明确的语法标志,在结构形式上又与主动句很相似,很难完全从语法形式上区分是主动句还是被动句,因此被动句什么时候无标记,什么时候一定要加标记,一直是学生感到困惑的问题。从这个意义上来说,要学好汉语被动句,难点主要就在无标记被动句。

对策:无标记被动句虽然没有标记,但它是被动句,我们可以根据句中 N_1(受事主语)和 N_2("被"的宾语)两个名词之间的施受关系来判断。有些无标记被动句的谓语是主谓短语,N_2 是主谓短语的主语。我们通常可以从三种语义关系区分这种无标记被动句[2]:

第一种语义关系清晰且唯一。

(1) 饭妈妈做好了。

句中主语₁"饭"是无生命的,它不可能实施"做"的动作,"做"要求有生命的词作施事。"饭"(N_1)是接受动作的,"妈妈"(N_2)是做动作的,这种语义关系不用"被"字也很清楚,因此该句是被动句;

第二种语义强式。当受事主语 N_1 和施事 N_2 都是能发出动作的人或动物时,二者之中有一方为语义强式,决定着被动关系。如:

(2) 老人儿子搀扶着。

句中"老人"(N_1)虽是有生命的,可以发出动作,但从一般生活经验看,儿子(N_2)搀扶老人是常规,老人搀扶儿子必须在特定的情况下才会出现。因此"老人儿子搀扶着"是有语义强式的,"老人"为受事,该

---

[1] 根据李珠《意义被动句的使用范围》,《世界汉语教学》1989 年第 3 期,第 151 页提供数字计算。

[2] 以下内容参考王静《从语义级差看现代汉语"被"字的使用》,《新视角汉语语法研究》,北京语言文化大学出版社,1997 年,第 326~327 页。

句是无标记被动句。而当在特定情况下老人搀扶儿子时,该句是语义弱式,须加"被",即"儿子被老人搀扶着"。

第三种语义关系不清。

当 N_1、N_2 都是"人",而且语义没有强式、弱式之分时,常出现语义关系不清的情况。

(3) 爸爸老王批评了。

该句也可以说"老王爸爸批评了",如果不了解背景情况,孤立地看这两个句子,没有语义强弱的区别,语义关系不清。但真正属于语义关系不清的句子不多,因为在具体的语境中,语义关系就会变得清晰。如:"爸爸没有按时完成任务,爸爸老王批评了。"从前句中已确定了,爸爸是被批评的人,所以"爸爸老王批评了"是被动句。如果没有具体语境,为了明确两个名词的语义关系,就必须在后一个名词(N_2)前加上"把"或"被",即要加上标记。因此我们可以得出这样的结论:语义关系清晰或有语义强式的句子不用加标记,语义关系不清时要加标记。

当 N_1 和 N_2 都为有生命的人或动物时,还可以从动词来判定 N_1 和 N_2 的施受关系。当动词表示某一类动物或人的专有动作时,语义关系就会很清晰。如:

(4) 我妹妹蚊子叮了。

这里有两个名词——"我妹妹"和"蚊子"。如果单纯看"妹妹"和"蚊子"不太容易分清它们的语义关系,但如果结合它们和动词的搭配来分析就会明了妹妹是受事。因为"叮"的动作只能是蚊虫实施的,而不会是人,所以"蚊子"是施事,语义关系清楚,不用加"被"字。

当 N_1 是人,N_2 是人或事物,动词是表示心理活动的"感动"时,一定加"被"。如:

(5) 我被这件事(他)深深地感动了。

这与"感动"这个动词有关。因为"感动"表示人因外界的刺激而被动产生的心理活动,所以必须加"被"。

有些被动句只出现主语(N_1),真正的施事(N_2)不出现,语义更不清楚。这时还需要考虑没有出现的名词(N_2)可能具有的语义特征。已出现的主语(N_1)如果是无生命的或为动物,一般语义清楚,不必加"被"。如:

(6) 房子盖好了。(N_1 为无生命的)

(7) 羊都宰了。(N_1 为动物)

"房子"是无生命的,不会自己盖好。"羊"是动物,不会自己把自己宰了。所以即使真正的施事者没有出现,我们也能判断出主语是受事者,这两句是被动句。

如果主语(N_1)是人,就要加"被"。如:

(8) 小二黑被抓起来了。(N_1 为人)

因为"人"可能接受动作,也可能发出动作。加"被"才明确真正的施事者。所以这种情况一般要用"被"字句表达。

难点二: 汉语被动句是一种较为复杂的句子。被动句在什么情况下必须用"被"字也是一个教学难点。

对策: 教师要按先简后繁、先易后难的学习顺序安排教学,分几次讲解。先讲清必须用"被"字的条件:

谓语是以生命体为处置对象(受事)的,表示主语遭遇性质的行为动作[①]。如:"他上个月被学校开除了。"

谓语可以涉及对象,具有被动性思维活动和心理活动的动词。如:"我完全被他的假象迷惑住了。"

谓语后的补语为"作、为、成"时,要用"被"字句。如:"她被选为人

[①] 以下内容参考吕文华《"被"字句和无标记被动句的变换关系》,《新视角汉语语法研究》,北京语言大学出版社,1997年,第170~173页。

民代表。"

谓语是以生命体为处置对象的使令性动词时,可构成"被"字句。如:"他被派到基层去工作了。"

谓语为一些单音节动词,若不用"被"字,句子的性质就会发生变化,须用"被"字句。如:他被盗了≠他盗了。

还有一些主动句的谓语是"受"、"遭"、"挨",这些动词后常有宾语,在语义上指向主语。如挨骂/挨批评/挨打;遭灾/遭罪/遭难;受表扬/受罪/受苦。在这类主动句中隐含着主语在非自主的情况下被动地接受动作。这是与这些动词本身的语义有关的。这类句子中,施动者一般不出现,如果要出现,也要以定语形式出现。如:"受后母的凌辱"、"遭到大家的反对"、"挨他的骂"等。

难点三:在有标记被动句中,"被"后的宾语(施事者),何时必须出现,何时可以不出现,也是维、哈族学生感到困惑的一个难点。

对策:"被"的宾语的出现,是受多种因素制约的。我们在教学中应尽量把一些隐性的语法关系和语义关系外形化,以适应学生的学习策略,从而使学生更好地掌握"被"字宾语出现的规律。

从语境和说话人表达意向的角度来分析,在下列三种情况下"被"的宾语不出现:

第一种,不必说明,语言环境已经清楚地说明了 N_2 是谁,就不必再指出 N_2 了。如:

(9) 在批判大会上,王清被当成了批判的对象。

句中的 N_2 虽然没有出现,但是根据语境我们可以知道 N_2 是参加批判大会的人员。

第二种,说话人不想说出一些非强调的成分,故意隐略不说。如:

(10) 本来说好是借,怎么又被说成是买呢?

说话人着重说明的是"借"而不是"买",至于谁把"借"说成买的,一来上下文语境清楚,听话人知道是谁;二来谁说的不是重点,重点是怎么说的;三来可能不便直说,所以隐略不说。

第三种,对真实情况不清楚,无法说清。如:

(11) 昨晚那个美容店被抢了。

说话人对具体的抢劫者不清楚,无法说清,所以宾语不出现。

"被"的宾语的有无,除了与语境及说话人的表达意向有关外,也与句法结构和语义搭配有关[①]。

与句法结构有关:

"被"字句是以下几种结构时,"被"的宾语(N_2)必须出现:

1. 被＋宾语(N_2)＋兼语。如:

(12) 这封信被父亲叫他的朋友带到了延安。

句中对"这封信"真正施事的(N_2)是"他的朋友",而"他的朋友"又是受"父亲"的委托才做的动作,因此宾语"父亲"必须出现。

2. 被＋宾语(N_2)＋给＋动词谓语……

(13) 老大爷被他的话给弄糊涂了。

"被……给"结构中的"给"也含有被动的意义。"被……给"结构更强调施动者(N_2),所以 N_2 必须出现。

3. 被……所＋动词谓语……

(14) 这种文艺形式被广大人民所喜爱。

"被……所"还可以说"为……所"。这种结构主要强调的是施事者(N_2),如果不用"所",N_2 可以不出现。

4. 让/叫＋宾语＋动词谓语＋补语

(15) 他的自行车让我弄丢了。

---

① 以下内容参考吕文华《"被"字宾语的有无》,《第二届国际汉语教学讨论会论文选》,北京语言学院出版社,1988年,第 343～348 页。

(16) 我的书包叫雨淋湿了。

"让、叫"和"被、给"虽然都是"被"字句的标记,但"被、给"带有"遭受"的意义[①],而"让、叫"有"向……让步、允许……"的意义,需要有一个介引的成分,所以"被"的宾语可以不出现,而"让、叫"的宾语必须出现。

与语义有关:

1. "被"+单音节动词。在强调主语的遭遇时,"被"后的宾语(N_2)可以不出现。如:

(17) 他们宿舍被盗了。

这种句子常强调主语(N_1)的遭遇,而"被"的宾语(N_2)常不指具体某人,因为即使不说也是很明了的,如"被盗"一定是被"偷盗者"盗窃的,"被抢"一定是被"抢劫者"抢的。所以宾语(N_2)可以不出现。

2. 当"被+宾语+动词谓语"是固定搭配时,宾语出现与否均可。所谓固定搭配是指某动作只能是某施事者所为,比如说到"晒",必然是"太阳"所为,说到"烧"必然是"火"所为。还有一些是人专有的动作。如:

(18) 他被(大家)选为先进工作者。

(19) 我们的建议被(家长们)采纳了。

两例中的"选"和"采纳"只能是"人"才有的动作,从广义的角度看这是一种固定搭配,即使宾语不出现,语义关系也很清楚,所以宾语可以不出现。

3. 当"被+宾语+动词谓语"是非固定搭配时,宾语必须出现。所谓非固定搭配是指某动作不是只能由某施事者所为。如:

---

① 汲传波《被动句中"被"、"让"的分工》,《喀什师范学院学报》2001年第1期,第52～55页。

(20) 妹妹的脚被竹刺扎破了。

句中"扎"不是只能由"竹刺"所为。能和"扎"搭配的词很多,如"针"、"鱼刺"等。宾语如果不出现,语义就不清楚,所以宾语必须出现。

难点四:"被"字句有时可以转换为"把"字句。但是这是有条件的。掌握好这些条件是教学的难点。

对策:汉语的"被"字句和"把"字句有时可以互换。如:大门被看门人关上了←→看门人把大门关上了。我把那本书放在宿舍了。←→那本书(让)我放在宿舍了。

"把"字句的格式为:施事(N_2)+把+受事(N_1)+动词谓语

"被"字句的格式为:受事(N_1)+被+施事(N_2)+动词谓语

从以上"把"字句和"被"字句的句式中可以看出,"把"字句是施事主语,而"被"字句是受事主语。"把"后是受事者,而"被"后是施事者。在受事(N_1)和施事(N_2)都出现,施受角色转换时,两种句式可以互换。在下列情况下,"被"字句不能换为"把"字句:

1. "被"字句的施事(N_2)不出现时,就不能换为"把"字句。如:

(21) 我的书被弄丢了。

　　＊把我的书弄丢了。

2. 被动句的一种书面语形式是"为(被)……所+V",如:"绝不被困难所吓倒"、"为他的事迹所感动"。这种被动句不能转换为"把"字句。如:

(22) 大家都被他的谎言所欺骗。

　　＊他的谎言把大家所欺骗。

3. 由"是被……的"构成的"被"字句不能转换为"把"字句。如:

(23) 他是被王医生抢救过来的。

　　＊王医生是把他抢救过来的。

"是被……的"强调施事者,"把"字句的施事是主语,所以如果也强调施事的话,"是"要放在主语前,即"是王医生把他抢救过来的"。

从以上分析可以看出,汉语的被动句是比较复杂的句式。对维、哈族学生来说,他们学习汉语的目的是用汉语交际,因此不仅要让他们了解这种句式本身的结构特点,更重要的是要让他们了解这种句式的使用条件。要讲清句式使用的条件,就有必要引入语义和语用的分析。

为了更好地解决难点,从语用的角度出发,教师要尽可能采用一些教学策略:

第一,讲过的内容要适当地重复出现,在多次重复中加入新的内容,使学生的认识不断深化,切忌"满堂灌"和"填鸭式"的教学。

"操练"是第二语言教学中非常关键的环节。练习包括理解性练习、模仿性练习、记忆性练习和交际性练习。教师不仅要设计好课堂操练项目,还要设计好课下作业练习,让学生在操练中逐步掌握被动句的用法。教师也可从学生的操练中得到学生掌握情况的反馈,以调整教学的重点。

第二,教学中应设计一些语言环境,让学生在看得见、摸得着的具体情景中运用被动句,在使用中去体会被动句的用法。让学生模仿造句虽然也是一种可采用的操练方法,但在学生尚未掌握时可能不会造句,或思考很长时间,影响课堂教学的进度。教师可让学生做"完形"练习,即教师不但让学生了解设计好的语境,还要在学生用被动句表达时,给他们一些提示。如:给一些词语、给半个句子或语段等,启发学生自己表达。这样学生既掌握了被动句的语法结构,又了解了被动句的用法。学生学了能用,会激发学习的兴趣,调动学习的积极性。

第三,在讲解"被"字句的条件时,要结合学生练习中出现的偏误。大部分偏误是由母语和汉语的差异引起的,但两种语言的差异不一定就是学生难以掌握的。具有普遍性的偏误,能反映出学生学习汉语的难点。在初学时,母语影响造成的偏误比重大些,教学时应针对偏误适当引导学生与母语进行对比,以排除母语的干扰。对比要掌握分寸,纠偏要注意适度。切忌让学生把母语翻译成汉语被动句,因为两种语言完全对应的句式是很少的。简单的对应容易忽略差别,造成偏误。特别是在学习了一些语法规则后,学生的错误的类推是造成偏误的主要原因。这时,教师要结合偏误讲清被动句的构成条件,让学生反复操练。要鼓励学生大胆练习,不要见错就纠。对具有普遍性的偏误要进行分析讲解,对个别学生的一些偏误,可暂时采取容忍的态度,以后再在适当的时候纠正,以免学生产生畏难情绪,不敢大胆练习。

当然,对不同的学生还应采取不同的办法。任何好的教学法都不可能不分场合、不加选择地运用。即使是别人用得很好的方法,自己在用时还应有所创造,有所改变。无论教师选择哪种办法,都必须适应学生的特点,得到学生的配合。因此教师在备课时不仅要备教材,更要"备"学生。

第七章　存现句

汉语的存现句,由方位处所词语充当主语,宾语是逻辑意义上存现的主体。维、哈语没有这种句型,学生对存现句的表达方式很不习惯,更不明白为什么可以说"教室里坐着一些人"却不能说"水管里滴着一些水"。有些教师为了让学生掌握这种句型的语义,常把"NP+V+N"变换为"N+V+在(从)+NP"来讲解。如:把"桌上摆着一盆花"变为"一盆花在桌上摆着"。但有些存现句,诸如"他脸上露出了笑容"、"屋里点着一盏灯"等句子又都不适合这种变换。遇到这样的情况,教师也会感到讲不清楚。可见存现句不仅表示"存在、出现、消失"的语义[①],在结构上还受到一些因素的制约。它的主语、谓语、宾语及与助词的结合都是有条件的。存现句一直是对维、哈族学生汉语教学的一个难点。

第一节　对应表达

汉语存现句按句式意义和相关形式特点的不同,可分为存在句和隐现句两类。不同类型的存现句,维、哈语用不同形式对应表达:

一、存在句

汉语存在句表示什么地方存在某人或物,动词后可带助词"着、

[①] 黄伯荣、廖序东主编《现代汉语》(下册),高等教育出版社,2002年,第129页。

了"。用公式表示为：

NP（处所词作主语）＋V（动词谓语）＋着/了＋N（宾语）（存在的人或事物）

根据动词的意义，存在句又分为动态和静态两种：动词谓语是表示状态的或非动作动词（如"是"、"有"）的是静态存在句。"着"表示持续，"了"表示行为过程的实现。如：

(1) 教室里坐着几个同学。（静态存在句）

(2) 衣服上有外文商标。（静态存在句）

(3) 村边是一条小河。（静态存在句）

动词谓语是表示在进行中的动作的，是动态存在句。如：

(4) 天空中飘着白云，草原上跑着白羊。

(5) 教室内配了录音、录像设备。

维、哈语没有存现句。汉语的存现句，维、哈语对应表达的形式也不尽相同。下面以哈语为例，与汉语存现句作一对比分析：

1. 汉语的静态存在句，哈语常用表示存在的词语作主语、处所词语加位格、从格作状语、谓语动词为被动态"bar"（有）或名词性谓语对应表达。用公式表示为：

N（存在的事物）＋NP（处所词语＋格作状语）＋被动态动词谓语、bar 或名词性谓语

如：

(6) 乌鲁木齐盖了许多现代化建筑。

yrimʤide　køptegen osəzamandanʁan ʁjmarattar saləndə.
在乌鲁木齐　很多　　现代化的　　　建筑物　被盖了

(7) 黑板上写了什么？

døskede nemene ʤazələptə?
在黑板上　什么　被写了

(8) 床边放着一个床柜。
　　　tøsektiŋ ʤaʁənəna tøsek iʃkap qojələptə.
　　　床的　　往旁边　　床　柜　被放着
(9) 书架上有几本外文书。
　　　kitap søresinde birneʃe ʃetelʃe kitap bar.
　　　书　　在架上　　一些　　外文　书　有
(10) 教学楼旁边是小运动场。
　　　oqətəw bəjnasənəŋ ʤanə kiʃkine dene-tærbije alaŋə.
　　　教学房　楼的　　旁边　　小　　运动　　场

(名词性谓语)

2. 汉语的动态存在句,哈语用"N(存在的人或事物)+NP(处所加格)+V(动词谓语)"对应表达。如:

(11) 花园的池塘里养着各种鱼。
　　　baqʃadaʁə kølʃikke ær tyrli balaq øsiripti.
　　　花园中的　池塘里　　各种　　鱼　　养
(12) 教室外围着许多家长。
　　　klastəŋ sərtən køptegen ana-atalar qorʃap aləptə.
　　　教室的 把外面 许多　　家长　　　　　　围着

二、隐现句

隐现句表示什么地方出现或消失了某人、某物。用公式表示为:

　　　NP(处所词作主语)+V(动词谓语)+R(趋向补语)+了+N(出现或消失的人或事物)

哈语用公式表示为:

　　　N(出现或消失的人或事物)+ NP(处所词加格作状语)+ V(动词谓语)或 V_i+V_2(连动式)

汉语隐现句的谓语部分有三种情况[①]：

1. 动词后带助词"了"或趋向补语，宾语多数是出现、消失者。这类动词数量不多。如"出现、消失、减少、生、死、多、少"等。哈语表存在的词语后加格作状语，用表示存在和消失的动词作谓语对应表达。如：

(13) 屋里少了样东西。

    yjden nærse ʤoʁaldə.

    从屋里 东西 丢

(14) 村里死了个老汉。

    qəstaqta bɪr ʃal øliptɨ.

    村里 一个 老汉 死了

2. 趋向动词作谓语＋(了)＋宾语(代表可以运动的人和事物)。哈语用趋向动词加助动词作谓语对应表达。如：

(15) 他家里来了一位客人。(来＋了)

    onəŋ yjine bɪr qonaq kelɪp qaldə.

    他的 家 一个 客人 来

(16) 楼上下来一位老人。

    bəjnadan bɪr aqsaqal tysɪp keldɨ.

    从楼上 一个 老人 下来

3. 动作性动词作谓语＋趋向补语＋宾语。哈语用趋向动词作连动的第一谓语或助动词对应表达。如：

(17) 门后窜出一个人，吓了我一跳。(动作动词＋出)

    esɨktɨŋ artəna bɪr adam ʃəʁa kelɪp, selɪk ete tystɨm.

    门的 后面 一个人 出来 来 吓

(18) 学校调来一位主任。

[①] 以下参考崔建新《隐现句的谓语动词》，《语言教学与研究》1987年第2期，第45～47页。

```
           mektepke   bir   meŋgeriwʃini   awstərəp   keldi.
            到学校    一位    把主任          调        来
```
(19) 我们宿舍搬走了一位同学。
```
       ʤataʁəməzdan   bir   oqəwʃə   køʃip   ketti.
         从我们宿舍    一个    学生     搬      走
```
(20) 屋里跑出来了几个人。
```
       bir   neʃe   adam   yjden   ʤygirip   ʃəqtə.
       一些          人    从屋里    跑      出来了
```

第二节 偏误类型

存现句是维、哈语中没有的句型。汉语存现句的主语是处所词语，逻辑主体是宾语；维、哈语则用带位格或从格的处所词作状语，逻辑主体作主语对应表达。

由于维、哈语中一些动词所表示的概念只能与有生命的事物结合，动词的数、人称等都要与主语保持一致，而且表示空间概念的词都不作主语，所以学生按母语的表达习惯，把作汉语存现句主语的处所词，当成地点状语，造成偏误。

偏误一：误加。

误加有两种情况：一是把母语和汉语对应的现象泛化；二是没注意到词语搭配情况的变化，把汉语的一些语法规则泛化。如：

1. 在表示处所的词语前加"在"、"从"等介词。如：

(1) *在窗前摆着花盆。

　　　窗前摆着花盆。
```
       terezeniŋ   aldənda   gyl   qafasə   qojələptə.
         窗的      在前边     花     盆      摆了
```

(2) ＊从他面前走过去几个人。

　　他面前走过去几个人。

　　onəŋ　aldənan　bir　neʃe　adam　øte　ʃəptə.

　　他的　　从前面　　一些　　人　　过　走了

维、哈语名词后加的位格、从格,通常与汉语名词前加"在"、"从"所表示的意义相对应。维、哈族学生初学存现句时往往先用母语思维,然后再译成汉语。母语的处所词后加了位格或从格,译成汉语时,就会在汉语存现句的主语前加"在"、"从"。

2. 误加数量定语。数量词可以作宾语的定语。但是,并不是任何情况都可以有数量词定语的。如：

(3) ＊水管里滴着一些水。

　　水管里滴着水。

(4) ＊房檐上滴着很多雨水。

　　房檐上滴着雨水。

例(3)和例(4)中"滴着一些水"和"滴着很多雨水"之所以不成立,是由动宾关系决定的。存现句在动作状态的持续过程中,存现的主体是不变的。而"滴着"是"滴"的动作在持续的过程中,"水"量在不断增加,处在变化中,所以句子不能成立。

偏误二：误用。

1. 误用助词。存在句动词谓语后一般加"着",隐现句动词谓语后一般加"了"。但在有些情况下,不能加"了",学生常出现"了"、"着"等误用现象。如：

(5) ＊店里还坐了几个人。

　　店里还坐着几个人。

(6) ＊每当这时,他的眼里会滴出了几滴眼泪。

　　每当这时他的眼里会滴出几滴眼泪。

例(5)是静态存在句。这类存现句谓语动词后须带有动态助词"着"。"V着"表示人或事物持续存在的情状。例(5)表示"几个人"仍然持续坐在店里。因此"坐"后应加"着"。学生误认为"坐"是已实现的动作,而没注意到"还"这一表示仍在持续的副词,所以用"了";例(6)是隐现句,表示"眼泪"的出现。一般来说动词后可以加"了",表示的是出现或消失的结果。但因动词前有"会",句子表达的是可能出现而尚未出现的事,因此不能用表示已完成的助词"了"。

2. 误用宾语。存现句的宾语一般为不确指的人或事物。学生有时用确指的宾语。如:

(7) ＊办公室里坐着他。

　　他坐在办公室里。

(8) ＊天空升起了那轮明月。

　　天空升起了一轮明月。

偏误三:误代。

1. 用"有"字句误代"是"字句。

表示存现的"有"字句,存在的主体(宾语)一般为不确指的事物;而表示存在的"是"字句存在的主体一般是确指的事物。维、哈语中没有"是",所以学生不习惯用"是"表达。在维、哈语中"有"是形容词,表示在某地有什么人或事物时,主体可以是确指的,也可以是不确指的。所以常把"是"字句用"有"字主体确指的错句表达。如:

(9) ＊学校的西边有霍英东体育馆。

　　学校的西边是霍英东体育馆。

(10) ＊前边有李家村。

　　　前边是李家村。

2. 用"不"误代"没"。如:

(11) ＊墙上不挂着画儿。

墙上没挂画儿。

(12) *旅游团里不少一个人。

旅游团里一个人也没少。

存现句的否定应在谓语前加"没(没有)"或用没(有)作谓语,不能加"不"。只在谓语前有能愿动词时可以用"不"来否定存在某种状态的可能。如:

(13) 书架上不能堆放杂物。

学生不能区别不同存在句否定词的用法,因此出现偏误。

(14) *屋里能不放下两个大柜。

屋里放不下两个大柜。

偏误四:漏用。

1. 漏用补语。隐现句中有一类谓语部分是"动作性动词+趋向补语"的。

学生有时出现趋向补语漏用的现象。如:

(15) *地面上扬了尘土。

地面上扬起了尘土。

(16) *草原上升了不落的太阳。

草原上升起了不落的太阳。

漏用补语是维、哈族学生常见的偏误。主要原因是他们的母语中没有补语。另外与汉语动词对应的母语词语,其语义有时已包含了汉语"动补结构"的含义,受母语语义的影响,在用汉语表达时常漏用补语。

2. 漏用方位词。维、哈语用名词加位格、从格与汉语充当存现句主语的名词+方位词对应。加在名词后的位格表示"在……上/在……里",从格表示"从……中/从……里"的意义,不需再加方位词。受母语的影响,维、哈族学生常漏用方位词。如:

(17) *屋子挤满了人。

屋子里挤满了人。

(18) *妈妈的嘴角露出欣慰的笑容。

妈妈的嘴角上露出欣慰的笑容。

3. 漏用"是"。汉语"是"作谓语的存现句,存在的主体可以是确指的,也可以是不确指的。由于维、哈语中没有"是",名词可以直接作谓语,所以学生常漏用。如:

(19) *广场上都人。

广场上都是人。

(20) *我的前面阿里。

我的前面是阿里。

偏误五:错序。

汉语存现句是维、哈语所没有的句型,学生在没完全掌握这种句型时常回避。按母语的语序,改换汉语存现句的语序,用存在主体作主语、处所词作状语表达。如:

(21) *许多杂草在旧楼长着。

旧楼前长着许多杂草。

(22) *阵阵掌声从礼堂传出来。

礼堂里传出来阵阵掌声。

偏误六:泛化。

把存现句中一部分可逆句泛化。存现句中有一部分句子的主语和宾语可以互换位置。如:

(23) 大地笼罩着薄雾。——薄雾笼罩着大地。

(24) 监狱逃出了一个犯人。——一个犯人逃出了监狱[①]。

---

① 陈昌来《现代汉语句子》,华东师范大学出版社,2000年11月,第192页。

这种句子的主语和宾语互换后,句子的基本意义不变。这种句子只能是静态的存现句,处所词语不能是方位短语。动态的存现句不可逆,方位短语作主语时不可逆。学生在学习了可逆句后,不顾互换条件,将这种互换关系泛化,造成偏误。如:

(25) 外面吹来了一股凉风。——*一股凉风吹来了外面。
(26) 天上飘着一朵白云。——*一朵白云飘着天上。

造成偏误主要有四个原因:一是母语的干扰;二是将已掌握的不完全的知识泛化,对学习新知识产生干扰;三是学生在学习中采取回避的策略,造成了偏误;四是从教学来说,没有真正突出教学难点。另外,讲解和训练失误也是造成偏误的一个原因。

第三节 教学难点及对策

存现句的教学要抓住以下几个难点:

难点一:掌握"存现句"在句子结构上的特点。

存现句表示"存在、出现、消失"的"存现"意义。但表示"存现"意义的句子并不都是"存现句",还必须看其是否具有存现句的结构特点。如"夏木西丁在图书馆"虽然也表示存在,但在结构上不符合存现句的结构特点,不是存现句。因此学习存现句,必须首先掌握存现句的结构特点。这是存现句教学的重点,也是一个难点。

对策:存现句是维、哈语所没有的句型,所以对于学生来讲,存现句的任何一点语法规则都是新的。教师应把要讲的内容加以排列,根据先易后难的顺序,合理地安排教学。存现句表示存现,这一点学生并不难理解,关键是存现句有哪些类型,有哪些结构上的特点。在教学中应尽量用外在的形式把这些句型的关系表示出来,让学生更好地理解。

难点二:区别存在句和隐现句、静态存在句和动态存在句,特别是区分如何运用。

对策：存在句和隐现句虽然都属于存现句，但它们在语义和动宾搭配关系上有区别。维、哈语也用不同形式与汉语的存现句对应，因此必须讲清以下几点区别：

一是从语义及与助词结合上区分：存在句主要表示存在。大都与事物存在的位置有关，动词后通常加"着"；隐现句主要表示出现和消失。动词后通常加"了"，句子带有叙述性和描写性。

(1) 天山蕴藏着丰富的矿产资源。（*天山里蕴藏了丰富的矿产资源。）

(2) 路上走着一个人。（*路上走了一个人。）

例(1)动词"蕴藏"本身就含有静态持续意义，应该用"着"而不能用"了"；例(2)"走着"表示"走"的动作还在持续，而"走了"表示的是消失。表示消失时应具备事物消失的终结点，"路上"不是一个具体的终结点，所以该句不是隐现句，而是存在句。

二是表示出现和消失的瞬间性动作的动词和趋向动词都不能构成存在句。而这些动词可以构成隐现句。如：

(3) 头顶上传来了隆隆的雷声。（*头顶上传来着隆隆的雷声。）

(4) 村里死了几匹马。（*村里死着几匹马。）

(5) 班上来了一位女同学。（*班上来着一位女同学。）

例(3)"传来"、例(4)"死"和例(5)的"来"都是非持续性动作。这些动作瞬间出现或消失，不会持续存在，因此不能构成存在句。

难点三：处所词语作存现句的主语时不能在其前加"在"和"从"。处所词作状语时，其前常加"从"、"在"。维、哈语中没有存现句。处所词语作状语时常在处所词语后加表示"从"或"在"等意义的格。受母语的影响，维、哈族学生常在汉语存现句作主语的处所词语前误加"从"、"在"。因此说明在何种情况下要用"从"和"在"，是教学的另一个难点。

对策：句中的谓语不着重说明人的动作和事物的发展变化，而只表示人或事物的存在的状态时,句首的处所词一般不加"在、从"。反之,当动作着重说明人的行为动作,处所词又不在句首,而在动词前时,处所词要加"在、从"作状语。如:

(6) 院子里长了一些杂草。

(7) 他从门缝里塞进一个纸条来。

例(6)着重说明"杂草"的存在,所以不需在"院子"前加"在"。而例(7)中动词着重说明了"他"的动作行为,"从门缝"是状语,所以需加"从"。

难点四:汉语表示存现时,有时用"有"字句、"是"字句。维、哈族学生在表示存现时,常不知什么时候用"有"字句,什么时候用"是"字句。因此用"有"字句和"是"字句表示存现,也是教学的难点。

对策:在讲解二者的区别时,应着重从宾语是否确指来区分。"有"字句、"是"字句有许多意思。"有"、"是"都可以作存在句的谓语动词,而不能作隐现句的谓语。"有"表示存在时,宾语是不确指的。"是"的宾语有的是确指的,有的是不确指的。如:

(8) 天上有一颗星,地上有一个人。

不强调存在状态时,还可以省略为"天上一颗星,地上一个人"。而隐现句的谓语是不能省略的。如:

(9) *眼前妈妈的笑脸。

　　　眼前浮现出妈妈的笑脸。

句中的"浮现"是不能省略的。

(10) 图书馆的前面有一个小花园。

(11) 图书馆的前面是一个小花园。

(12) 图书馆的前面是晓月花园。(*图书馆的前面有晓月花园。)

例(10)、例(11)的宾语都是不确指的,例(12)宾语是确指的。

难点五:教师应当清楚学生会受哪些因素的干扰,怎样干扰的,出现哪些偏误等等,做到心中有数。这些偏误固然是教学的重点,但并不都是教学的难点。只有对偏误进行科学的分析,从理论上认识偏误产生的规律,才能做出正确的判断,采取有针对性的教学方法。因此讲授存现句采取什么教学法也是教学的难点。

对策:可采用演绎法。先讲存现句的定义、分类、结构规则,然后再举例。特别要讲清制约存现句的条件,何时可用,何时不可用。否则学生就会盲目类推,出现偏误。在讲解前教师先要确定难易顺序。难易顺序很难一次找准。

讲授时难点要分散。存现句是维、哈语中所没有的句型。刚开始学时,学生会感到很陌生,而且还会不自觉地受母语的干扰。如果把所有的难点集中起来讲,学生会感到难以掌握,教师也很难逐项安排练习。上面所列举的第一个难点是首先要讲的。第四个难点要放在后面讲。先教存现句的概念以及两种存现句在结构上的不同,等学生掌握了这些形式后,再讲谓语用"有"、"是"的形式。在讲结构形式和练习时,还应结合学生的偏误,指出处所词前不能加"从"和"在"。至于处所词后加"从、在",要在学生完全掌握了存现句的形式后再讲。

存现句的宾语确指与否的问题,一开始不必讲,可采取归纳法,让学生反复练习后从他们练习的句中归纳出宾语确指不确指的规律来。学生通过自己造的句子总结规律,有利于掌握这些语法点。如果老师在讲存现句的概念时就把宾语的问题全都提出来的话,学生就会在宾语的确指不确指的问题上打转转,会影响学生掌握必要的概念。

要遵从循序渐进、螺旋式上升的原则。要把存现句的难点分解为若干个小点,根据需要和常用程度进行排序,由简到繁,由易到难,循序渐进。每讲一个新内容时,都要联系讲过的有关内容,使讲过的内容重复再现,再在此基础上讲新内容,使学生理解各项内容之间的联系,从而使知识水平螺旋式上升。如先讲存在句的构成,再讲静态存在句和动态存在句。在讲静态存在句、动态存在句时先把存在句的构成再强调一下,使学生"温故",然后再加入新内容,从而达到"知新"的效果。"温故"是为"知新"铺垫,由"故"引入"新",而不是简单的重复。因此教师还应当掌握"温故"的内容和时间,否则会使学生感到乏味。

练习不要过度形式化,要在交际中练习。维、哈语有丰富的形态变化,学生在学习汉语时总希望能从汉语中找到与母语对应的形式。我们提倡尽量把汉语一些隐性的语法关系显化,正是适应了学生这种学习策略。但这只是为了理解,不能进行过度形式化的练习。因为练习过度形式化,会使学生把所学的内容简单化、公式化,不顾场合,用公式大量、生硬地套用,必然会产生偏误。教材一般会在讲一个句型时,配合一篇短文。教师要通过连贯的话语来讲解句型,让学生通过模仿、重复、变换、问答、会话等活动进行练习。但这还不是交际性练习。教师要注意设计一些真实的交际语境,让学生在语境中自然地运用。虽然在语境中出现的存现句可能没有造句、替换练习的句子多,但是这些句子比起用来论证规则的、互不关联的句子来会自然些、生动些。学生了解了运用存现句的语境,不仅不会削弱对概念的理解,相反,会自觉地把对概念的理解,转化为交际技能。

第八章　连动句

汉语的连动句是由两个或两个以上连动短语作谓语构成的句子。它的基本句型是"$SV_1(O_1)V_2(O_2)$"。连动句能表示丰富的语义，所以被人们大量使用。在对维、哈族学生的汉语教学中，连动句是教学难点之一。维、哈族学生往往套用母语的复句或单句形式来表达汉语的连动句。如"*我为了找他来了学校（我来学校找他）"，"*他去工厂开车去（他开车去工厂）"，"*我去二道桥不买东西（我不去二道桥买东西）"等等。

由此看来，维、哈族学生对连动句究竟表达什么样的语义内容，以及通过何种表达方式来表达这些语义内容等都不甚了解，容易出现偏误。本章试图通过偏误分析，寻求连动句教学的难点并提出相应的教学对策。

第一节　对应表达

本节以维语为例说明汉语连动句在维语中的对应表达。

1. 汉语的连动结构在维语中一般用状中结构对应。状语一般是在动词词根后加"-P"副动词形式表达。如：

（1）她把药籽和冰糖放在一起捣碎拌匀。

　　　u tɛrtɛz bilɛn nawatni soqup arilaʃturdi.

　　　她　药籽　和　　冰糖　　捣碎　拌匀

(2) 父亲收起餐巾回去了。

  dadam　dastχanni　jiʁiʃturup　qajtip　kɛtti.

  父亲　　餐巾　　　收起　　　回去了

  例(1)中的"捣碎"与"拌匀"在汉语句中都担当谓语,共同构成连动结构。维语中则在"soqu-(捣碎)"后加"-P"副动词与"arilaʃtur-(拌匀)"构成状中结构对应表达。其中"soqup"充当状语,"arilaʃturdi"充当谓语。例(2)中的"收起"与"回去"在汉语句中都担当谓语,共同构成连动结构。维语中则在"jiʁiʃtur-(收起)"后加"-P"副动词与"qajtip kɛt-(回去)"构成状中结构对应表达。其中"jiʁiʃturup"充当状语,"qajtip kɛtti"充当谓语。

  2. 汉语连动结构的后一动词为前一动词的行为目的时,维语也用状中结构对应。状语多数用状态副动词或动名词加"ytʃyn"的形式,或名词加向格的形式表示。如:

(3) 他转过身来看我。

  u　maŋa　burulup　qaridi.

  他　我　　转　　　看

(4) 他也上夜校学习外语了。

  umu tʃɛtɛl tili øginiʃ ytʃyn kɛtʃlik kursqa qatnaʃti.

  他也　外语　　学习　为了　夜　校　　参加

  3. 汉语连动句中前后两个动词有因果关系时,汉语表原因的动词相当于维语的副动词(状态副动词或原因副动词)或由"ytʃyn"构成的后置词短语作状语。如:

(5) 羊遇到可怕的暴风雪冻死了。

  qoj　dehʃɛtlik　ʃiwirʁanʁa　utʃrap　toŋlap　øldi.

  羊　可怕的　　暴风雪　　　遇到　　冻　死了

(6) 大家听了这个消息很高兴。

　　　køptʃilik bu hɛwerni aŋlap nahajiti huʃ boldi.
　　　大家　　　　这个　消息　　听　　　很　　高兴

4. 汉语连动句中前一动词如果是后一动词的方式或情态时，一般也相当于维语的状中短语。其表达形式是将汉语前一动词译作副动词短语，后一动词作全句谓语。如：

(7) 我们应该手拉手返回去。

　　　biz øzara qol tutuʃup arqimizʁa qajtiʃmiz kerɛk.
　　　我们　互相　手　　拉　　　　后　　　　回去　　　应该

(8) 我们这时只得牵着马步行了。

　　　ɛmdi atlarni jetilɛp pijadɛ meŋiʃimizʁa toʁra kelidu.
　　　这时　　马　　　牵　　　步　　　　行　　　　只得

5. 汉语连动句中前一动词表示后一动词的工具或凭据时，前一动词在维语中对应后置词短语或带时位格的名词状语。如：

(9) 他坐车走了。

　　　u aptobusta (aptobus bilɛn) kɛtti.
　　　他　坐车　　　　（坐车）　　　走了

(10) 我乘飞机去喀什。

　　　mɛn ajropilan bilɛn qɛʃqɛrgɛ barimɛn.
　　　我　　飞机　　　乘　　　喀什　　　去

6. 汉语连动句中前一动词是"有、没有"时，此连动短语的"有、没有"一般相当于维语的谓语，汉语句子的主语维语用作定语，宾语用作主语中心语，另一动词视情形可对应状语或定语。如：

(11) 我们有信心完成任务。

　　　bizniŋ wezipini orunlaʃqa iʃɛntʃimiz bar.
　　　我们的　　任务　　　完成　　　信心　　　有

(12) 他没什么话可讲了。
　　　uniŋ　digydεk　søzi　qalmidi.
　　　他的　说的　话　没有

7. 汉语连动句中如果重复使用一个动词，一般是前一动词带宾语，后一动词带补语。在对应的维语句中，汉语前一个动宾结构对应维语带宾语的副动词形式，而汉语后一个动词在维语中省略，汉语的补语对应维语全句的谓语。汉语的补语也可对应维语句的状语，其中的动词对应维语全句的谓语，省去 个动词。如：

(13) 他干活干累了。
　　　u　iʃ　qilip(iʃlεp)　herip　kεtti.
　　　他　活　干　　　　　累

(14) 他讲俄语讲得流利。
　　　u　rustʃini　rawan　søzlεjdu.
　　　他　俄语　流利　讲

8. 汉语连动句中的两个动词如果意义相近，用维语表达时，有时省略其中一个动词，而有时则全部译出。如：

(15) 他拉着我的手不放。
　　　u　qolumni　tutup　qojup　bεrmidi.
　　　他　手　拉　放　不

(16) 我学会了汉语以后还当了教员教别人。
　　　mεn hεnzutʃini yginip bolup jεnε baʃqilarʁimu ygεttim.
　　　我　汉语　学　又　别人　教

9. 汉语连动句中连动短语有时同维语的复句相对应。如：

(17) 警察们将他们投入监狱秘密杀害。
　　　saqtʃilar ularni turmigε taʃlap, joʃuruntʃε øltyriwεtti.
　　　警察　他们　监狱　投入　秘密　杀害

（18）他迅速站起来拽着骆驼就走。

　　　u ornidin ʁippidɛ turdi-dɛ, tøgilɛrni jetilɛp jyryp kɛtti.
　　　他　位子　迅速　　起来　　骆驼　　扯　　走

10. 汉语连动句中动形类连谓短语有的相当于维语的"副动·动"类状中短语。如：

（19）出去凉快凉快。

　　　sirtqa tʃiqip salqindimaq.
　　　外面　　去　　凉快

11. 汉语连动句中前一动词表示肯定的意思，后一动词表示否定的意思，从正反两个方面陈述一个事实时，对应的维语句根据其动作的先后，可用"P"副动词形式将一个动作译为表示另一动作状态的状语。如：

（20）同学们坐着不动。

　　　sawaqdaʃlar midirlimaj ɖim olturdi.
　　　同学们　　　不动　　　安静　坐

（21）妈妈知道这事不告诉我。

　　　apam bu iʃni bilip turup maŋa ɛjtmidi.
　　　妈妈　这　事　知道　　　　我　不告诉

第二节　偏误类型

从汉语连动句的表层形式在维语中的对应表达，可以看出汉语连动句的语义内容是极其复杂的。这就使得维、哈族学生掌握起来有一定的困难，容易产生偏误。

偏误一：错序

连动句的基本句型是"$SV_1(O_1)V_2(O_2)$"。维族学生常把"O_2"提到"V_2"之前或把"$V_2(O_2)$"提到"$V_1(O_1)$"之前。

1. "O_2"提到"V_2"之前。

(1) *他每天来我帮助。

　　他每天来帮助我。

(2) *妈妈把妹妹早上送晚上接。

　　妈妈把妹妹早上送出去晚上接回来。

　　或:妈妈早上送晚上接妹妹。

造成例(1)这种偏误的原因是维、哈族学生受母语思维方式的影响。在母语中由于宾语是出现在谓语动词之前,结果学生使用汉语连动句时就套用维语的句法格式,把动词置于句末,把宾语"我"放在动词前,说成"*他每天来我帮助"。例(2)是因为有的学生片面理解"把"字句的用法,误以为汉语的宾语都可用"把"提前,忽略了汉语"把"字句中的谓语中心一般不能是一个光杆动词,"把"字句中的动词必须形成某种结构(广义的结构包括动词加时态助词、动词重叠式)这样一条重要的句法规则。上述动词"送""接"后须得分别带上"出去"、"回来",句子才成立;或者不用"把"字句,而是把第二个动词的宾语置于句末。

2. "$V_2(O_2)$"提前到"$V_1(O_1)$"之前。

(3) *同学们为了吃饭而回家了。

　　同学们回家吃饭了。

(4) *他去吐鲁番不坐火车。

　　他不坐火车去吐鲁番。

这一类型的错误主要是学生不明确连动句式的语义重心造成的。汉语连动式中两个动词的语义关系并不是并列的,"V_2"是语义重心,"V_1"只是伴随的状态或动作,用于描述。所以,汉语连动句中表示连续发出的几个动作,不能随意调换位置。在例(3)表示目的的连动句中,表示目的的动词词组应在后面,无须用"为"字标明,"为……而"是复句的标志。在表示方式的连动句例(4)中,前一动作行为是后一动作行为的方式、手段,也就是表示方式的动词词组在前面。少数民族学生因为不清楚汉语的语序有严格的限制并表达不同的语义,再加上维语有严格的形态变化,语序并不占据十分重要的地位等因素,因此产生了上述偏误。

在教学中,应提醒学生特别注意汉语连动句的否定式,即否定词位置的变化会影响句子的意义。如"同学们回家不吃饭了",强调的是在别的地方已吃过饭了,而"同学们不回家吃饭了"则强调的是到别的地方吃饭。

偏误二:漏用。

维、哈族学生习惯于母语的表达方式"SOV",因而在该用汉语连动句表达时往往缺少"V_2"或缺少"$V_2(O_2)$"。

1. 缺少"V_2"。

(5) ＊他打电话警察。

　　他打电话叫警察。

(6) ＊过年了,值班员也有饺子?

　　过年了,值班员也有饺子吃?

汉语连动句至少要有两个动词,这两个偏误句都缺少动词 V_2。例(5)中名词"电话"与"警察"之间的关系需要动词来连接,第二个动词词组只有宾语,缺少动词,句型不完整。例(6)是"有"字句,往往表示有条件、能力和动作的关系,由于也缺少动词"V_2",造成语义内容的缺失。

2. 缺少"V_2O_2"。

(7) ＊他常来我家里。

　　他常来我家里玩游戏。

(8) ＊今天不放假,你们怎么不去学校?

　　今天不放假,你们怎么不去学校上课?

在维语句法结构中,每个句子只允许出现一个变化动词作谓语,也就是一句话只有一个谓语中心。而汉语连动句中有几个动词一般也就有几个谓语中心。以上述两例为例,由于维族学生习惯于使用母语的句法结构形式进行表达,因此在使用表目的的汉语连动句时,经常遗漏表目的的动宾词组 $V_2(O_2)$ "玩游戏"和"上课"。

偏误三:误代。

1. "V_1"有误。

(9) *我每天用自行车上班。

我每天骑自行车上班。

(10) *你们在会议上讨论他的问题吗?

你们开会讨论他的问题吗?

上述表示目的的连动句中第一个谓语动词 V_1 有误,V_1 应表示 V_2 的方式。而"用自行车"表示工具,"在会议上"表示地点。再如:

(11) *他笑地看着我。

他微笑着看我。

(12) *妈妈看了我给我说。

妈妈看着我说。

这两个偏误句中前一动词应是后一动词的方式或情态,应在第一个动词"笑"后加"着"。维、哈族学生受母语影响往往在前一动词后加"地",误用状语形式来替代谓语动词,或在前一动词后误加动态助词"了",从而造成两例偏误句。

2. "V_2"有误。

(13) *地球每天绕太阳圈。

地球每天绕太阳转。

这个偏误句中只有一个动词词组"绕太阳",而"圈"是个名词。连动句中至少要有两个动词,"绕太阳"应是"V_2""转"的方式。

偏误四：分解句子。

(14) ＊他不能马上回来,在开会。

他在开会不能马上回来。

(15) ＊我们班的同学和班主任也来了,看了我。

我们班的同学和班主任也来看我了。

(16) ＊妈妈带我去动物园,动物园里玩了。

妈妈带我去动物园玩了。

(17) ＊小马从马上摔倒了,手受伤了。

小马骑马摔伤了手。

连动句的特点之一是句式简短、结构紧凑,表达简洁、精练。构成谓语的几个动词或动词短语之间不能有明显的语音停顿,书面上不能用逗号隔开,也不能加入关联词语。维、哈族学生由于不熟悉连动句的句法特点以及缺乏书面表达能力,因此经常采用分解句子的方式,或使用逗号,或用关联词语,造成结构松散,表达不够简洁、精练的偏误。

偏误五：套用一般句式。

(18) ＊没有来时间。

没有时间来。

(19) ＊现在的女人都有上学了。

现在的女人都有学上了。

这两个偏误句明显地受到母语的影响。汉语带"有"字的连动句表示有机会、时间或能力等去做某事,而维语用一个动词"bar(有)/joq(没有)"作句子的谓语。维、哈族学生受此影响,直接套用母语格式造出偏误句。

偏误六：误加关联词语。

(20) ＊他每天一大早出去就很晚回来。

他每天一大早出去很晚才回来。

连动句句式简短、结构紧凑,句中不能加入关联词语。例(20)因误加关联词语"就"而成为偏误句。

第三节 教学难点及对策

汉语因为没有形态标记,动词往往是连续铺排的形式,因而一个单句往往有几个无形态变化的动词作谓语。维、哈语每个单句中一般只有一个带人称的动词,这个动词就是句子的谓语。句中如果有其他动词,一般情况下,都不用人称变化的形式,而用副动词形式来表示,尽管它们和句子的主语有直接的关系。也就是说,虽然维、哈语动词的形态变化很丰富,单句一般只有一个动词谓语中心,凭借形态标记就可以确定它。由此来看,对于没有汉语语感的维、哈族学生来说,要想掌握好连动句是有一定困难的。以下针对维、哈族学生学习汉语连动句的难点谈几条对策。

难点一:对连动句的特点缺乏明确认识。

从偏误分析可以看出,维、哈族学生由于对汉语连动句这种特殊句式的语法特征认识不够,经常造出一些不合规范的连动句。要帮助学生造出正确的连动句,首先要让学生明确汉语连动句的句法规则和特点。

对策:要讲清连动句中动词和动词性短语连用构成的连动短语具有以下限制:

1. 连动句中每个动词结构都可以和同一主语分别构成主谓短语。主语跟连动短语之间的关系可以是施事跟动作的关系,也可以是受事跟动作的关系,还可以既作受事又作施事。如:

(1)我们下课去图书馆。(主语表施事)

(2)米饭已做好送去了。(主语表受事)

（3）玉山坐车被偷了钱。（主语既表施事又表受事）

2. 连用的动词或动词性短语之间不能有语音停顿，书面上不能用逗号隔开。如"他走上船,向我们招了招手,坐了下来"就不是连动句,而是连贯复句,用逗号隔开的一般是联合短语。

3. 连用的动词或动词性短语之间没有关联词语,也没有分句间的逻辑关系,否则是紧缩句。如：

（4）他端起酒就往嘴里灌。

（5）你有想法为什么不说呢？

上述两句就是紧缩句。

4. 连用的动词除了"来""去"以外,通常是动词的复杂形式,有的带宾语、补语,有的带"着、了、过",有的重叠。总之不能是光杆动词。

5. "V_1"和"V_2"有一定的特点。

关于"V_1"：能出现在"V_1"位置上的动词或动词短语的类别并不多。

第一种,V_1位置上是动宾短语的。如：

（6）我们乘汽车到南京路。

（7）小狗看见我跑了过来。

第二种,V_1位置上是动补短语的。如：

（8）飞机转了一圈向北飞走了。

（9）我站在池边观赏金鱼。

第三种,V_1位置上是单个动词的。

"V_1"位置上是单个动词的情况比较少,主要局限于"来""去"以及由"来""去"组成的复合趋向动词"起来""上来""上去""进来""进去""下去""下来""出来""出去""回来""回去""过来""过去"等有限的几个。如：

（10）你去找他吧。

(11) 我来办这件事。

(12) 他过去鞠躬。

(13) 他进来坐下。

第四种,"V_1"位置上是"动词+着"的。如:

(14) 爷爷说着长叹了一口气。

(15) 火车呼啸着冲进了隧道。

第五种,"V_1"位置上是动词的重叠式的。如:

(16) 我们先研究研究再决定。

(17) 老马笑了笑指着他的老伴。

关于"V_2":一般的动词性词语都能出现在"V_2"的位置上。

"V_2"位置上是单个动词的。如:

(18) 他看着我笑了。

(19) 我低下头检查。

"V_2"位置上是动词短语的。如:

(20) 旅客们坐在车厢里谈天打牌。

(21) 那只鸟受惊飞走了。

连动句是汉语中常见的句式,也是初级水平的维、哈族学生出错率较高的一类。为了能让学生熟练运用这一句型,我们认为在针对初级水平的少数民族学生的连动句教学中,应注意将连动句的几个类型以简单明了的形式告诉学生,并解释清楚其应用语境,帮助学生建立起形象思维。教师也可以按先简后繁、先易后难的学习顺序安排教学,分几次讲解。同时注意讲过的内容要适当地重复出现,在多次重复中加入新的内容,使学生的认识不断深化,切忌"满堂灌"和"填鸭式"的教学。

难点二:怎样理解连用的动词或动词性短语之间的语义关系。

维、哈族学生对汉语缺乏语感,在讲解连动句中动词或动词性短语之间的语义关系时,会感到茫然不适。

对策：要讲明连动句中各动词或动词性短语之间的语义关系是较为复杂的，一般有以下几种情况：

1. 各动词或动词性短语之间表示先后连续的几个动作行为，如"他跑过来跟我说话"。

2. 各动词或动词性短语之间不但有先后关系，而且后一动作行为是前一动作行为的目的。通常情况是用趋向动词"来""去"作"V_1"，"V_2"表示"来""去"的目的，如"我去买菜"，"他来看望老张"。

3. 各动词或动词性短语之间虽然没有先后关系，但前一动作行为是后一动作行为的手段，后一动作行为是前一动作行为的目的，如"妈妈提着菜篮子挖野菜"。

4. 各动词或动词性短语之间既没有先后关系，也没有目的关系，前一动作行为只是后一动作行为的方式、手段，如"他瞪大眼睛往上看"。

5. 前后两个动作从正反两方面陈述同一动作行为，有相互补充、相互说明的关系，如"他闭着嘴一句话也不说"。

6. 在前后两个动词或动词性短语中，前一个动词是"有"，往往表示有条件、能力和动作的关系，如"我没有钱买手提电脑"。

7. 各动词或动词性短语中如果有"来"或"去"，当"来"或"去"前置时，表示目的的在后；当"来"或"去"后置时，表示目的的在前，如"他们来（去）看电影了"或"他们看电影来（去）了"。

8. 两动词表示动作或事件之间有因果关系，一般是前一动作表示原因，后一动作表示结果，如"小李发烧没来上课"。

教师应反复强调在生活中被人们大量使用的连动句形式简练、灵活，可表示丰富的语义关系。在教学中也不妨多设计一些谈话的语境，让学生在看得见、摸得着的具体情景中学习，逐步达到熟练的程度。让学生模仿造句也是一种可采用的操练方法，但要做到适可而止，不要因学生长时间思考影响课堂教学的进度。教师还可让学生做"完形"练习,即一方面让学生了解语境设计,一方面还要在学生用连动句表达时,给他们一些提示,如:给定一些词语、给出半个句子或语段,或给出诸如"我有能力,我参加比赛"这样分解的单句等,启发学生用连动句式自己表达。这样做能够激发学生的学习兴趣,调动学习的积极性,从而使他们较快地掌握连动句的语法结构、语义内涵和语法规则。

难点三:难以判别连动句与形式上很相似的非连动句,错用非连动句表达连动关系。

对策:教师除了讲解其区别外,还要有目的地做一些连动句与形式上很相似的非连动句的对比分析。如:

1. 连动句有别于并列结构作谓语的动词谓语句。如:

(22)天天上街 买菜。

(23)天天读书 写字。

乍看起来,例(22)和例(23)好像都是连动句,其实不然。例(22)是连动句,例(23)却是并列结构作谓语的动词谓语。鉴别方法是:一是看能否调换位置,能调换而基本意思不变的是并列结构作谓语句;不能调换或调换之后意思变了的是连动句。二是看有无或能否加表示并列关系的关联词语("和"、"又"、"并且"、"而"等)。凡是有或能加表示并列关系的关联词语的是联合结构作谓语,反之就是连动句。

2. 连动句有别于承接复句。例如:

(24)你回家放下书包来我这儿玩儿。

(25)他蹲下身子,背起那姑娘,一只手提起小皮箱,急步朝街中心走去。

例(24)是连动句,而例(25)却是承接复句。鉴别方法是:连动项之间在语音上没有很明显的停顿,书面上不能用逗号隔开,否则是承接复句。

在分析归纳过连动句的特征以及介绍了鉴别连动句与形式上近似的非连动句的方法之后,教师可趁热打铁,通过课堂练习来了解学生对连动句相关知识的理解和掌握情况。还可以出示事先制作的卡片,让学生判断卡片上的句子是否是连动句,并说明理由。学生回答完毕后,教师进行评改。

难点四:需要注意的几个问题。

1. 否定词、能愿动词、副词一般放在第一个动词前面。例如:

(26) *小王躺着愿意看报。

　　 小王愿意躺着看报。

(27) *我去商店没买东西。

　　 我没去商店买东西。

2. "了"、"过"一般要放在后一个动词的后面;"着"可以放在第一个动词后面,表示伴随动作。例如:

(28) *我唱歌看着报。

　　 我唱着歌看报。

(29) *买买提去那个医院看病过。

　　 买买提去那个医院看过病。

3. 连动句套兼语句时,如果第一个动词后面是个有数量成分的宾语,这时候"了"要放在第一个动词后面。例如:

(30) *我打一个电话叫了妹妹来。

　　 我打了一个电话叫妹妹来。

4. 明确给出"有/没有 OV_2"这一格式,并解释其语义,让学生对此有明确的概念。如说明"有很多机会来中国"和"有很多来中国的机会"的区别:前者强调"有机会可以做什么",而后者强调"有什么样的机会"。

对策:教师应把课下搜集到的学生使用连动句时具有代表性的偏

误句罗列出来,课堂上引导学生一起纠错,以提高使用连动句的正确率。或根据偏误的具体情况采取灵活的纠错原则,对那些常用连动句的错误表达,应及时认真地给予纠正,绝不姑息和迁就。而对一些使用频率不高、表达欠妥的难点偏误句,暂时可以忽略不计,但是随着学生语言能力的发展和语言水平的提高,有必要利用恰当的时机专门进行纠错,教会学生正确使用连动句的方法。

第九章 兼语句

汉语的兼语句是兼语短语充当谓语或独立成句的主谓句。兼语句中的兼语短语一般用"$V_1 N_1 V_2$"表示。兼语句是现代汉语的特殊句式，可以通过比较灵活的方式表达比较复杂的内容。维、哈语中因为没有兼语句，并且维、哈族学生接受和理解兼语句的结构和语义关系有一定的难度，因而学生容易造出诸如"学校他出去进修"、"买买提有'先生'这个外号"、"老师叫我办公室"等这样的偏误句。本章分析兼语句的教学难点并提出相应的对策。

第一节 对应表达

汉语兼语句中的兼语短语在维、哈语中主要用动宾结构表示（维语的宾语在动词前，如果按顺序来说，应该是宾动结构），也有一部分用主谓结构表示。汉语的兼语在维、哈语中常用宾语或状语表示，有时也用主语表示。下面以维语为例，按兼语句的具体类别分析维语的对应表达。

一、"使令"类兼语句

表示使令意义的兼语句是典型的兼语句，占兼语句的绝大多数。"使令"类兼语句的前一动词有使令意义，能引起一定的结果，常见的动词有"请、使、叫、让、派、催、逼、求、托、命令、动员、促使、发动、组织、鼓励、号召、禁止"等。这些表示使令意义的动词有的只有使令意义,如"使、让",至于使令意义的产生从动词本身则无法看出,所以这类兼语句的主语多数指事件,即使是名词性词语,即指称,也隐含了陈述。与"使令"类兼语句对应的维语的表达方式主要有以下六种:

1. 兼语句第一个谓语是"使、叫、令、让"等动词,第二个谓语也是动词时,维语则只用一个使动态动词或复合动词充当谓语,兼语用直接宾语或状语来表示。如:

(1) 我们叫他起床了。

   biz uni ornidin turʁuzuwettuq.

   我们 他 从床上 使起

(2) 王老师让我背诵了课文。

   waŋ muɛllim maŋa tekistni jadqa alʁuzdi.

   王 老师 我 课文 让背诵

2. 当兼语句第一个谓语是"使、叫、令、让"等动词,前面有助动词"要、应该",并且第二个谓语带有宾语时,维语则用复合式谓语(动宾式)表示。复合式谓语由未来式形动词、动名词"qiliʃ"再加特殊形容词"kɛrɛk/lazim"表示。如:

(3) 我们要让大家关心这个问题。

   biz køptʃilikni bu mɛsilige køŋyl bølidiʁan qiliʃimiz lazim.

   我们 大家 这 问题 让关心 应该

(4) 要让同学们懂得休息是无用的。

   sawaqdaʃlarʁa dɛm eliʃniŋ karʁa kɛlmɛjdiʁanliqini tʃyʃɛndyryʃ

   同学们 休息的 无用 使懂得

   lazim.

   应该

3. 当兼语句第一个谓语是"使"、"让"等动词,第二个谓语是表示心理活动或带感情色彩的动词时,维语是通过由相对应的第二个动词构成的一个使动态动词或复合动词谓语表示。即:宾语——使动(或复合动词)。如:

(5) 这件事真让人高兴。

bu iʃ kiʃni bɛkmu χoʃallandurdi.

这件事 人 非常 让高兴

(6) 不好的成绩使他心里忧愁。

tøwen netidʒe uni ʁɛm-ʁussɛ qiliwetti.

不好 成绩 他 忧愁 使

4. 当兼语句第一个谓语是"使"等动词,第二个谓语是形容词时,维语中仍用一个使动语态的动词来表示。如:

(7) 骄傲使人落后。

tɛkɛbburluq kiʃni arqiʁa janduridu.

骄傲 人 落后 使

(8) 挫折使我们聪明起来。

oŋuʃsizliqlar bizni parasetlik qildi.

挫折 我们 使聪明

5. "请、叫、让"在兼语句中有时并不表示"使令"意义,而表示"提示"或"强调"等意义。这时,维语常用主谓句表示,谓语又常以表愿动词或命令动词为中心的复合谓语表示。如:

(9) 请你休息一会。

siz bir az dɛm eliŋ.

你 一会儿 休息

(10) 让我们高举他们的旗帜。

biz ularniŋ bajriqini igiz køtirejli.

我们 他们的 旗帜 高 举

6. 汉语兼语句中的第一个谓语是"让(要)、叫"等,维语也常用动词"jol qojmaq, dimɛk, tɛlɛp qilmaq"等表示。如:

(11) 他叫我们提意见。

　　　u　bizni　pikir　beriŋlar　dɛwatidu.

　　　他　我们　意见　　给　　　说

(12) 领导让我们三天完成任务。

　　　rɛʁberlik bizdin bu wɛzipini ytʃ kyndɛ orunlaʃni tɛlɛp qildi.

　　　领导　我们　这　任务　三　天　　完成　　要求

二、"喜怒"类兼语句

"喜怒"类兼语句中表示"喜怒"意义的动词也可构成兼语短语。这类兼语短语的第二个动词实际上表示的是第一个动词"喜怒"的原因,如"喜欢他诚实"即"喜欢他"是因为"他诚实",或者是:因为"他诚实",所以"喜欢他"。表示"喜怒"意义的动词主要有"喜欢、羡慕、厌恶、佩服、埋怨、钦佩、爱、恨、斥责、感谢、责备"等。汉语"喜怒"类兼语句中的兼语短语"$V_1 N_1 V_2$"在维语中的表现形式是"$N_1 ni V_2 dɛp V_1$"。如:

(13) 爸爸爱他聪明伶俐。

　　　dadisi uni ɛqilliq zerɛk dɛp jaχʃi køridu.

　　　爸爸　他　聪明　伶俐　　　喜欢

(14) 老师原谅这孩子不懂事。

　　　muɛllim bu balini tɛχi iʃ uqmajdiʁan dɛp ɛpu qildi.

　　　老师　这　孩子　还　事　不懂　　　　原谅

三、"有无"类兼语句

表示领属的"有、没有、无"类动词可构成兼语句。这类动词如果跟上表示人或动物类的名词或代词,并且名词或代词有谓词性后续成分,由这类动词构成的短语就是兼语短语,表示为"$V_1N_1V_2N_2$"。汉语"有无"类兼语句在维语中往往要用主谓式表示。有以下两种情况:

1. "有"一般不译出时,汉语的兼语短语"$V_1N_1V_2N_2$"对应维语的"$N_1N_2V_2$"。如:

(15) 有许多党员思想上没有完全入党。

　　　nurʁun partije ɛzaliri idije dʒɛhɛttin partijige toluq
　　　许多　党员　　思想　方面　　党　　　完全
　　　kirmigen.
　　　没有入

(16) 有女孩参加这种会。

　　　qizlar bundaq jiʁinʁa qatniʃdu.
　　　女孩　这种　　会　　参加

2. 当"有"译出时,汉语兼语"$V_1N_1V_2N_2$"对应维语的"$N_2V_2N_1V_1$"。如:

(17) 有个歌唱家叫王菲。

　　　waŋfei digen bir naχʃitʃi bar.
　　　王菲　叫　一个　歌唱家　有

(18) 他有个外号叫阿凡提。

　　　uniŋ ɛpendi digen lɛqimi bar.
　　　他的　阿凡提　叫　外号　有

四、"给予"类兼语句

"给予"类兼语句由表示"给予"意义的动词构成,后面谓语往往表示前一谓语(给)的目的或结果。这类句子的第一个动词一般是具有"交给"意义的动词,如"给、送、租、拿、倒给"等,并且一般可以带双宾语,如"他送我一本书""我拿他一件衣服"等。给予类兼语句与使令类

兼语句的表示法基本相同,在维语中同样也用状谓式或者主谓式的结构形式。如:

(19) 我送给第二个人看了。

  men ikkintʃi kiʃige oquttum.

  我 第二 人 让看

(20) 他想写给许多人看。

  u nurʁun kiʃler oqusun dǝp jazidu.

  他 许多 人 看   写

第二节 偏误类型

汉语兼语句中的兼语短语"$V_1 N_1 V_2$",不仅结构复杂,而且语义关系和语用功能多样化,这就使维、哈族学生掌握起来有一定的难度,容易出现偏误。我们以维、哈族学生在学习使用汉语兼语句时出现的偏误为例,分类进行分析:

偏误一:漏用。

1. 漏用"V_1"。遗漏"V_1"的情况比较多见。该用兼语句表达的,学生却用一个错误的动词谓语句表达。如:

(1) *学校他出去进修。

  学校让他出去进修。

(2) *那件事人知道。

  那件事有人知道。

维、哈族学生出现这种偏误,主要是受母语句式的影响。他们误以为一句话中只需在句末用一个动词就能完整地表达语义,不知道兼语"他"和"人"前须有动词"V_1",不了解兼语句的特点集中体现在第一个动词"V_1"的语义特征上(一般认为"V_1"致使、引发、导致"V_2"的出现,成为"V_1"的结果或由"V_1"引出某种状态)。因而造成兼语前面的动词"V_1"的遗漏。

2. 漏用"N_1"。即偏误句遗漏兼语,造成句型不完整,语义不连贯。如:

(3) ＊我们条件不允许做警察。

　　我们的条件不允许我做警察。

(4) ＊骄傲使落后。

　　骄傲使人落后。

表示使令意义的"V_1",像"允许"、"使"等作兼语句的第一个动词时,后面必须带有兼语"N_1"作其宾语并作后一动词"V_2"的主语。"使字型"的受使者——兼语可以是人称代词,也可以是主谓短语。出现这种偏误,原因在于维、哈族学生没有掌握兼语短语基本的句法规则和语法功能,不知道兼语"N_1"除了作"V_1"的宾语外还作"V_2"的主语,因此遗漏兼语"N_1"。

3. 漏用"V_2"。如:

(5) ＊老师叫我办公室。

　　老师叫我去办公室。

(6) ＊我要让他们为祖国贡献。

　　我要让他们为祖国作贡献。

上述偏误句中的动词"V_1"只负责管辖兼语,兼语后还必须有动词,作兼语的谓语,来管辖第二个宾语,这样句型才完整。造成偏误的原因是学生受母语句法规则的影响,误以为一句话中只需在句末用一个动词"V_1"就能完整地表达句子的语义内容,因此回避使用表示兼语动作的"V_2"。

4. 漏用"V_1"和"V_2"。如:

(7) ＊我我们班的全体同学我的好朋友。

我让我们班的全体同学成为我的好朋友。

造成这种偏误的主要原因是学生不清楚兼语句中动词的使用特点,不知道在什么位置,该用哪一类的动词来和名词性的词语进行搭配,因而采取放弃用动词"V_1"和"V_2"的策略。

5. 漏用"N_1"和"V_2"。如:

(8) *有他的身边。

　　有人在他的身边。

汉语"有无"类兼语短语的表达式为"$V_1 N_1 V_2 N_2$"。学生不习惯于使用该短语,常常遗漏兼语"N_1"。同时又受母语句法结构之影响,认为句中只需用一个动词"V_1"即可传情达意,因而再次遗漏了"V_2"。

偏误二:错序。

1. "V_2"与"N_2"提前。如:

(9) *办这件事没人。

　　没人办这件事。

(10) *打扫卫生,班长派艾力。

　　班长派艾力打扫卫生。

兼语句中兼语短语"$V_1 N_1 V_2 N_2$"中"V_2"的动作性比"V_1"要强,第一个动词"V_1"应在兼语"N_1"之前,句中具体实施动作的"V_2"应在兼语"N_1"之后。维、哈族学生经常把"V_2"与"N_2"提前至"$V_1 N_1$"之前。

2. "N_2"提前或提前并加"把"。如:

(11) *他有阿凡提的外号。

　　他有个外号叫阿凡提。

(12) *组织上向大家要求把任务三天内完成。

　　组织上要求大家三天内完成任务。

例(11)是因一些学生没有掌握"有"字兼语句格式"有 $N_1 V_2 N_2$",并且受母语影响,按照母语的思维和表达方式进行对译造成的一种偏误。例(12)也是受母语语序的影响,将动词谓语 V_2 放在句末的位置,并把汉语的"把"字与"V_2"的宾语"N_2"结合在一起,共同放在"V_2"的前面,造成语序出现偏误。

3. "N_1"后置。如:

(13) *我们班有叫艾尼瓦尔的人。

　　　我们班有个人叫艾尼瓦尔。

(14) *买买提有"先生"这个外号。

　　　买买提有个外号叫"先生"。

这两个误例同样都源于维、哈族惯用母语思维和表达这个因素。误以为一句话中只需在句末用一个动词,而且直接用维、哈语的模式套用汉语句子。

偏误三:误加。

1. 有很多维、哈族学生因不清楚在一个兼语式疑问句中,"有没有"或"吗"只能用其中的一个,结果造出偏误句。如:

(15) *今天上午有没有人拿来书了吗?

　　　今天上午有人拿来书了吗?

2. 在"N_1"与"V_2"之间加"的"。如:

(16) *你喜欢他的唱歌吗?

　　　你喜欢他唱歌吗?

"喜怒"类兼语句中第二个动词"唱歌"表示的是第一个动词"喜怒"的原因,在兼语与"唱歌"之间不能加"的"。

偏误四:V_1 误用。

(17) *我把你满意。

　　　我让你满意。

兼语动词在语义上的共同特点是含有致使义,兼语句中的第一个动词导致第二个动词的出现。兼语句中第二个动词的施事是兼语,而

"我把你满意"中"把"是介词,不是动词,不能构成兼语句。

第三节　教学难点及对策

兼语句的教学应抓住以下几个难点:

难点一:使用兼语句的条件。

虽然维、哈族学生学习了汉语的兼语句,但是往往不习惯使用,所以他们经常或套用母语的句式,或采用其他方式造出偏误句。究其原因,是学生对兼语句缺乏足够的认识,不知道在什么样的情况下选用什么样的兼语句。

对策:向学生讲清在下面几种情况下应选择使用兼语句。

1. 当表示行为动作不是由主体自己完成而是在主体的请求或强制下,通过他人或物实现时,或者理解为当主语的动作行为加及宾语并使宾语有所行动和变化时,应选择使用"使令"类的兼语句。如:

(1) 工作使他忘掉了一切。

(2) 我让女生擦玻璃,男生扫地。

2. 当表示主体对他人他物所呈性质状态的看法、态度时,应选择使用"喜怒"类兼语句。如:

(3) 我喜欢他吃苦耐劳。

(4) 大家可怜这孩子没有父母。

3. 当表示主体对他人他物赋予名目、身份或称谓时,应选择使用"称呼"类的兼语句。如:

(5) 他称我为美食家。

(6) 我们当她是盲人。

4. 当需要使无定名词也成为陈述的对象时,也就是无定名词也会有作主语的要求时,应选择使用"有无"类兼语句。如:

(7) 有人往下面倒水。

(8) 没有人大声喧哗。

5. 当表示把某物给予某人去处置时,应选择使用"给予"类兼语句。如:

(9) 我(把样品)送给领导看了。

(10) 他已(把邮件)发给许多人浏览了。

从以上五类可以看出,能作兼语句"V_1"的动词是有限的,属于封闭的类别。使令意义动词构成的兼语句是最常见的一种。当然"V_1"对"V_2"也有一定的要求。兼语句式中的动词"V_2"可以是一个谓词(包括动词和形容词)也可以是一个谓词性短语。V_2是什么样的谓词,跟"V_1"也有一定的关系。有三种"V_1"要求的"V_2"比较特殊。第一种是"称呼"义动词构成的兼语句,它的V_2一定是"为""是"等关系动词;第二种是"交给"义动词构成的兼语句,它的"V_2"一般要求是单音节动词或单音节动词的重叠式;第三种是"喜怒"义动词构成的兼语句,它的"V_2"最常见的是形容词或形容词性词语,有时也可以是动词性词语,甚至可以是主谓短语。如:

(11) 他嫌你胆子小。

(12) 妻子责怪我没给孩子喂奶。

"使令"义动词,"有无"义动词构成的兼语句,除了"为"、"是"等表示关系的动词以及形容词性词语、主谓短语外,一般的谓词性词语都可以出现在"V_2"的位置上。又可分为以下几小类:

1. 单个动词作"V_2"。如:

(13) 母亲叫闰土坐。

(14) 他搀着老人走了。

2. 动宾短语作"V_2"。如:

(15) 我打发人接家眷去。

(16) 我求您说几句公道话。

3. 动补短语作"V_2"。如:

(17) 昨天他就派部下来过一次。

(18) 妈妈催我把客厅整理好。

4. 连动短语作"V_2"。如:

(19) 他逼着我出去拉车。

(20) 我们选他参加比赛。

5. 兼语短语作"V_2"。如:

(21) 他派人回去催单位赶快把钱交回来。

(22) 我拜托小王请张老师指导我写年度总结。

难点二:掌握使用兼语句的方法。

人类的语言一方面在深层存在着高度的一致性,因此才有翻译的可能。而另一方面在表层,主要是形式上又存在着相当大的不同,致使翻译成为必要,语法研究也成为必要。第二语言学习者感到困难的往往是不知怎样把民族语与目的语深层相同的语义关系用目的语的表层形式表现出来。因此,怎样使用汉语兼语句式表达成为一个难点。

对策:通过前边对兼语句式的特点及偏误的分析,我们可以看出兼语句中兼语短语有固定的格式"$V_1N_1V_2$"。正确使用兼语句的关键在于兼语短语。一般认为兼语短语是一个述宾短语和一个主谓短语套在一起构成的短语,其中述宾短语的宾语兼主谓短语的主语,即兼语短语里存在一个宾语兼主语的成分。兼语短语的组成包括三部分:动词性词语(V_1)+名词性词语(N_1)+动词性词语(V_2)。其中名词性词语是第一个动词性词语的宾语,同时又是第二个动词性词语的主语。即:

$(V_1+N_1)+(N_1+V_2)$——$V_1N_1V_2$。反过来看,一个兼语短语"$V_1N_1V_2$"要能分解出分解式"$(V_1+N_1)+(N_1+V_2)$"来。这是兼语短语在形式上区别于其他短语的主要标志。

从语义上讲,"$V_1 N_1 V_2$"中"N_1"或是"V_2"的施事,或是"V_2"的系事,或是"V_2"的起事。当兼语句中的行为动作"V_2"不是由主体自己完成,而是在主体的请求或强制下,通过他人或物"N_1"实现,或者理解为当主语的动作行为"V_1"关涉宾语"N_1",并使宾语"N_1"有所行动变化,带出"V_2"时,这类兼语句就由使令类动词构成。而且动词要求三个必有的语义成分:施事、使事、补事。这是使令类动词构成典型的兼语句所具备的语义特征。反映在表层,它们分别充当句子的主语、宾语、补语。与之相比,"喜怒"、"称呼"、"有无"、"给予"类兼语句动词的语义特征也各有不同。

教师可按照由常用到非常用的顺序,依次讲清按语义特征划分出的兼语句的类别。特别是要让学生熟悉兼语句的格式以及各类兼语句中常用的动词。或者在教具体的动词时就告诉学生某类动词的宾语("V"后的动元)必须是主谓短语。也可从学生以往的作文中找出有代表性的兼语句偏误,列在黑板上,让学生自己纠错。在纠错的过程中教师应适当给予指导,并要求学生注意观察、发现和总结兼语句的使用条件及使用方法。教师还可以在课堂上创设相关的语境,诸如告诉班长:"你去拿粉笔。"让学生根据这一语境造出"老师让班长去拿粉笔"的兼语句。也可让一部分学生自己创造语境,其余学生用兼语句表达;或者针对学生使用兼语句遗漏语言成分严重的现象,专门设置一些填空、句型变换题和用指定词语造兼语句的习题进行练习,并对难度较大的兼语句进行语义解释。这些练习有助于学生尽快熟悉和掌握兼语句的用法。

难点三:区别兼语句与其他一些句式的运用。

维、哈族学生在学习使用兼语句时,理解兼语句与其他一些句式的划界有助于对兼语句的掌握。

对策:讲清兼语句与其他一些句式的区分。

1. 兼语句跟主谓短语作宾语的句子的区别:

兼语句跟主谓短语作宾语的句子句型结构很相似,因此要注意区分。辨析一个句子是兼语句还是主谓短语作宾语的句子,首先要全面理解句意,弄清各成分之间在意义上的联系。主谓短语作谓语,是汉语里十分特殊的一种语言现象,其本身很灵活,除了作谓语外,还可作主语、宾语。只有了解其结构,明确其含义,才能更好地运用语言,更准确地表情达意、传递信息。如:

(23) 父亲叫他回来。

(24) 父亲看见他回来了。

这两个句子外在的结构形式相同,即都是名词+动词+代词+动词(语气词),但构成的句式不同,表达的意义也不同。"父亲叫他回来"是兼语句,"父亲看见他回来了"是主谓短语作宾语的句子。区别在于:第一,第一个动词的含义不同。兼语句的第一个动词多含使令意义,或者有上文所谈到的其他类别的动词所表示的意义,而主谓短语作宾语的句子的动词没有这些意义。如"父亲叫他回来"中的"叫"是含有使令意义的动词,常可以带兼语,而"父亲看见他回来了"中的"看见"只是一般性动词,无使令意义,不能带兼语。第二,动词支配的对象不同。兼语的动词支配的是人,不是一件事(人和动作),主谓短语作宾语的句子的动词支配的往往是一件事,不是一个人。如"叫"支配的是"他",而动词"看见"支配的是"他回来了"这件事。第三,停顿处和加状语处不同。兼语句的停顿在兼语后,也就是说,兼语后面可以加上相应的状语,如"父亲叫他回来"或"父亲叫他马上回来";而主谓短语作宾语的句子的停顿和加状语的地方往往在第一个动词后,如"父亲看见他回来了",或"父亲看见早上他回来了"。第四,提问方式不同。兼语句的提问一般要分两步,而主谓短语作宾语的句子的提问只需要一步。如"父亲叫他回来"的提问方式为"父亲叫谁","叫他干什么",而"父亲看见他回来了"的提问方式为"父亲看见什么了"。

2. 兼语句跟双宾语句的区别:

双宾语句是动词谓语句中一个重要的下位句型。双宾句是句中述语动词后边带两个相互之间没有句法结构关系的宾语句子,其格式为:"主语—动词＋宾语$_1$＋宾语$_2$"。如:"我送你一枝玫瑰花",这个句子的述语"送"带了两个宾语"你"和"一枝玫瑰花",这两个宾语之间不存在并列、偏正、同位、主谓等结构关系。一般把靠近述语的宾语叫近宾语或间接宾语,把远离述语的宾语叫远宾语或直接宾语。从语义上看,直接宾语一般是受事,间接宾语是与事。兼语句与双宾句不同,双宾句的两个宾语之间不存在任何结构关系,如:"老师教我一支歌"中"我"跟"一支歌"之间没有结构关系。遇到像"称、叫、封、喊"等"称呼"类动词,因为有两可性,它们既可以构成兼语句,也可以构成双宾语句。如在"司令封他一个旅长"中,"他"和"旅长"之间隐含着判断关系,如果这一隐含的判断通过判断动词"当、为、是"等显性化了,就变成了另一类句式"司令封他当旅长"。从形式上看,前一种句式是双宾句,后一种句式则是兼语句。类似的还有:

(25) 同志们 ‖ 称　他　王总。　　　(双宾语句)
　　　主　　谓 近宾 远宾

(26) 同志们 ‖ 称　他　为　王总。　(兼语句)
　　　主　　谓$_1$ 兼 谓$_2$ 宾

3. 兼语句与连动句的区别:

朱德熙和张斌两位先生将兼语短语和连动短语归为一类,称作是连述短语或连谓短语,因为从结构上看,这两种短语的构造都是"V_1＋N＋V_2$"。但这两种句式还是有区别的,连动句中,连用的动词或动词性词语用一个主语,或者说每个动词结构都可以同一个主语分别构成主谓结构,如"我去图书馆借本书看"一句可分解为"我去图书馆"、"我借本书"、"我看"。而且连动句的各动词性词语之间在语义关系上有先有后,

"V_1"说明"V_2"的动作方式、目的关系、因果关系、互补关系等。如:

(27) 我去图书馆借本书看。(V_1 与 V_2 有先后关系、目的关系)

(28) 他瞪大眼睛往上看。(V_1 是 V_2 的方式)

(29) 他有机会出国。(V_1 与 V_2 有因果关系)

(30) 他俩握着手不放。(V_1 与 V_2 有互补关系)

而兼语句的第二个动词"V_2"的主语是第一个动词"V_1"的宾语,跟一个动词的主语不同。况且兼语句的第一个动词与第二个动词之间在语义上除了有目的、因果关系外,没有其他关系。如:

(31) 学校请王教授作学术报告。("请"是"作"的目的)

4. 兼语句与复句、紧缩句在结构上有着一定的相似之处。但无论怎么相似,兼语句与复句、紧缩句之间还是有很大区别的。首先,就语法事实来看,在汉语语法(无论是古代汉语还是现代汉语)中,客观存在着这两种不同体式的句子——单句和复句。而兼语句是单句中动词谓语句的一种特殊句式。因此,兼语句与复句、紧缩句之间存在着单复句的对立是一种客观存在。其次,复句、紧缩句无论从内部的结构、表述功能、逻辑语义还是关联词语的运用、语音停顿等方面看都与单句有显著的区别。如:

(32) 孩子们都跳下河,奋力向对岸游去,看谁先上岸。

这是个顺承复句,后两个分句的主语承前省略。内部结构明显不同于兼语句,而且还有语音停顿,书面上用逗号表示。如:

(33) 因为下大雨,所以孩子们都迟到了。

这是一个因果复句,句中有关联词语,而且全句是一个复合判断,两个分句各代表一个判断,再如:

(34) 骂死我也不回家。

(35) 打死我也要嫁给他。

上面两个句子虽然也是"V_1 NV_2"序列,但有隐含条件或假设关系,因而是复句的紧缩结构,不是兼语句。

第十章　主谓谓语句

汉语主谓谓语句是指由主谓短语充当谓语的一种句式，用公式"$S_1 S_2 V$"表示。其中"S_1"被称为大主语，"S_2"被称为小主语，主谓短语"$S_2 V$"充当的谓语对全句起描写、叙述、判断和说明的作用。在维、哈语动词作谓语的句子里，动词必须和主语保持人称和数的一致性，这就决定了维、哈语的一个句子中不可能出现两个主语。由此也表明维、哈语中没有同汉语主谓谓语句相对应的句式。维、哈族学生由于受母语影响，理解汉语主谓谓语句存在一定的困难，经常难以准确得体地使用这种句式，难免说出诸如"我家乡很有名苹果"，"这场比赛参加12个女生"之类的偏误句。再加上主谓谓语句内在的语义内容对表层的句法结构有一定的制约作用，而汉语教学多重视句子的结构而忽略句子的语义和语用功能，致使学生搞不清什么时候用"主谓谓语句"，什么时候不能用"主谓谓语句"，进而出现种种乱用混用的偏误现象。本章针对"主谓谓语句"的偏误现象和难点进行描写和分析，并提出相应的对策。

第一节　对应表达

汉语主谓谓语句大小主语之间存在不同的语义结构关系，维语也用不同的形式对应表达。

1. 当汉语主谓谓语句大主语是施事，小主语是受事，全句的语义关系是施事‖受事—动作时，维语也有体现相同语义关系的施事‖受事—动作的主宾谓句与之对应。但维语的受事一定要加宾格形态标记"-ni"。如：

(1) 我抓饭没有做过。($S_1 S_2 V$)

  mɛn poluni ɛtmidim. (SOV)

  我　抓饭　没有做

(2) 小李这本小说看过。($S_1 S_2 V$)

  ʃjawli bu romanni oquʁan. (SOV)

  小李　这本　小说　　看过

可以看出，汉语此类主谓谓语句中的大主语与维语主宾谓中的主语相对应，小主语与维语的宾语相对应。

2. 汉语主谓谓语句大主语是受事，小主语是施事，全句语义关系是受事‖施事—动作时，维语还是用语义关系为施事‖受事—动作的主宾谓句与之对应，维语的受事还是要加宾格形态标记"-ni"。如：

(3) 自行车他骑走了。($S_1 S_2 V$)

  u welispitni minip tʃiqip kɛtti. (SOV)

  他　自行车　　骑　　走了

(4) 你的文章我读过了。($S_1 S_2 V$)

  mɛn maqaliŋizni oqudum. (SOV)

  我　你的文章　读过了

可以看出，汉语此类主谓谓语句中的大主语与维语主宾谓的宾语相对应，小主语与维语的主语相对应。

3. 当汉语的主谓谓语句大主语是领事，小主语是系事，全句语义关系是领事‖系事—性状形容词时，也就是说该主谓谓语句中大小主语在意义上有领属关系，小主语代表的人或事物隶属于大主语，是大主语的一部分时，维语则用大主语作小主语的定语组成定中结构作句子主语，性状形容词作谓语的形式与之对应，即"大主语＋ni＋小主语＋

性状形容词"。如：

(5) 他思想好。（S₁S₂V）

uniŋ idijisi jaχʃi.（SV）

他的 思想 好

(6) 他学习态度端正。（S₁S₂V）

uniŋ øginiʃ pozitsijisi durus.（SV）

他的 学习 态度 端正

可以看出，汉语此类主谓谓语句中的大主语与小主语构成的定中结构与维语主谓句中的主语相对应。

这种主谓谓语句中，大主语和小主语之间可以停顿，可以加上状语。如"他今天脾气暴躁"。

4. 当汉语主谓谓语句中大主语同谓语中的小主语或谓语中的小宾语是复指关系，并且小主语或小宾语往往是代词时，情况较为复杂。如：

(7) 学汉语，这可不容易。（S₁S₂V）

hanzutʃɛ yginiʃ asan iʃ ɛmɛs.（S₁S₂V）

汉语 学 容易 事 不是

汉语这类句子是主谓谓语句，相对应的维语句子还是主谓句。

(8) 他们谁也看不见谁。

ular bir-birini kørɛlmɛjti.

他们 一个一个 看不见

汉语句中的大主语对应于维语句中的主语，而汉语的小主语也就是主谓短语里复指大主语的代词对应于维语动词的宾语。

(9) 小李和小王哪个都好。

ʃawli bilɛn ʃawwaŋ hɛr ikkisi jaχʃi.

小李 和 小王 每 两个 好

该汉语句中的大主语相当于维语句中的定语,小主语相当于维语句中的主语。

5. 当汉语主谓谓语句的大主语表示小主语所使用的工具,全句语义关系是工具‖施事—动作时,维语用语义关系为施事‖工具—动作的主状谓句与之相互对应,维语表示工具的词后一定要加后置词"bilεn"。如:

(10) 这把刀我切肉。

  mεn bu pitʃaq bilεn gøʃ toʁrajmεn.

  我 这把刀 用 肉 切

(11) 这把铁锹老张挖沟。

  lawdʒaŋ bu gyrtʃεk bilεn eriq tʃapidu.

  老张 这铁锹 用 沟 挖

6. 汉语主谓谓语句的大主语前隐含介词"对于"、"关于"、"对",或者连词"无论"时。如:

(12) 教学管理他内行。

  u oqutuʃ iʃlirini baʃquruʃta kεspi εhli.

  他 教学 事务 管理 内行

该主谓谓语句中的大主语与维语句中带后置词的短语或相应的格对应,而小主语与维语句中主语相对应。

其中大主语是主谓词组叙述的情况所关涉的对象,大主语前往往带有"这、那"一类的词或修饰语,起区别作用。如:

  这个问题研究的人太多了。

  这件事我心里有底。

这类主谓谓语句大主语前还可附加介词"关于"、"对于"等组成介词短语作状语。

7. 有的汉语主谓谓语句小主语是动词性的(包括形容词)或动词

短语。如:

(13) 他说话早。

　　uniŋ tili baldur tʃiqti.
　　他的   话   早早   出来

(14) 他们认识很早。

　　ular heli burunla tonuʃqan.
　　他们   很早   认识

从以上的分析来看,汉语主谓谓语句的大小主语间的语义关系较为复杂,相比而言,维语就略显简单些,一般都采用主谓句 SOV 的结构形式对应表达。

第二节　偏误类型

维、哈族学生在学习使用主谓谓语句时主要出现以下几种偏误:

偏误一:误加。

误加"的"致使大小主语关系不清。

(1) ＊我的家乡的人民很友善。

　　我的家乡人民很友善。

(2) ＊我们干部的群众的关系好的。

　　我们干部群众关系好。

上述两例偏误句显得冗长、拗口、不自然。这是因为维语在动词作谓语的句子里,动词必须和主语保持人称和数的一致性,这就决定了在一个句子中不可能出现两个主语。而汉语主谓谓语句里有两个处于不同层次的、结构类型不同的主语"$S_1 S_2$"。全句的主语(大主语 S_1)与一般的主谓句的主语相比,虽然没有什么很明显的特点,但在语义上,它和主谓谓语句中的小主语"S_2"总有些关系。学生无法理解这些关系,就套用母语的格式,把汉语主谓谓语句中的大小主语用定语标记"的"来合而为一,用一般的主谓句来表达汉语的主谓谓语句。

偏误二:回避。

1. 用重动句代替主谓谓语句。

(3) *阿里亚写字写得很认真。

　　阿里亚写字很认真。

(4) *那只羊吃草吃得多。

　　那只羊吃草多。

学生在还没有完全掌握主谓谓语句的情况下常采取回避的策略。误以为主谓谓语句"$S_1 S_2 V$"中的"V"只能是动词,不能是形容词,因此用了分解的方法,从原来的"S_2"中分解出"V"后加"得",再与形容词组合成动补短语作"V"。用重动句表达。

2. 用一般主谓句代替主谓谓语句。

第一,大主语放在了宾语的位置。

(5) *我没有去过北京。

　　北京我没有去过。

(6) *我明白了这个道理。

　　这个道理我明白了。

维族学生习惯于使用汉语的"SVO"句型,对于大主语是受事,小主语是施事,全句语义关系是受事‖施事—动作的主谓谓语句所表达的对大主语受事进行描述、评议的意义不甚了解,更谈不上使用,因此学生往往采用回避的策略,根据句子的逻辑语义用一般的主谓句 SVO 来表达。

第二,小主语放在了宾语的位置。

(7) *他不会一句英语。

　　他一句英语也不会。

(8) ＊我不知道什么。

我什么都不知道。

维、哈族学生对于大主语是施事,小主语是受事,全句语义关系是施事‖受事—动作的主谓谓语句也根据句子的逻辑语义用一般的主谓句来表达,而不习惯将深层的语义关系用汉语表层的句法结构形式的主谓谓语句句式表达。

偏误三:误代。

由于句式选择的错误而发生误代的偏误也为数不少。在基础阶段,这种偏误常常表现在该用某种句式时不用,而用自己通常熟悉的,也是比较简单、比较容易的句式代替它。与此相反的情况是,在不该使用某个句式时却使用了。这两种情况都会使维、哈族学生说出不符合汉语习惯和规范的句子。

1. 用一般主谓句误代主谓谓语句。

(9) ＊那只羊吃很多草。

那只羊吃草多。

(10) ＊商店售货员的给顾客的态度很热情。

商店售货员态度很热情。

主谓谓语句的语义是就对象的某方面对该对象进行判断、描写、评议、估量、陈述、说明。大主语(S_1)表示评议对象,小主语(S_2)表示评议的某个方面,小谓语(V)表示评议。因此,在介绍、评价某个人或某类人、物时,常常采用这一句式。汉语主谓谓语句"$S_1 S_2 V$"中的"V"也可以是形容词,对小主语进行判断和描述。

2. 用"把"字句误代主谓谓语句。

(11) ＊阿里亚把字写得认真。

阿里亚写字很认真。

(12) ＊那只羊把草吃很多。

那只羊吃草多。

以上两个误例,很明显是选错了句式,把本该用主谓谓语句"阿里亚写字很认真"和"那只羊吃草多"错误地转换成"把"字句了。这种偏误很可能与教师讲解"把"字句不到位有关。很多老师在讲"把"字句的使用条件时,往往只泛泛提及动词谓语后的宾语可提到动词谓语前,前加一个"把"字,可变成"把"字句。这样一来,除了新加的"把"字,似乎汉语的句子结构就与维、哈语"SOV"的句子结构基本对应上了。结果造成维、哈族学生按照母语的逻辑思维,套用"SOV"的格式,将"把"字句过度泛化。

第三节 教学难点及对策

维、哈族学生不习惯于使用主谓谓语句,主要是因为母语中没有这种句式。主谓谓语句在结构关系上,是一个由若干结构相同或功能相近的单位组成的整体,它们共有一个大主语,并对大主语进行不同侧面的表述、评议,以达到整体认识的目的。从这个意义上讲,主谓谓语结构的大主语一般都具有话题的性质,各个作谓语的述谓结构都具有述题的性质。主谓谓语句的本质在于对一个事物从各个方面进行局部的认识,进而把握事物的整体特征,语义上构成了一个完整的、不可分割的整体。在学习主谓谓语句时,主要有以下几个难点:

难点一:难以把握主谓谓语句与一般主谓句的区别,在大小主语间误加表示领属关系的"的"字。

对策:对于大主语和小主语在意义上有领属关系的这一类主谓谓语句,在教学中应该让学生明确它们与一般主谓句的区别:第一,划界的基本着眼点在于能否把大主语和小主语之间看成省略了"的",而这一类型的主谓谓语句是不可加入"的"字的。如"他的妈妈耳朵听不见了","妈妈"本应是全句的描述对象,但如果加入"的"改为"他的妈妈的耳朵听不见了","耳朵"随即成为全句的主语,那么接下来"耳朵"就变成了施事者,这显然会引起意义理解上的误差,也不符合句子的语义和逻辑关系。第二,从语法结构上看,主谓谓语句同一般主谓句一样,主语和谓语的位置比较固定,即大主语在前,大谓语在后,两者的关系比较松散、简单。大主语和大谓语之间往往有语气上的短暂停顿,书写时可用逗号隔开;也可插入一些语气助词,如"啊、呢、嘛、呀"等,起到语气上的停顿作用,而句子的基本意义不变。如"我身体很好"可以说成"我,身体很好";加语气词,"我嘛,身体很好"。另外,小主语之前可以带状语,如"我现在身体很好"(表时间);"我确实身体很好"(表肯定语气),这种状语也可以表示程度。如果认为大主语是定语,句子就不可能有这些特点。主谓之间有语音停顿,可加语气词,可插入状语,这是确定主谓关系的结构标准。第三,从意义上来看,有的句子是由几个分句组成的复句,后面分句的主语往往承前省略了。如果认为大主语是小主语的定语,有些句子就解释不通。如:"我肚子饿,(我)身上冷,(我)跌了几跤,(我)手掌也擦破了。"这是一个由四个分句组成的复句。第二、三、四分句的主语均承第一个分句的主语"我"而省略了。如果认为"我"是"肚子"的定语,第一、二、四分句可以说得通,而第三分句无论如何是解释不通的。第四,语法功能不同,主谓谓语句的功能是它的说明性、评议性,而不是它的叙述性。第五,从话语功能上看,位于句首的成分是话语交际的出发点,称为"主题(话题)"。"主题(话题)"通常表示已知的信息。除"主题(话题)"以外的剩余部分,称为"述题(说明)"。"述题(说明)"通常表示新的信息。

难点二:不会用或极少用主谓谓语句。

主谓谓语句是汉语中常见的一种单句形式。由主谓结构构成的谓语部分主要对大主语进行描写、叙述、判断和说明。判断一个独立的句子结构是不是主谓谓语句,首先根据这个句子结构是否存在大小两个主语,充当谓语的那个主谓词组是不是能够成立,是否具有说明性和描写性,能不能陈述全句的主语。

对策:从语段的角度看,单纯从单句结构形式的角度对维、哈族学生进行主谓谓语句教学有很大的局限性,因为它不能准确揭示主谓谓语结构的语义本质。即便老师不厌其烦地解释,还是有不少学生始终没弄清"他身体好"和"他的身体好"的语义差别究竟何在。

主谓谓语句内部结构形态各异,语意表达丰富而又具体。恰当地选用主谓谓语句,能收到语气畅达、语意贯通和句式活泼、自然的表达效果。教师要帮助学生认识、把握和应用这类句式,同时应说明主谓谓语句除了形态简短、结构精练、口语和文学作品中使用较多之外,它的说明性和描写性多于叙述性。

课堂语法教学中,教师要在分析主谓谓语句基本结构的框架之上,从语义模式的整体性出发,形象、直观地揭示典型的主谓谓语结构的语义关系,并扩展到语段的层面进行教学,进而引导学生系统地领会和掌握主谓谓语句的用法。

1. 形象直观地引入、展示主谓谓语句的基本结构形式和语义模式。具体做法是:第一步展示图片,引出话题;第二步针对图片提出问题,引导分述;第三步回答问题,构成语段。

2. 在对话练习或口头表述练习中,教师有意识地强调主谓谓语结构语义模式的整体性。在练习中,教师可给出一些话题,要求学生从不同的侧面对话题进行表述,最后还要征询结论。如:

Ⅰ 对话
老师:你的手机怎么样啊?
学生:我的手机不错。
老师:说说为什么。

学生:我的手机样子很漂亮,颜色是红的,我很喜欢,价钱也不贵,才五百多块钱,用起来很方便。
老师:那你很喜欢你的手机,是吗?
学生:当然,我很喜欢我的手机。

Ⅱ 口头表述

我们的学校

①我们的学校是新疆大学。新疆大学②很大,学生很多,少数民族学生也不少,留学生也有几百人,图书馆书很多,校园很漂亮。学校的邮局和银行都不大,但是很方便。学生的宿舍和食堂也都很干净。③我很喜欢我们的学校。

这个口述的语段包含了三个要素:①是话题,②是述题,③是结论。通过这样规范、系统的反复操练,学生就会逐步认识、理解和把握主谓谓语结构的语义特征,从而掌握主谓谓语句的基本形式和语用规律。

Ⅲ 由教师设计一些主谓句,让学生根据要求变换为主谓谓语句。

难点三:难以区分主谓谓语句与连动句。

维、哈族学生有时把主谓谓语句与连动句混为一谈,弄不清二者的区别所在。

对策:主谓谓语句与连动句的区别关键在于句式的结构和语义的关联性有所不同。连动句的突出特点是不同的连动项联系同一个主语,表示同一个人物连发或并发不同的行为动作。具体来说,第一,从构造上看,每个连动项都可连着主语单说,如"他上街买菜"可以说"他上街"/"他买菜"。第二,从语义关系上看,各连动项在意义上有种种联系。各连动项都可以单独与主语构成主谓关系。如"我站在门口看热闹"、"小王看书看累了"两个连动项既有先后关系,又表方式、目的和结果。而主谓谓语句则不同。第一,从结构关系上看,主谓谓语句中小谓语不能同大主语在结构上发生关系。如"张老师穿衣服向来不讲究"这句话,小谓语"向来不讲究"是描写、说明充当小主语的述宾短语"穿衣服"这件事的,而不是描写、说明大主语"张老师"的,能同大主语"我"发生结构关系的,只能是"穿衣服向来不讲究"这个主谓短语的整体。第二,从语义关系上看,主谓谓语句是谓语整体同大主语发生语义关系,小谓语与大主语之间没有语义关系。如在"她说话很大方爽快,且有分寸"这句话中,从表面看,大主语"她"似乎可以分别与其后面的动词或形容词单说,变成"她说话"和"她很大方爽快",但从语义上看却讲不通,"很大方爽快"是指"说话",而下一句"且有分寸"也指"说话",并不指"她"。第三,与连动句相比较,主谓谓语句大主语后面的词语相互之间不存在动作先后、方式与目的、原因与结果等语义关系。

应该注意的问题是,初级阶段讲授主谓谓语句应坚持随机教学,到一定阶段再适当地进行总结,以巩固基础语法知识。教师在教学过程中要善于点拨,善于分析学生出现错误的原因,善于把学生典型的语法错误作为突破口,并运用已有的研究成果对这些错误做出明确而又通俗的解释和说明,使所教内容感性化、条理化、公式化、图文化,使广大维、哈族学生更易于理解和掌握。

第十一章 双宾语句

汉语的双宾语句是指句中谓语动词后边带着两个相互之间没有句法结构关系的宾语的句子,常用"SVO_1O_2"表示。因为学生对汉语双宾语句的表达方式很不习惯,所以往往造出"学校把我分配一套房子"、"我给帮助他"之类的偏误句。本章分析双宾语句教学难点并提出相应的对策。

第一节 对应表达

在双宾语句"SVO_1O_2"中,语义层的受事在表层句法中表现为直接宾语"O_2",与事则表现为间接宾语"O_1",而且由于汉语缺乏形态变化,直接宾语与间接宾语没有形态标记。语序决定其靠近动词的是间接宾语,远离动词的是直接宾语。维语表示施事、与事、受事之间的关系时,表层结构往往用"SAOV"的句型,有时用"SOAV"。其中"A"是带有向格或从格的状语,表示动作的方向。

下面根据动词的方向特征及其语义特征的不同,分析各类汉语双宾语句在维语中的对应表达。

1. "交"类、"教"类以及"V给"类双宾语句。

汉语"交"类、"教"类以及"V给"类双宾语句中的间接宾语在维语中用缀加向格(作状语)的形式表示,直接宾语用缀加宾格或隐含宾格的形式表示。如:

(1) 他给了我一支钢笔。

　　u maŋa bir qɛlɛm bɛrdi.

　　他　我　一　钢笔　给

(2) 他送我一张画。

　　u maŋa bir rɛsim hɛdije qildi.

　　他　我　一　画　送

"交、送、赠、赠送、献、赐、赏、赏赐、让、塞、退、还、找、递、递交、寄、托付、补贴、推荐"等动词都具有"给予"意义，是典型的外向动词，由它们构成的句子表示施事把某物给予了与事。而且"交"类动词多数都构成"V给"式。如：

(3) 我还他三块钱。

(4) 生活委员交给我一个包裹。

"写、带、踢、传、转、指、抛、丢、抄、派"等动词没有"给予"意义，不能构成双宾语句。但是这些动词带上"给"以后就可以带双宾语了。如：

(5) 老王指给他一张办公桌。

(6) 他带给我们一个好消息。

2. 汉语的"接"类双宾语句表"取得"意义。它的直接宾语在维语中用缀加属格作定语，间接宾语用缀加宾格的形式作宾语表示。如：

(7) 他抢了我(的)一本书。

　　u mɛniŋ kitabimni tartiwaldi.

　　他　我的　书　抢

(8) 姐姐拿了他(的)包。

　　atʃam uniŋ somkisini aldi.

　　姐姐　他的　包　拿

"接、收、接受、拿、接收、要、赊、欠、讨、讨还、夺、抢、骗、骗取、偷、窃取、取、赚"等动词均具有"取得"意义，由它们构成的双宾语句都是内向的,即施事从与事那里获取某物。

3."询问"类双宾语句中"问、询问、求、请教、请示、考、烦、麻烦"等动词的动作方向很难说是"给予"还是"取得",这是由"询问"类动词本身的语义特征决定的。如"问"是把疑问信息给与事,但"问"的目的却是要获得未知信息。"借"类双宾语句中"借、租"等动词的方向特征具有两面性,由它们构成的双宾语句孤立地看往往是有歧义的,所以有人把这类动词称为"兼向动词"。如"我借了小王不少钱"和"小王租了我一间房子"都是歧义句。不过,在句中添加了"给"或"向、从"等就可以使语义单一化了。如"我借给小王不少钱"就不同于"我向小王借了不少钱";"小王租给我一间房子"也不同于"小王从我(那)租了一间房子"。汉语"询问"类、"借"类双宾语句的直接宾语在维语中用缀加宾格(或省略),间接宾语用缀加从格(作状语)的形式表示。如:

(9) 你问一下阿里木这件事。

　　sɛn bu iʃni alimdin sorap baq.
　　你　这　事　阿里木　　问

(10) 我借图书馆一本书。

　　mɛn kutupχanidin bir kitap arijɛt aldim.
　　我　　从图书馆　　一　书　　借

4."称、称呼、叫、骂、封"等称呼类动词可以构成双宾语句,两个宾语之间隐含判断关系。这种判断关系显性化,就可以看作兼语句[①]。汉语"称呼"类双宾语句的间接宾语在维语中用缀加宾格作宾语,直接宾语后带"dɛp"组成短语(作状语)的形式表示。如:

(11) 我们叫他买买提。

---

① 陈昌来《现代汉语句子》,华东师范大学出版社,2000年11月,第178页。

biz uni mɛmɛt dəp tʃaqirimiz.

我们 他 买买提   叫

(12) 你别当我小孩儿。

sɛn meni kitʃik bala dəp hisaplima.

你 我   小   孩儿   别当作

5. "放"类双宾语句中"放、摆、挂、贴"等所谓置放动词后带处所词语时，往往没有介词，这时就可以构成双宾语句格式。"放"类双宾语句的间接宾语在维语中一般要用缀加向格（作状语）的形式，直接宾语位于间接宾语后，无需形式标记。如：

(13) 他放水里一点油。

u suʁa azraq maj qujdi.

他 水里 一点 油 放

(14) 妈妈放汤里一点盐。

apam ʃorpiʁa tuz saldi.

妈妈 往汤里 盐 放

第二节　偏误类型

汉语的双宾语句在维语中往往通过多种形态变化来表示，因此难免会出现一些偏误。归纳起来主要有以下几种类型：

偏误一：漏用。

1. 缺少近宾语"O_1"。如：

(1) *他瞪了一眼。

他瞪了我一眼。

(2) *他还告诉他爱妈妈。

他还告诉我他爱妈妈。

造成这种偏误的主要原因是学生不了解汉语双宾语句中由"瞪"与"告诉"类动词组成的句子都要有施事、受事和与事,句子的意思才完整。例(1)、例(2)中缺少的是动作针对的对象,即间接宾语"O_1"。

2. 缺少述语动词"V"。如:

(3) *他们我一套漂亮的衣服。

他们送我一套漂亮的衣服。

有些维、哈族学生不清楚该用哪一类动词,或不清楚"V"该放在哪里,就采用回避的方式,造成遗漏述语动词"V"的偏误。其实,能带双宾语的动词是有限的,一般须是三价动词,有施事、受事、与事三个必有成分,同时是有方向的动词,如"送、给、赠送"等交与动词(外向动词),或跟交与动词相反的"拿、取、抢"等接受动词(内向动词)。由三价动词作谓语的双宾语句的语义结构模式为"N 施 VN 与 N 受",主要表示施事给予与事某物或从与事处获得某物。

偏误二:错序。

1. 近宾语"O_1"与远宾语"O_2"错序。如:

(4) *我妈妈还 100 块钱邻居。

我妈妈还邻居 100 块钱。

(5) *遇到困难的时候给帮助他。

遇到困难的时候给他帮助。

造成这种偏误的原因主要是学生不清楚汉语双宾语句对近宾语及远宾语位置的限定,并受母语思维和表述句的影响所致。汉语是重视语序的语言,双宾语句中与事是近宾语,受事是远宾语。而维语表示与事、受事的词语有一定的形态标记,从形态可以判定其在句中的句法和语义关系,所以语序不像汉语那样固定。

2. 近宾语提到述语动词前,并在之前加介词"往、向"。如:

(6) *主任向我告诉他来参加学习。

主任告诉我他来参加学习。
(7) *他向我还了一本书。
他还了我一本书。

汉语是缺乏形态变化的语言,句法关系往往靠语序和虚词来体现。双宾语句与事的位置紧靠动词,是近宾语,远离动词的是远宾语。由语序就可知其为与事还是受事,是近宾语还是远宾语,所以无需形态标记。

维族学生受母语思维方式的影响,误以为汉语也和自己母语的句法结构一样,语义层的与事表示动作针对的对象,因此往往在与事之前错加表方向的汉语介词"向"或"往"等。

偏误三:误加。

1. 误加动词。如:
(8) *他告诉通知了我一件事。
他告诉了我一件事。或:他通知了我一件事。

很多学生造双宾语句时,误以为使用两个动词更能准确地表达意思。其实不管是"告诉"还是"通知"都应独自构成双宾语句。

2. 在远近宾语之间误加虚词"的"。如:
(9) *我借了他的一本参考书。
我借了他一本参考书。
(10) *他赚了大家的三百块钱。
他赚了大家三百块钱。

双宾语句式的近宾语和远宾语之间没有"的"字。这跟口语里隐去"的"的表领属关系的单宾语句,如"不要打我手,不要碰我书包"是两个概念。

汉语这类表示"获取"类的双宾语句和表领属关系的单宾语句的基本语义虽然都有表示"施事获得受事物"的相似之处,但深层的语义内容是不一样的。前者表示"施事获得受事物,与事失去受事物";后者表示"施事获得受事物,领者是受事物的原属"。深层语义的不同造成深层结构的差异。"获取"类的双宾语句的深层语义结构是"N 施 VN 与 N 受";领属义单宾语句的深层语义结构是"N 施 V(N 领)N 受"。从表层结构看,两种句式的不同一是反映在有无"的"的区别上,二是双宾语句中的两个宾语之间不能构成诸如联合、主谓、同位、偏正等结构关系。

偏误四:误用。

1. 述语动词用错。如:

(11) *他讲给我们好消息。

   他告诉我们好消息。

(12) *他是否教给你汉语?

   他是否教你汉语?

两句中的前一例由"讲给"构成的句式一般为"讲给+O+V",是兼语句式,如"他(把过去的事)讲给我们听"。而"告诉"可以连接施事、受事和与事,构成双宾语句式"SVO_1O_2"。"给"可作介词,如"他给我上了一节课";也可作动词,构成双宾语句,如"我给他一张票"。双宾语句的近宾语往往是给予的对象"人",远宾语往往是"物",而"汉语"无法成为被给予的"物"。若改成"他是否给你教汉语?",是单宾语句;改成"他是否教你汉语?"或"他是否给你汉语书了?",则是双宾语句。

2. 表疑问的词语用错。如:

(13) *他有没有给你电影票?

   他给没给你电影票?

(14) *他给你教不教汉语?

   他教不教你汉语?

汉语双宾语句式的疑问式为"SV 没/不 VO_1O_2"。

3. 泛用"把"字句型。如:

(15) *古丽要把王老师一本汉语书和一本数学书还/借。

　　　古丽要还/借王老师一本汉语书和一本数学书。
(16) *学校把我分配一套房子。

　　　学校分配我一套房子。

　　维族学生在没有很好地掌握"把"字句型的情况下,误以为"把"字也可连接双宾语句的动词。"把"是介词。用"把"字句有三个同现的必要条件:第一,只有及物动词才能构成"把"字句;第二,动词后面须有补充的成分,不能是光杆动词;第三,"把"字句提前的宾语必须是有定的。汉语教师讲解"把"字句时如果忽略了"把"字句的使用条件,只简单地告诉学生动词谓语后的宾语可与"把"字组成介词短语,并被提到动词之前,而且与维语缀加宾格的词对应,那么学生以后无论使用单宾语句还是双宾语句都可能出现随意套用"把"字句的偏误。

偏误五:回避。

(17) *他还给我教学几句汉语,我也给他教学几句维语。

　　　他还教我几句汉语,我也教他几句维语。
(18) *他参加学习的事,主任告诉我。

　　　主任告诉我他参加学习的事。

　　维、哈族学生常常在不会使用汉语双宾语句的情况下,采用回避的办法,虽然也可以让人明白所表达的意思,但这样的表达或者冗长啰唆,或者牵强附会,造成偏误。总之不能产生像汉语双宾语句那样句式简短,结构紧凑的效果。

第三节　教学难点及对策

　　汉语双宾语句是动词谓语句的下位句型。汉语能带双宾语的动词数量有限,主要是上文谈到的表示"给予"、"取得"和"言语活动"三类。

双宾语句在一般情况下近宾语指人,远宾语指物。但有的双宾语句两个宾语都指物,有的双宾语句两个宾语都指人。双宾语句中的直接宾语即远宾语可以是主谓词组、联合词组,也可以是主谓宾句。典型的现代汉语双宾语结构应具备以下三个判别标准,即:第一,语音层面上应是"SV(给)O_1O_2"的形式;第二,O_1和O_2之间不具有领属关系;第三,两个宾语各自与动词发生联系。汉语双宾语句语义的复杂性,使得维族学生对汉语双宾语句的结构难以理解,学习中会遇到很多难点问题。

难点一:难以掌握汉语双宾语句的基本语义结构所体现的句法格式。

对策:汉语与维语相同的语义内容所体现的句法格式明显的不对应。维、哈族学生受母语思维方式的影响,往往套用母语的格式造成偏误。以下是汉语双宾语句的基本语义格式与维语的基本语义格式的对比:

汉语:施事—动核—与事—受事(N 施 V N 与 N 受)

维语:施事—与事—受事—动核(N 施 N 与 N 受 V)

从语义层面可以看出,汉语与维语都有相同的语义成分"N 施、V、N 与、N 受",但排列顺序有所不同,汉语的语义成分排列顺序为:N 施—V—N 与—N 受。维语的语义成分排列顺序为:N 施—N 与—N 受—V 或 N 施—N 受—N 与—V。从句子表层看,体现了不同的句法关系:

汉语:主语—谓语—近宾—远宾(SVO_1O_2)

维语:主语—状语—宾语—谓语(SAOV)

　　　主语—宾语—状语—谓语(SOAV)

可以看出,汉语与维语能一一对应的相同语义成分在转化为表层形式后句法成分并不能一一对应。表现在除主语与谓语依然对应外(维语的动词位于句末,这是由谓语中心后置决定的),汉语的近宾语与维语的状语相对应,远宾语与维语的宾语相对应。因此我们应从深层语义出发,引导学生理解汉语双宾语句中施事给予与事某物,施事通过动作从与事处得到某物,施事对与事说某事,施事为与事做某事,施事放某处某物等种种语义关系,学会熟练地选择和使用双宾语句。此外,要求学生对汉语双宾语句表层结构的基本格式要十分熟悉,如汉语的施事位于句首主语位置,动词紧跟主语之后位于谓语位置,与事在谓语之后处于近宾语位置,受事位于句末远宾语位置。

为了更好地解决难点,教师要从语用的角度出发,尽量采用比较实用的教学策略。如让学生牢记能带双宾语的常用动词,或设计填空、变换句子、用指定的词语造句、改错等课堂操练项目。填空题,如"我送____一本书","乡亲们选买买提____村支书记"。变换句子题,如把"单位把一间宿舍分给了我"这样的句子变换成双宾语句。用指定词语造句的题,如用"派""讨""回答"等造出双宾语句。改错题,如把"班长通知我们,我们明天放假"这样的非双宾语句改为双宾语句等等。

教师还可开设专门的偏误分析课,指导学生对自己以往使用双宾语句的偏误纠错。也可事先设计好一些动作,自己或让部分学生表演动作,让其他学生用所学双宾语句式表达。如教师做出给某个学生某物的动作,引导学生造出诸如"老师给买买提一支粉笔"这样的句子。这种互动式的纠偏教学能够有效地激发学生的学习兴趣,使学生在轻松愉快的学习氛围中完成纠偏的练习。

难点二:学生对于直接宾语为人或物的双宾语句较易掌握,如"我送她一本书",而对于较为复杂的表示述谓关系的直接宾语就不知所云。很少用"老师批评他经常上课迟到"这种句式表达思想。

对策:"老师批评他经常上课迟到"从语法意义上来说,带两个宾语,属于双宾语句的范畴,但从结构特点来看,又与一般的双宾语句有区别。为表现它的特点,有学者称此类句式为"准双宾语句"。具体区

别如下:

1. 双宾语句的结构形式是:动一名/代一名/主谓词组。如"我送你一张票","我给小王一件衣服","人家告诉我老李是劳模"。而准双宾语句谓语的结构形式则是:动一名/代一动/形/主谓词组。如"妈妈夸他哥哥聪明、口齿伶俐","领导总是批评他对工作敷衍了事"。

2. 双宾语句中的谓语动词都是予夺性动词,如"给、送、赠、还、递、借、欠、偷"等。准双宾语句式谓语动词常是表言语活动的,如"称赞、夸、告、嘱咐、问、鼓励、教导、责备、批评"等;或表示爱憎感情活动的,如"喜欢、羡慕、厌恶、佩服、埋怨、钦佩、爱、恨、斥责、感谢、责备"等。

3. 双宾语句中的近宾语可以省去不说,准双宾语句的近宾语不能省去不说,但远宾语却可以不说出来。如双宾语句"他借小李一件衣服"可以说"他借一件衣服",但准双宾语句"我告他偷吃水果"却不能说成"我告偷吃水果"。可见,这类较为复杂的双宾语句的直接宾语往往是表示述谓关系的短语。只要让学生牢记它的结构"SVO_1O_2"中的"V"常由表言语活动的动词和由表爱憎感情活动的动词充当,"O_2"动宾短语构成即可。

难点三:学生分不清准双宾语句与兼语句的区别。

对策:准双宾语句与兼语句的区别有两点:第一,准双宾语句的准远宾语回答"什么"的问题,而兼语句中兼语后面的成分有谓语的性质,它回答"干什么"或"怎么样"的问题。如准双宾语句"老师教导我牢记艰苦奋斗的作风"和兼语句"领导派我去学习"。前者可回答"老师教导我什么"的问题,后者可回答"领导派我干什么"。再如兼语句还可以回答"怎么样"的问题,如"虚心使人进步"一句,就是回答"虚心使人怎么样"的问题的。第二,兼语句除了固定格式的以外,兼语前后的动词之间都有特定关系。最常见的是兼语前的动词有使令性,它表示的动作是兼语后动词所表示的动作之所以产生的原因。而准双宾语句中,谓语动词和准远宾语之间没有这种特定关系。

难点四:学生分不清准双宾语句与单宾语句中主谓词组作宾语的区别。

对策:准双宾语句的近宾语为动作的对象,远宾语为具体内容,而单宾语句的主谓词组作宾语不表示动作的对象,只表示动作的具体内容,如准双宾语句"我嘱咐他好好学习"中"他"是"嘱咐"的对象,远宾语"好好学习"是"嘱咐"的具体内容。主谓词组作宾语句"老师宣布买买提当选为班长"中"买买提当选为班长"为具体内容,而不能把"买买提"当作动词的对象。

此外,教师也可在大量的交际练习中让学生总结并归纳出准双宾语句的特点及使用方法,更有效地区分准双宾语句与单宾语句中主谓词组作宾语的不同。

第十二章　比较句

人们在分析、判断事物时往往将两个事物加以比较。汉语和维、哈语都有表示比较意义的句子。汉语表示比较的方式有几种,使用条件也有许多限制。有涉及语义的,有涉及结构的,也有涉及语用的。因此在对维、哈族的汉语教学中,比较句一直是语法难点之一。

第一节　对应表达

维、哈语属黏着语,词语后黏着的附加成分给词语赋予各种语法意义;而汉语缺少形态变化,常靠词汇手段来表示语法意义。这种差异,也表现在比较句上。下面以哈语为例,与汉语的比较句作一对比分析。

汉语的比较句,是用一个事物(比较项)去和另一事物(被比项)比较。用 A 代表比较项、用 B 代表被比项。

A 和 B 在性状、程度、数量等方面相同或相等时,比较的方法有三种:

1. 汉语用"A 和(跟)B 一样"、"A 跟(和)B 一模一样"、"A 跟(和)B 相同"时,哈语用被比项后加词缀"daj/dej,ʃa/ʃe 或 awmajdə"对应表达。如:

(1) 他的内心和战士一样。

oneng ojə da ʤawəngerlerdikindej edɨ.
　　他的　内心也　　像战士的一样
(2) 石林山的每块石头和一棵大黄松一模一样。
　　ʃələjən tawənəŋ ærbir tasə sarə gyldɨ ʃərʃa aʁaʃtan
　　石林　　山的　　每个　石头　黄　花　云杉　树(从格)
　　awmajdə.
　　一模一样

2, 汉语用"A 和(跟)B 一样+形容词"表示比较时,哈语用形容词"uqsas(一样)"、语气词"sekɨldɨ/səjaqtə"对应表达。如：

(3) "诞辰"和"生日"一样。
　　(dynijege) men (tuwələw) nəŋ maʁnasə uqsas.
　　"诞辰"　　和　　"生日"　　的　　意义　一样

3, 汉语用"A 有/像 B+(那么/这么)+形容词/动词"表示比较时,哈语用被比项后加词缀"daj/dej、ʃa/ʃe"、形容词"uqsas"对应表达。如：

(4) 他像孩子那般笑了。
　　ol balaʃa səqələqtap kyldɨ.
　　他 像孩子 快活地笑　笑

(5) 人会说话跟会走路一样是自然而然的。
　　adamnəŋ søjlej aləwə ʤyre aləwəmen uqsas tabəjʁaj
　　人的　　说话　　　和走路　　　一样　自然
　　boladə.
　　是

(6) 仰面望天,天只有一条河那么宽。
　　basəŋdə ʤoʁarə køterip qarasaŋ aspan øzen keŋdigindej
　　把头　　上面　　抬　看的话　天空　河　　像宽度

ʁana boləp kørinedi.
只有　　　　显出

汉语在 A 和 B 的性状、程度、数量等方面不相同或不相等时，比较的方法也有三种：

1. 汉语只表示 A 和 B 不同或不等时用"A 跟（和）B 不一样"、"A 不同于 B"、"A 和（跟）B 不同"表达。哈语用"A+B（从格）+basqaʃa"或"A+B（向格）+uqsamaw"与其对应。如：

(7) 我们的看法和前两种看法都不同。

biźdiŋ køz qarasəməz bul eki tyrli køz qarastan basqaʃa.
我们的　看法　　这　两　种　　看法　另外的

(8) 我们和以往的反动军队完全不一样。

biz øtkengi kertartpa armjaʁa mylde uqsamajmiz.
我们 以往的　　反动　军队　　完全　不一样

2. 汉语表示 A 和 B 在一定时间里相对的差异，有静态比较和动态比较两种：

静态的比较

进行静态的比较，说话人可从正、反两方面叙述：

从正面叙述 A 和 B 的相对差异有以下几种方式：

第一种，汉语表示 A 和 B 有差异时用"A 比（起）B（来）+形容词/动词/名词/主谓短语"表达。哈语用被比项加从格，或被比项加格，再与后置词"ʁa/ge +qaraʁanda"、"dan/den +gøri"结合对应表达。如：

(9) 学别一个民族的文字总比学本民族的文字难。

basqa bir ulttəŋ ʤazəwən yjreniw qajtkenimen de øz
其他　一个 民族的　文字　　学习　不管怎样　也　自己

ulttənəŋ ʤazəwən yjreniwden qəjən tysedi.
民族的　　文字　　比学(从格)　　难

(10) 比起其他课程来，语言课要难些。

　　　basqa sabaqtarʁa qaraʁanda til sabaʁɯ qəjən keledɪ.

　　　其他　　课程　　　比　　　语言课　　难

(11) 学习上您比他强。

　　　yjrenɪwde odan gørɪ siz ʤaqsəsəz.

　　　　学习上　比他　比　您　　好

第二种，汉语表示 A 比 B 在程度上深了一层时用"A 比 B＋更/还/还要＋谓语"表达。哈语用被比项(加从格)kenʃe/ʁanʃa＋artəq 或 beter 表示，也可用 anaʁurləm 表示。如：

(12) 我的脚比昨天更疼了。

　　　ajaʁəm keʃegɪden beter awərəp ketti.

　　　我的脚　　昨天(从格)　　比　　疼

(13) 文学作品反映出来的生活，应该比普通的实际生活更高。

　　　ædebijet-kørkemøner ʃəʁarmalarənda bejnelengen ømɪr

　　　　　　文学　　　　　　作品　　　　反映的　　生活

　　　ædettegɪ ɪs-ʤyzɪndɪk ømɪrden anaʁurləm øskeleŋ.

　　　　普通的　　现实　　　生活　　　更　　　高

(14) 离开了牲畜，不是比死还难受吗？

　　　mal ʤanənan ajərəlʁanʃa ylken artəq emes pe?

　　　牲畜　　离开　　　　死　　多　　不是　吗

第三种，汉语比较句谓语有宾语又有补语时，常重复动词，用"A 比 B＋谓语＋宾语＋谓语＋补语"或"A＋谓语＋宾语＋比＋B＋谓语＋补语"表达。哈语动词不重复。如：

(15) 他比我挣钱挣得多。/他挣钱比我挣得多。

　　　ol aqʃanə menen køp tabadə.

　　　他　把钱　　比我　多　挣

第四种,表示 A 和 B 差异的程度时,又有确定和不确定两种表述法:

一是汉语表示确切程度时用"A 比 B+形容词/动词+数量词"时,哈语用数量词作状语,被比项后加从格对应。如:

(16) 我的弟弟比我小三岁。

  meniŋ inim menen yʃ ʤas kiʃi.
   我的 弟弟 比我 三 岁 小

(17) 自己能比他们高一个脑袋。

  øzi olardan bir qarəs bijik.
  自己 比他们 一 拃 高

二是汉语表示不确切程度时用"A 比 B+形容词/动词+许多/一些/一点儿"表达时,哈语用形容词比较级、弱化形式副词作状语对应表达。如:

(18) 这次就比上次做得好些。

  bul ret aldəŋʁa retke qaraʁanda ʤaqsəraq isteldi.
  这 次 前面的 一次 比起来 好些 做

(19) 年纪大一点的人也要锻炼,当然比青年要困难些。

  egide tartqandar da ʃənəʁəw kerek. ærjne ʤastarʁa
  年纪大的 也 锻炼 应该 当然 青年

  qaraʁanda olarʁa qəjəndaw boladə.
  比起来 他们 比较难

第五种,说话人对 A 和 B 的不同情感、态度的比较,汉语用"比起 A 来 B 更+谓语"、"与 A 相比,B 更……"表示,哈语用"被比项+格+后置词 qaraʁanda/beter"对应表达。如:

(20) 比起酸奶来,我更喜爱马奶。

  ajranʁa qaraʁanda qəməzʁa qumarmən.
  酸奶 比起来 马奶 我喜欢

(21) 这使他与以前相比,更心慌了。
　　　bul onɪ burənʁadan beter abərdʒɪtte.
　　　这　使他　以前　　　比起来　　心慌

从反面叙述 A 和 B 相对差异有三种方法:

第一种,汉语用"A 不如 B"、"A 不如 B+形容词/动词/主谓短语"表示时,哈语用"被比项+ʁa/gedʒetpejdɪ","səjaqtɪ emes"等形式对应表达。如:

(22) 真是百闻不如一见啊。
　　　ajtəp　ajtpaj　məŋ estigen bɪr kørgenge dʒetpejdɪ eken.
　　　说　　不说　 一千　 听过　 一　看过　　 赶不上

(23) 我讲话不如年青人讲话流利。
　　　men dʒastardaj dʒataq søjlej almawəm mymkɪn.
　　　我　 年青人那样　 流利　说　 不能　　 可能

第二种,汉语用"A 没有/不像 B+(那么/这么)+形容词/动词"表示时,哈语用"səjaqtə emes","daj/dej emes"对应表达。如:

(24) 它的笔画不像草书那样潦草。
　　　onəŋ　səzəqtarə sawʃəwdikɪ səjaqtə ʃajmaj emes.
　　　他的　 笔画　　草书的　　　像　 潦草　　不是

(25) 清朝以前不管是明、宋、唐、汉各朝都没有清朝那样统一。
　　　dʒeneptəp xandəʁənan burənʁa mɪŋ、suŋ、taŋ xan xandəqtarənəŋ
　　　清　　朝　以前的　明　宋　唐　汉　各朝的
　　　qaj-qajsəsə da tʃeŋ xandəʁəndaj bɪrlikke kelgen emes.
　　　任何一个　 也　清　朝的那样　　 统一　　　不是

第三种,汉语用"A 不比 B+形容词/动词"表示时,哈语用"从格+否定动词"对应表达。如:

(26) 他不比你差。

ol senen qaləspajdə.

他 你（从格） 不差

(27) 我待你不比亲儿子差。

men seni øz balamnan kem kørmejdɪ.

我 把你 自己 比我的孩子 差 没看待

动态的比较

表示 A 和 B 经历了一个变化过程，这种比较是动态的。汉语用"A 比 B＋形容词/动词＋了"表述。哈语用动词谓语表示。如：

(28) 我比以前更明白了。

men onan arə tanəj tysɪwdemin.

我 更加 认识 明白

(29) 通过学习大家的认识比过去提高了。

yjrenɪw arqələ ʤurt tanəmə burənʁədan øse tystɪ.

学习 通过 大家 认识 比以前 提高

3. 汉语用"与其……还不如"、"宁可……也不……"表示选择比较的句子，哈语在被比项后加从格，与后置词"gøri"或用句法手段相应的对应表达。如：

(30) ……与其说应该允许，毋宁说我们欢迎。

…ʁa ʤol beriledi dewden gøri onə qarsə alamaz deredik.

对 允许 说 比 把他 反对 说

(31) 宁为玉碎，不为瓦全。

ʤatəqtəŋ qajəʁə bolʁanʃa asəldəŋ sənəʁə bol.

普通东西的 碎片 成为之前 宝石的 碎片 成为

第二节　偏误类型

汉语比较句的类型比较复杂。维、哈语与汉语的比较句,在结构上、在表达人的感情和态度上有很大差别,因此维、哈族学生在学习汉语比较句时常感到困难,出现偏误较多。主要的偏误类型有以下几种:

偏误一:错序。

因句子成分的顺序不对而导致偏误。

1. "比"、"比起来"的位置不对。如:

(1) *我的个子他比高。

　　我的个子比他高。

(2) *简体字繁体字比起来好学好写。

　　简体字比起繁体字来好学好写。

造成这种错位的原因是在维、哈语中表示"比"意义的词语在被比项的后面出现。如:

(3) 阿尔泰的冬天比乌鲁木齐冷。

　　altajdəŋ　kɨlɨjmatə　yrɨmʤinikinen　suwəq.

　　阿尔泰的　冬天　　比乌鲁木齐　　　冷

(4) 学习上您比他强。

　　yjreniwde　odan　gøri　siz　ʤaqsəsəz.

　　学习上　　他(从格)　比　　您　　好

受母语思维方式的影响,也把汉语的"比"放在被比项后了。

2. "A 比 B+形容词/动词+数量词语+(名词)"句型中的数量词+(名词)和形容词错序。如:

(5) *热孜亚比古丽五岁大。

　　热孜亚比古丽大五岁。

(6) *今年考试的时间比去年一个月提前了。

今年考试的时间比去年提前了一个月。

这种句中形容词/动词后的数量词+(名词)是句子的补语。维、哈语没有补语,常用状语表示汉语补语的意思。受母语的影响,出现了错位现象。

3. "A有B(那么/这么)+C"句中C是不表示心理行为的动词性词语时,那么/这么和动词错序。如:

(7) *我有他那么来得早。

我有他来得那么早。

(8) *他哪儿有你这么写得好啊。

他哪儿有你写得这么好啊。

偏误二:误加。

通常情况下可以用的成分,但在形式发生变化时不能用,而初学者不了解这种条件,仍然用了,导致误加的偏误。

1. 句末误加"了",如:

(9) *他比你大三岁了。

他比你大三岁。

(10) *赛力克比库萨音唱歌唱得好了。

赛力克比库萨音唱歌唱得好。

汉语句末的"了"表示肯定的语气,但在形容词后表示变化意义。例(9)"大三岁"是静态的比较。加"了"后,表示经历了一个从不大到大的变化过程。但是两个人的年龄差是不会变化的,因此不能用"了"。例(10)的说法是有前提的,即原先赛力克没有库萨音唱歌好,现在超过了库萨音。没有这个前提,只是客观地进行比较的话,就不能用"了"。维、哈族学生常把"了"和母语的过去时对应起来,在表示过去已经发生的事情时常加"了"。

2. 误加"更/还",如:

(11) *今年水稻的产量比去年更增长两倍。

今年水稻的产量比去年增长两倍。

(12) *他以前不胖,这几年比以前更胖了。

他以前不胖,这几年比以前胖了。

比较句谓语前的"更/还"表示被比事物在由结论项表示的特征上胜过被比事物的相对差异①。在这种比较句中被比项 B 已有一定程度,而 A 事物比 B 事物又深了一层。如果 B 不具备一定程度,则不能用"更/还"。例(11)去年水稻产量不具备增长的特征,因此不能用"更/还";同样例(12)的"他",以前也不具备"已胖"的特征,所以不能用"更/还"。

3. "A 比 B+动词谓语+宾语"句的谓语后误加数量词。如:

(13) *你比我孝顺一些老人。

你比我对老人孝顺一些。

(14) *阿力比别人有许多钱。

阿力比别人有钱。

例(13)中"一些"是表示形容词"孝顺"的程度的,但用在宾语前容易造成"一些老人"的歧义理解,因此不能在"老人"前加数量词。例(14)比较的结果是"阿力有钱",所以没有必要加"许多"。

4. 在"A 比 B+形容词"的形容词前误加程度副词。如:

(15) *他的英语比你很好。

他的英语比你好。

(16) *这两天比前两天特别热。

---

① 任海波《现代汉语"比"字句结论项的类型》,《语言教学与研究》1987 年第 4 期,第 91~101 页。

这两天比前两天热得多。

汉语表示结论项形容词的程度时,除了"更、还"外,不能用程度状语,而用补语。维、哈语没有补语,常用状语表达汉语补语所表达的意义。受母语的影响,学生在形容词前误加程度副词。

5. 在"A 有 B(那么/这么)＋形容词/动词"的形容词前误加程度副词。如:

(17) ＊今天的作业有昨天那么很多。(今天的作业有昨天的那么多。)

(18) ＊他跑得有你那么很快。(他跑得有你那么快。)

句中的"那么/这么"已经表示出形容词的程度了,因此不能再加程度副词了。

6. 在"有"字句后误加表示差别的补语。如:

(19) ＊他的女朋友有他高得多。

他的女朋友有他那么高。

(20) ＊我的房间有他房间干净一点。

我的房间有他房间那么干净。

汉语"有"表示比较的结果二者相似,因此不能在形容词后再加表示程度差别的词语。例(19)他和他的女朋友个子差不多,所以不能在"高"后加补语。

偏误三:遗漏。

因漏掉某些句子成分导致的偏误。

1. 遗漏"比"。如:

(21) ＊今年的毕业生是增加了以前的两倍。

今年的毕业生比以前增加了两倍。

(22) ＊他的信这两天就到,不会晚明天。

他的信这两天就到,不会比明天晚。

2. 遗漏"更/还"。如：

(23) *我比你喜欢看这本书。

　　我比你更喜欢看这本书。

(24) *他比土匪土匪。

　　他比土匪还土匪。

汉语比较句宾语前若有修饰成分时，要加"更"。例(23)中宾语"书"前有修饰语，所以要加"更"。例(24)的结论项是名词，这种句型是"A 比 B 还 B"，所以要用"还"。

3. 遗漏补语。如：

(25) *老师比我早去了。

　　老师比我去得早/老师比我早去了20分钟。

(26) *我比别人少了自信。

　　我比别人少了一些自信。

维、哈语没有补语，常用状语对应表达。例(25)的"早"是补语，如用作状语，谓语后还应有补语(20分钟)。例(26)的谓语是"少"。"少"后有"了"，有从不少到少的变化。

偏误四：类推。

比较句的比较项和被比较项有时不相同，但相比的事物一定是同类的。不同类的事物不能相比较，维、哈族学生在没完全理解的情况下，将已学的知识进行不正确的类推，导致偏误。如：

(27) *我比绿茶想喝红茶。

　　比起绿茶来，我更喜欢喝红茶。

(28) *那个村比去年的小麦产量增加了一倍。

　　那个村小麦的产量比去年增加了　倍。

偏误五：误用。

不该用而用即误用。维、哈族学生比较句误用的偏误表现在：

1. 汉语"A 比 B＋动＋宾＋动＋补"句的动词不能是表示心理活动的动词,维、哈族学生在没有掌握这个规则时会出现误用动词谓语的偏误。如:

(29) ＊你朋友比你关心他关心得多。

　　 你朋友比你更关心他。

(30) ＊我比你喜欢他喜欢得多。

　　 我比你更喜欢他。

2. 汉语"A 比 B＋动词谓语＋动词性宾语"的动词一般为表示心理活动的动词,维、哈族学生也常产生误用动词谓语的偏误,如:

(31) ＊古丽比别人学习唱歌。

　　 古丽比别人喜欢唱歌。

(32) ＊他比爸爸知道打球。

　　 他比爸爸爱打球。

3. "更"、"还"只能用在"比"的比较句中,不能用在"有"的比较句中。维、哈族学生有时将"更、还"用在"有"的比较句中。如:

(33) ＊北京的夏天有南方更热吗?

　　 北京的夏天有南方热吗?

(34) ＊下学期的课有这学期的课还多。

　　 下学期的课比这学期的课还多。

4. 在"A 有 B(那么/这么)C"句中,用错形容词 C。如:

(35) ＊他有你这么矮。

　　 他有你这么高。

(36) ＊那个教室有这个教室这么脏。

　　 那个教室没有这个教室干净。

汉语用"有"字句表示比较时,对 C 在语义上有限制[①],一般选用量度重、有积极意义的形容词,例(35)"高——矮"中应用"高",这里的"高"实际上指"高度"。例(36)在"干净——脏"这一对反义词中应选"干净"。

偏误六:替代。

词语之间或句子之间在语法功能上存在相似之处,但不可以随意替换的。由于没有掌握它们之间的区别,而产生替代的偏误。

1. 将汉语从反面叙述两事物差异的几种形式互相替代。如:

(37) ＊他考上了大学,我不比他好,没考上。

　　　他考上了大学,我没有他好,没考上。

(38) ＊他比我不大,我俩同岁。

　　　他不比我大,我俩同岁。

(39) ＊坐公共汽车去比骑车去不好。

　　　与其坐公共汽车去还不如骑车去。

"不比"和"没有"虽然都表示两种事物不同,但它们并不完全相等。"不比"的意思是比较的结果二者差不多,而"没有"表示两事物有差别。例(37)句错用了"不比"代替了"没有"。维、哈语的否定形容词谓语是在形容词后用否定词。受母语的影响常把"不比"说成"比……不",如例(38)。例(39)"与其……还不如"是较特殊的比较句,它不仅表示比较,还有选择意义,是维、哈族学生学习比较句的一个难点。

2. 用"比较"替代"比"。如:

(40) ＊这位老师说话比较张老师慢。

　　　这位老师说话比张老师慢。

(41) ＊这个句子比较那个句子难。

[①] 刘苏乔《表比较的"有"字句浅析》,《语言教学与研究》2002 年第 2 期,第 52 页。

这个句子比那个句子难。

3. 用"再"、"多"替代"更"、"还"。如：

（42）＊我比妹妹多喜欢锻炼。

我比妹妹更喜欢锻炼。

（43）＊我们现在比以前再忙了。

我们现在比以前更忙了。

偏误七：杂糅。

把两种不同的句型混杂起来，造成偏误。如：

（44）＊这个包裹有那个一样重。

这个包裹有那个重。/这个包裹和那个一样重。

（45）＊他说汉语比汉族人一样流利。

他说汉语和汉族人一样流利。

用"比"、"有"、"和……一样"的比较句在比较时只能用其一，不能同时用两种。维、哈族学生在没完全掌握之前会把几种比较句混用。

偏误八：省略。

把不该省略的成分省略了，导致偏误产生。

1. 省略比较双方的中心词。

（46）＊我妈妈88岁，他妈妈也88岁，他妈妈和我一样大。

我妈妈88岁，他妈妈也88岁，他妈妈和我妈妈一样大。

（47）＊我们场的羊毛比他们长。

我们场的羊毛比他们的羊毛长。

比较的双方在语义上应是对应的，这样才有可比性，例(46)省略中心词"妈妈"后，变成"他妈妈"和"我"一样大了。同样，例(47)省略了中心词"羊毛"后，变成"我们场的羊毛"和他们比了，这就失去可比性了。

2. 省略"有"字句中的"那么/这么"。如：

（48）＊这座楼有那座楼高。

这座楼有那座楼那么高。

(49) *这块布有那块布宽。

这块布有那块布那么宽。

在没有上下文的情况下,这两句话作为陈述句的肯定句没有"这么/那么"就显得在语义上不够自足。

以上是对维、哈族学生学习汉语比较句中产生的主要偏误进行的归纳,这些偏误可以从两个方面找到根源:一是学生把某些语法规则过度泛化;二是受母语的干扰,用母语的规则套用在汉语上。此外,比较句的表达方式多样。用法涉及语义、语用习惯等深层次的问题,因而出现了许多偏误。

第三节 教学难点及对策

比较句是交际中常用的句型。汉语的比较句结构比较复杂,维、哈族学生学起来感到规则、条件限制多,难以掌握,所以比较句一直被视为教学的难点。究竟难在何处?教师在讲解前一定要做到心中有数。学生学习比较句的偏误很多,但对教学而言,学生的偏误不都是教学的难点。因为偏误的出现是语言学习过程的必然阶段。维、哈族学生在学习比较句时具有阶段性特征,每个阶段用的时间不同。容易学的,用的时间短;难学的,用的时间长。学生学习的难易顺序是隐性的。教师如果能按学生习得的难易顺序安排教学,一定能获得较理想的效果。我们通过偏误分析,认为维、哈族学生学习汉语比较句有如下难点:

难点一:汉语比较句比较结果相同的三种表达形式与维、哈语有较规律的对应关系。汉语也有三种表达方式表示比较结果的不同。维、哈语对应的表达方式则多种多样。受母语的影响,维、哈族学生常分不清各种比较形式的区别,出现替代的偏误。因此比较结果不同的比较句是难点,尤其是"与其……还不如"、"宁可……也"这种含有选择意义的比较句更是维、哈族学生难以掌握的句型。

对策:教师应合理安排教学的内容。一般说来,与母语有规律的对应表达的形式,学生容易掌握。灵活性较大或母语没有的语法形式,学生学习起来就会感到困难。比如在讲比较结果相同的比较句时,先讲"A 和 B 一样",然后再讲"A 和 B 一样＋形容词",等学生有了"比"的概念后,再讲用"有"表示的比较句。学生已经掌握了这些形式后,再讲表示否定的比较句。这也要从"A 和 B 不一样"讲起,逐渐扩展句子的成分,至于可以互相变换的形式要放在最后讲,学生才不会产生混乱。

难点二:表示比较的"A 有 B(那么/这么)＋C"中,C 是有一定的语义限制的。而这些语义限制对没有汉语语感的维、哈族学生来说是必须说明的。若不说明,或说得不清楚,就会容易出偏误。"有"后的"这么/那么"有时可以省略,有时又不能省略。那么究竟什么时候可以省略,什么时候不能省略,学生还是一头雾水。如何让学生准确把握"A 有 B(那么/这么)＋C"的用法,是教学的难点。

对策:教师首先要分别说明当 C 是形容词,或动词这两种情况下,对 C 的限制条件。当 C 为形容词时,只有在陈述句中才有限制。一般选用意愿类的形容词,即程度重的,有积极意义的。在用疑问句和否定句表达时则没有这种限制。如:

(1) 我有他那么坏吗?

(2) 我可没有他那么狡猾。

当 C 是动词性词语时,一般为表示心理行为的、能带宾语的动词。一般出现在疑问句、反问句中。如:

(3) 他有我这么了解你吗?

(4) 他有我妈妈那么爱我吗?

在肯定句中一般"这么/那么"不能省略;在否定句、疑问句和反问句中,"这么/那么"省略或不省略都可以。

鉴于这种句型在陈述句和疑问句、肯定句和否定句中的不同限制,教师应先讲没有限制、不省略的情况。教师可以让学生在交际中反复操练。等完全熟悉了这种句型后,再讲限制的条件和省略的情况。把能省略和不能省略的情况加以对比。启发学生自己总结出规律来,这样学生既容易理解,又容易记住。避免简单地、生硬地记忆条条框框。

难点三:谓语为动词的比较句,在一些情况下对动词有一定的限制。如:有时只能是表示心理活动的动词,有时不能用表示心理活动的动词,有时是定向变化的动词等。对动词的限制条件十分重要,也是学生难以掌握的。因此是教学的一个难点。

对策:我们从对学生产生的偏误的分析中,可以清楚地看出干扰学生学习的因素,排除这些干扰的因素就是教学的重点。由于汉语的使用有很大的灵活性,在语义、语用上还有许多限制,所以在讲清语法结构后,还应结合语境,讲清语义、语用方面的各种限制。特别是不要在课堂教学中大量进行对比讲解和对译练习。因为这种方法容易给学生造成对等的概念,稍有不慎就会误导学生套用母语,产生偏误。我们提倡教师进行汉语和民族语的对比分析,但在教学中使用的不是对比的过程,而是对比的成果。不是要教师在课堂上从研究的角度进行对比,而是在课下通过对比分析学生母语的干扰,想办法排除干扰。

难点四:"了"是一个带有语法标志性质的词尾,但不是完全意义上的标志。使用起来有很大灵活性,如在比较句中可使静态比较变为动态比较。这给教学带来很大难度。维、哈族学生常把它看成一个完全的语法标志,并把它与母语的过去时的语法范畴等同起来,造成误加的偏误。因此比较句中"了"的意义和用法也是教学的难点。

对策:分散难点。"了"在词尾有很多意义和使用规则,不要集中一次讲完。那样学生不仅不能理解,还会越教越糊涂。要将这些规则加以梳理、排序。一次讲练一点。就是一个难点,也不宜一次集中讲完。还要注意语言内在系统的联系,一环紧扣一环,否则教学就带盲目性。

难点五:由于维、哈语没有补语,受母语的影响,常出现遗漏或用状语替代的偏误。比较句中补语也是教学的一个难点。

对策:教师应讲清状语和补语在语序上和意义上的区别。补语教学虽不是比较句教学的重点,却是掌握比较句的一个难点。所以教师可结合学生产生的偏误,进行适当分析。在以往补语教学的基础上,进行复习、补充讲解,使学生在补语多次重复出现时能对补语加深理解。

难点六:不同的教学内容,采用不同的教学方法。比较句教学究竟采用什么方法可以取得事半功倍的效果呢?课堂教学采用的方法是教师首要解决的问题,也是一个教学中的难题。

对策:汉语的比较句很复杂,教学要分阶段进行。一般分为句型展示与生成、机械练习、交际练习三步。

句型展示时,教师不仅要展示句子结构,还要告诉学生在什么情况下对谁说的,主要的意思是什么。教师可利用实物、图片、情景等,用话题引入法引入句型。比如讲"A 比 B+形容词"时,可请两位高矮不同的同学站在讲台前,教师问同学:"他们俩谁高?"同学们回答:"艾力高。"教师在黑板上写出"艾力比库萨音高=艾力高",然后再问"他们俩谁矮?"同学们回答:"库萨音矮。"教师在黑板上写出"库萨音比艾力矮=库萨音矮"。让学生明白比较的结果是什么。避免比反或出现相反的结果。教师把准备好的写有"A、B"字样的纸条分别别在两位同学身上,让学生说出"A 比 B 高"、"B 比 A 矮",老师把这两句话写在黑板上,再把"矮"替换成"C",得出"A 比 B+C(形容词)"的句式。

接下来进入第二阶段——机械练习阶段。教师可用图片或事物做练习。如用画有一大一小两个苹果的图片,让学生自己按句型说出"这个苹果比那个苹果大",老师指小苹果问:"这个苹果比那个苹果大吗?"

学生回答:"这个苹果比那个苹果小"。教师在黑板上写出"苹果一斤两元,香蕉一斤三元",再写出"贵、便宜"两个形容词。让学生自己说出比较句。交际练习时,可将学生分组,并设计一个交际场合,规定要用比较句表达,然后分组表演。等学生已熟练地掌握"A 比 B＋形容词"的句型后,再将句型扩展,转入"A 比 B＋形容词＋补语"的教学,然后再讲"A 比 B＋动词"的句型。如此不断地在复习旧知识的基础上,引入新知识,学生学得懂,学了会说,就会有成就感,有了成就感,就会对学习有兴趣。

　　有好的教学方法,还要有好的教学技巧。比如同样是问答法,不断重复师生一问一答,学生会感到单调。如果教师让学生分组抢答,或男、女生互相问答等多种形式问答,学生会兴趣大增。因此教师在每节课前要精心设计,这样会得到事半功倍的效果。

　　以上几点是我们在教学中的一些体会。当然讲比较句的方法还有很多,如结合课文进行对话练习、单项、多项替换练习等。但是我们不能满足于教材上的描写和解释。因为任何教材都不可能结合各种学生的具体情况,对他们容易出现偏误的问题做预见性的解释。所以教师要结合学生出现偏误的具体情况,给予有针对性的、详细的解释,学生才能在完全理解后,正确运用比较句。

第十三章　复句

汉语复句是维、哈族学生中高级阶段的学习难点,也是汉语教师中高级阶段的教学难点。长期以来,由于相关的教学过程缺乏操作性可靠的系统的理论指导,复句教学的难点问题一直没有从根本上得到解决。维、哈族学生造汉语单句成句率较高,而造复句时却频频出错。尤以误用、回避、滥用关联词和堆砌单句等偏误现象最为普遍。复句偏误的高发率造成维、哈族学生组词成句,组句成段,组段成篇的能力在低水平上徘徊,严重阻碍了汉语能力的发展。基于此,本章以维语为例,针对维族学生常见的复句偏误进行讨论,就其中的难点问题进行分析并提出对策。

第一节　联合复句

一、对应表达

从概念和表义功能看,维语的联合复句与汉语联合复句大致对应。它们都表示各分句之间意义平等,不分主句从句。

维语的联合复句概括起来可以分为并列复句、连贯复句、递进复句、选择复句、分合复句、对立复句等六种类型。汉语的联合复句包含并列复句、承接复句、递进复句、解说复句、选择复句等五类。维语的联合复句除了对立复句被单列出来,前五种类型的复句基本上与汉语的五类复句一一对应。维语的对立关系复句在汉语里属并列复句的范畴,以并列复句相称。

在维语和汉语联合复句中,如果是表示并列关系和连贯(承接)关系的复句,当分句之间的关系清楚时,一般不需要用关联词语;如果是表示递进关系和选择关系的复句,一般都用关联词语。

以维语的对立关系复句为例,由于各个分句之间在语义内容上体现出意义的相互对立,在语法形式上一般表现为肯定与否定的前后对立,而且每个分句都有自己的主语,前后位置可以调换,因而一般都不用关联词语连接。汉语与这种复句对应的是并列复句,因为分句之间的结构关系、逻辑关系一目了然,关联词语也可省略不用。例如:

(1) 我和姐姐赞同母亲的意见,哥哥嫂嫂反对母亲的意见。

  men bilεn atʃam apamniŋ pikrige qoʃulduq, akam bilεn
  我 和 姐姐 母亲的 意见 赞同, 哥哥 和
  jeŋgem apamniŋ pikrige qariʃi turdi.
  嫂嫂 母亲的 意见 反对

(2) 我们赢了,他们输了。

  biz jeŋduq, ular jeŋildi.
  我们 赢 他们 输

以维语和汉语的连贯(承接)关系复句为例,遣词造句可以不使用关联词,而用语序表示句际间的逻辑关系。因为表示连贯(承接)关系的复句各分句的意思连贯而下,位置一般不能随意地调换。通过逻辑或时间的先后顺序就能显示连贯(承接)关系,不一定非要出现关联词不可。当然也可在分句之间补出意念上的关联词。例如:

(3) 我悄悄地披了件外衣,(然后)带上门出去。

  men tʃapnimni astaʁine jipintʃaqlap, (uniŋdin kijin)
  我 外衣 悄悄地 披上 (然后)

ɪʃikni   jipip   tʃiqip   kɛttim.
门   关上   出   去

再以维语和汉语表示递进关系的复句为例,由于递进复句后一分句比前一分句的意义更推进一层,因此关联词语的作用不可忽视。在多数情况下,递进复句一般都有关联词语显示递进关系,否则就可能改变分句之间的关系。例如:

(4) 不但语言没有阶级性,语言学也没有阶级性。(递进关系复句)

tilniŋ sinipjiliʁi bolmajla qalmastin, tilʃunasliʁiniŋmu
语言   阶级性   没有   不但   语言学也

sinipjiliʁi bolmajdu.
阶级性   没有

(5) 语言没有阶级性,语言学也没有阶级性。(并列关系复句)

tilniŋ sinipjiliʁi joq, tilʃunasliʁiniŋmu sinipjiliʁi
语言   阶级性   没有 语言学   阶级性

bolmajdu.
没有

(6) 教师不但要了解学生,还要向学生学习。(递进关系复句)

oqutqutʃi oquʁutʃilarni tʃyʃinipla qalmastin, jɛnɛ
教师   学生   了解   不但   还

oquʁutʃilardin yginiʃi kirɛk.
学生(从格)   学习   要

(7) 教师要了解学生,要向学生学习。(并列关系复句)

oqutqutʃi oquʁutʃilarni tʃyʃiniʃi, oquʁutʃilardin
教师   学生   了解,   学生(从格)

yginiʃi kirɛk.
学习   要

例(4)和例(6),由于使用了关联词"不但……也"和"不但……还",使得后一分句比前一分句的意义更推进了一层,成为递进关系复句。例(5)和例(7)因为去掉了显示递进关系的关联词而改变了分句之间的关系,加之平缓的语气,不再强调后一分句,使两个句子变成了平行的并列分句。

由此看出,无论是维语还是汉语,使用表示递进关系的关联词语不仅能够准确清晰地反映递进复句的结构关系,而且还能够有效地避免句子表达出现偏误。

上述对应是就维语与汉语的联合复句在语言形式和语义内容上可以相互转换而言的。从应用层面看,维语与汉语的联合复句也有不一致的方面。比如说,维语联合复句使用关联词语的情形较多,汉语联合复句则相反。这主要是因为形态变化在维语里是常态,具有普遍性和强制性,复句各分句间的内在关系多体现在形态变化上,一般不能缺少关联词语。汉语是缺少形态变化的语言,句际联系多不依赖于形式而注重意合,即内在意义的联结和贯通,因而在有些情况下不一定非要有关联词语的出现。

与维语对比,汉语联合复句的关联词语语体风格化的特点较为明显。汉语口语表达在不影响交际的情况下,有时关联词语会被省略。但是,汉语的书面表达由于对个人语言规范化的程度和语言表述的准确性有一定的要求,因而关联词的使用率还是很高的。

维族学生要想真正学好汉语联合复句,一定要熟练掌握包括单用和合用在内的全部的关联词语。

二、偏误类型分析

偏误一:"又……又"的偏误类型分析。

1. 不会使用成对的关联词"又……,又……"

(8) *想挣大钱,不肯出力气,天下哪有那么好的事儿呢?

又想挣大钱,又不肯出力气,天下哪有那么好的事儿呢?

(9) *要我们承担艰巨的任务,不给我们提供必要的帮助,这怎么行呢?

又要我们承担艰巨的任务,又不给我们提供必要的帮助,这怎么行呢?

2. "又……,又……"后误用名词性词语

(10) *我爸爸又模范老师,又县人大代表。

我爸爸又是模范老师,又是县人大代表。

(11) *我们的国家又美丽的风景,又善良的人民。

我们的国家又有美丽的风景,又有善良的人民。

例(8)和例(9),虽然都不难看出句意,但由于两个复句分句间都缺少必要的连接成分,造成整个句子语言缺乏逻辑,语义表达突兀生硬。这种偏误主要与部分维族学生不会使用成对的关联词"又……,又……"有关。例(10)和例(11),问题出在"又"后。"又"直接跟一个名词性短语搭配,中间遗漏了必要的谓语动词"是"和"有",结果词不达意,语句不通。产生这种偏误的主要原因:一是维语"是"字句的"是"字和"有"字句的"有"字不像汉语那样不可或缺,非要作为独立的标志词出现才可。受母语思维的影响,维族学生造汉语复句时往往照搬母语式的表达,造成"是"字和"有"字的缺失;二是汉语的关联副词"又……,又……"后须连接动词性或形容词性词语,而不连接名词性词语。比如"他又爱旅游,又爱写作","又"后出现的是动词性短语"爱旅游"和"爱写作";"这孩子又聪明,又勤奋,15岁就考上了中国科技大学","又"后紧跟形容词"聪明"和"勤奋"。维族学生不了解"又……,又……"的句法特点和使用规则,就会导致造句出现偏误。

3. 混淆"又……,又……"和"一边……,一边……"

(12) *他又走路,又哼着歌曲。

　　　他一边走路,一边哼着歌曲。

"又……,又……"跟"一边……,一边……"都表示两个动作或情况的发生或进行。但是"又……,又……"一般强调两个动作、状况或情况积累在一起,并不强调同一时间。"一边……,一边……"则表示两个动作在同一时间里进行。时间意义的不同是这两对关联词最主要的区别,维族学生容易将它们混为一谈,用"又……,又……"替代"一边……,一边……"。例(12),走路与哼着歌是同时进行的两种动作,因此,应该使用关联词语"一边……,一边……"连接,而不该用"又……,又……"连接。

(13) *他一边想去当代商城,一边想去动物园,时间够用吗?

　　　他又想去当代商城,又想去动物园,时间够用吗?

例(13)与例(12)正好相反,主要偏误是关联词"一边……,一边……"错代了"又……,又……"。"一边……,一边……"虽然连接的是同时进行的两个动作,但对于不可能同时做到的或在不同时间里做的事,只能使用关联词语"又……,又……"连接,而不能用"一边……,一边……"连接。按原句句意,去商城和动物园这两件事情,是"他"在两个不同时间想要做的事情。因此,例(13)应该改成用关联词"又……,又……"连接的句子。

(14) *这款手机一边很美观,一边很实用,深受年轻人的喜爱。

　　　这款手机又很美观,又很实用,深受年轻人的喜爱。

(15) *那种水果一边贵,一边不新鲜,没人愿意买。

　　　那种水果又贵,又不新鲜,没人愿意买。

(16) *他今天一边想看电影,一边想游泳。

　　　他今天又想看电影,又想游泳。

(17) *他爱好广泛,一边爱绘画,一边爱写小说。

他爱好广泛,又爱绘画,又爱写小说。
(18) *她一边感到欢喜,一边感到害怕,说不出内心复杂的感受。
　　　她又感到欢喜,又感到害怕,说不出内心复杂的感受。

　　例(14)、(15)之所以出错,原因在于一些维族学生对"又……,又……"和"一边……,一边……"的句法规则和语用功能缺乏必要的了解,导致与其他词语进行搭配时出现偏误。"一边……,一边……"可以连接"做作业、听音乐"这一类表示动作在同一时间里进行的动词性词组,却不可连接"很美观、很实用"或是"贵、不新鲜"这一类形容词性的词组。"又……,又……"则不然,它既能够连接动词性词组,也能够连接形容词性词组。例(16)、(17)、(18)的语义内容显而易见,分句中的两个动作既然不在同一时间里进行,就不能用"一边……,一边……"连接。此外,"一边……,一边……"还受到另外一条语法规则的限制,即不可连接两个表示能愿意义或心理活动的动词,而"又……又"无此限制。例(16)、(17)、(18)句的动词都是表示能愿意义或心理活动的动词,所以关联词只能用"又……,又……"。

　　4. 混淆"又……,又……"和"也……,也……"
(19) *他也抽烟,也喝酒,经常遭到父亲的训斥。
　　　他又抽烟,又喝酒,经常遭到父亲的训斥。(主语相同)
(20) *你也不爱学习,也不与人交往,这样下去怎么行呢?
　　　你又不爱学习,又不与人交往,这样下去怎么行呢?(主语相同)
(21) *老伴又去世了,儿子又打工去了,家里只剩下老头孤零零的一个人。
　　　老伴也去世了,儿子也打工去了,家里只剩下老头儿孤零零的一个人。(主语不同;两个动词作谓语)
(22) *家里又吵、外头又吵,简直没个安静的地方。

家里也吵、外头也吵,简直没个安静的地方。(主语不同;两个相同的形容词作谓语)

先看例(19)和(20),应该用"又……,又……"连接两个平行并列的分句,结果却用了"也……,也……"。再看例(21)和(22),应该用关联词"也……,也……"的地方,却用了"又……,又……"。维族学生混淆这两对关联词语,是因为不能有效地区分它们所表示的不同的语法意义和语法规则。"又……,又……"主要表示动作、情形、状态的累积;"也……,也……"主要表示动作、情形、状态的相同,二者语法意义不对等,所以不能换用。此外,两个关联词的句法功能也不同。一般情况下,当两个分句主语相同时,如例(19)和(20),分句的关联词应使用"又……,又……",而不用"也……,也……"。而当两个分句主语不同时,如例(21)和(22),关联词应该用"也……,也……",而不用"又……,又……"。

偏误二:"一边……,一边……"的偏误类型分析。

混淆"一边……,一边……"和"一方面……,(另)一方面……"

(23) *学校领导一边同意我们提出的教改的方案,一边又对方案的实施提出了具体要求。

学校领导一方面同意我们提出的教改的方案,一方面又对方案的实施提出了具体要求。

(24) *老师一边肯定了我的优点,一边也指出了我的不足。

老师一方面肯定了我的优点,另一方面也指出了我的不足。

(25) *青少年学生一边要努力学好文化课,一边还要加强体育锻炼,增强体质。

青少年学生一方面要努力学好文化课,一方面还要加强体育锻炼,增强体质。

以上三个例句都属于用"一边……,一边……"错代"一方面……,

(另)一方面……"的偏误。维族学生之所以容易用错这两个关联词语,主要原因是,一些人误以为"一方面……,(另)一方面……"的意义等同于"一边……,一边……"。其实,"一边……,一边……"和"一方面……,(另)一方面……"的意义和用法有着明显的差别。"一边……,一边……"连接的是同时进行的两个动作,而且用法灵活,主语可以相同,也可以不同。"一方面……,(另)一方面……"连接的则是两个并列的相互关联的事物,或一个事物的两个方面,并且"(另)一方面"后面还时常伴有"又"、"也"、"还"等副词与之搭配。

(26) *一边由于家境贫寒,一边还由于父亲重病在身,王晓最终放弃了考大学的念头。

一方面由于家境贫寒,一方面还由于父亲重病在身,王晓最终放弃了考大学的念头。

(27) *一边因为个人身体的原因,一边也因为老伴需要照顾,她提前退休了。

一方面因为个人身体的原因,一方面也因为老伴需要照顾,她提前退休了。

例(26)、例(27)的偏误是由于一些维族学生不清楚"一边……,一边……"和"一方面……,(另)一方面……"的句法结构而引起的。"一边……,一边……"一般不连接由两个介词结构组成的分句,"一方面……,(另)一方面……"则可以连接。

(28) *他们决定一边依靠本厂的科研人员,搞产品开发,一边请国外的医药专家亲临药厂进行指导。

他们决定一方面依靠本厂的科研人员,搞产品开发,一方面请国外的医药专家亲临药厂进行指导。

从语义角度分析,例(28)的关联词应该连接两个并列意义的分句;从时间角度分析,此句不强调动作的同时进行,而是侧重动作有先有后。这种情况下,使用关联词"一方面……,一方面……"比使用"一边……,一边……"更合乎事理和语言逻辑。例(28)出现的问题反映出维族学生忽略了"一方面……,一方面……"连接的是两个并列的事物,并且侧重动作有先有后,结果误用侧重于两种动作同时进行的"一边……,一边……"替代了"一方面……,一方面……",造成句子表达出现偏误。

偏误三:"与其……,(还)不如……"的偏误类型分析。

(29) *与其听课,不如学习,这是不正确的观念。

(30) *他与其这么做,还不如你做。

例(29)的问题主要在于维族学生没把"听课"和"学习"同属一个范畴搞清楚。"听课"属于基本的、常态的学习形式,不能把听课和学习对立起来,分而择其一。"听课"与"自学"倒是属于两种不同的学习形式,可以用关联词"与其……,(还)不如……"把二者连接起来,再进行对比式的选择。如"与其听课,(还)不如自学"。除此之外,原句既然表示"与其……,(还)不如……"所示的观念是一种不正确的观念,那么也不妨将它作引语用,整句话可改成"'与其听老师讲课,不如在家自学'这是不正确的观念"。这样的改动,会使整个复句结构合理,语义通达。

例(30)的偏误反映出学习者对于"与其……,(还)不如……"的结构、意义和用法都知之甚少。一般来说,如果主语同为一个人,而且主语的位置已出现在前一分句的连接词"与其"之前,那么后一分句的主语可以承前省略。以此为据,例(30)可改为主语同为"他"的选择复句"他与其这么做,还不如不做",抑或在"与其"和"(还)不如"后使用对等的使动句,将此复句改成"与其让他做,还不如让你做"。

偏误四:"宁可……,也不……"的偏误类型分析。

(31) *宁可上这所好学校,也绝不会求他。

　　宁可不上这所好学校,也绝不会求他。

(32) *我宁可去了,也不会吃饭。
　　　我即使去了,也不会吃饭。
(33) *这次比赛,我宁可得不到第一名,老师也不会怪我。
　　　这次比赛,我即使得不到第一名,老师也不会怪我。

以上偏误句因为用错了关联词,造成前后分句出现严重的逻辑错误。例(31)因为前一分句"宁可"后选择"上这所好学校",与后一分句"也绝不会求他"的语义内容没有必然的联系,所以句子不成立。假如"宁可"后选取"不上这所好学校",那么"也绝不会求他"的说法就成立。例(32)和(33)的偏误是因为维族学生对关联词"宁可……,也不……"的理解出现了偏差而引起的。应该把这两个偏误句的关联词都改成表示让步关系的"即使……,也不……"也更为合适,更加切合句意。

(34) *我宁可不睡觉,也不必须完成今天的作业。
　　　我宁可不睡觉,也要完成今天的作业。
(35) *我宁可不去挣钱,也不会管他。
　　　我宁可不去挣钱,也不会不管他。

关联词语"宁可不……,也不……"和"宁可不……,也……"相比较,维族学生似乎更倾向于使用"宁可不……,也不……"。这可能与"宁可不……,也不……"的双否定格式易记上口有关,因而造成"宁可不……,也……"经常被遗忘,或被"宁可不……,也不……"所替代。

偏误五:"不但……,而且……,甚至……"的偏误类型分析。

(36) *他不但是个好学生,而且心地善良,甚至很努力学习。
　　　他不但学习好,而且心地善良,关心他人,甚至拿出自己的零花钱帮助家庭困难的同学。
(37) *古丽扎不但聪明,而且能唱歌,甚至会跳舞。

古丽扎不但学习好,而且能歌善舞,多才多艺,甚至还得过全疆大学生才艺大赛的冠军呢。

例(36)有三句话"是个好学生","心地善良","很努力学习",虽然用了三个表递进关系的关联词连接,但是句际间却没有显现出意义更进一层的意思。"好学生"和"很努力学习"之间,语义内容有交叉,后者不能成为前者的递进项。例(37)的各个分句也用了表递进关系的关联词,可是句意表达却显得牵强附会,没有将正确的语义内涵以层级递增的方式体现出来。这类偏误表明,维族学生无论是汉语的逻辑思维能力,语言组织能力还是语言表达能力都有待于通过复句的练习和纠偏得到进一步的提高。

(38) * 不但他会说汉语,而且会说英语,甚至会操作电脑。

他不但会说汉语,而且会说英语,甚至会操作电脑。

例(38)的偏误是表示递进关系复句的主语和主要的关联词发生了错位。造成这一偏误的主要原因是,许多维族学生忽视了递进关系复句中一个特殊的句法规则,即主语相同,表递进关系的关联词一般要放在主语之后;主语不同,表递进关系的关联词一般要放在主语之前。例(38)各分句的主语同为"他",因此,这个主语应该调换到关联词之前。

三、教学难点及对策

难点一:用母语的单句形式套用汉语的并列复句。

维族学生学习汉语复句,从接受一种不同于本族语言形式的言语输入到最终达到与这种语言形式相匹配的言语输出,是十分复杂的习得过程。其间,我们看到,一方面汉语的词汇、语法、篇章、语用等诸多层面的语言知识在逐步为他们的大脑所吸收和贮存;而另一方面,本族语固化的态势——"负迁移"的影响,以及"常常根据自己的理解去运用已学到的外语规则,造成所谓'过度泛化'的偏误"[①],又使他们使用着的语言与汉语的标准形式有很大的距离。惯用母语单句的语言结构套用汉语的并列复句就是"负迁移"的一种突出表现。

在汉语的并列复句中,常常见到表述一件与人或物有关的事。如果后一分句的主语为前一分句的宾语时,这个主语就可承前省略。这种句子,在维语里有两种处理办法:第一,可以处理成复句,用人称代词"u"取代被省略的主语;第二,有可能按单句的结构对待。例如:

(39) 阿里木有个弟弟,(他)在北京上学。(复句)

　　alimniŋ inisi bar, (u) bidʒiŋda oqujdu.

　　阿里木　弟弟　有,(他)　在北京　上学

(40) 阿里木有个在北京上学的弟弟。(单句)

　　alimniŋ bidʒiŋda oqujdiʁan inisi bar.

　　阿里木　北京　上学　弟弟　有

(41) 李先生跟前有份珍贵资料,(这份珍贵资料)是他亲手抄录的。(复句)

　　li ependimniŋ jinida bezi qimmetlir matirjalar bar,

　　李　先生　跟前　一份　珍贵　　资料　　有

　　(bu qimmetlik matirjalarni) u　öz　qoli　bilen

　　(这份　珍贵　　资料)　他　亲自　手　用

　　køtʃyryp tʃiqqan.

　　抄写　　出来

(42) 李先生跟前有份他亲手抄录的珍贵资料。(单句)

---

① 鲁健骥《偏误分析与对外汉语教学》,载《对外汉语教学思考集》,北京语言文化大学出版社,1999年,第13页。

li ependimniŋ jinida u øz qoli bilen
李　先生　　跟前 他亲自手　用
køtʃyryp tʃiqqan bezi qimmetlik matirjalar bar.
出来　　　　一些　珍贵　　资料　　有

教学中遇到的难点是，维族学生往往习惯于用母语思维，仿照母语单句的结构套用汉语的并列复句。比如将例(39)和例(40)句分别错写成"阿里木在北京上大学的一个弟弟有"和"李先生跟前亲手抄录的珍贵资料有"。有些学生到了中高级阶段，依然会受到母语知识固化的干扰和影响。尤其是面对结构较为复杂的长句难句时，不会灵活运用并列复句对句子进行合理的分解，出现各种不符合汉语表达习惯的偏误。

对策：

1. 教师要向维族学生讲明，当一个较长的句子是表述一件与人或物有关的事情时，如果后一分句的主语为前一分句的宾语，这个主语可承前省略，前后两个分句由此可构成一个并列复句。这种情况下使用并列复句，语言简练，层次分明，可以有效地避免单句因冗长而产生头重脚轻的现象。

2. 教师应根据维族学生的汉语水平和学习现状，设计一些由简入繁，可以互为转换的简单句和复句，并与维语句进行对译，目的是帮助学习者理解和认识汉语与维语在语法结构和句子表达等多个方面存在的差异，克服母语的惯性思维，防止因套用母语句法结构可能造出一些汉语偏误复句。或把并列关系复句中容易出错的关联词按偏误类型组成系列模块，有针对性地将正确的复句和偏误复句都纳入其中，引导维族学生通过语言的对比学习了解汉语关联词的功能和作用，了解汉语语法的主要特点和一些特殊的规则，从而找到复句偏误的症结所在。对比学习，相得益彰。只要老师认真引导维族学生在复句的双语对比、复句正误的对比以及复句的操练上多下工夫，就能培养起学生对汉语复句高度的敏感,逐步减少和最终消除复句的偏误现象。

难点二:使用递进关系复句时,关联词"不但"发生错位。

在汉语里,复句的关联词以连词为主体,在句中起连接句子的作用。并且多数连词的位置相对比较固定,往往位于各分句的主语之后,呈线形排列。但由于所处的语言环境不同,有的连词在句法上也有灵活位移的特点。"不但"就是具备这种特性的连词,也是维族学生最易出错的连词。

确定连词"不但"可不可以发生位移,须根据分句的主语是相同还是相异的情况才能下结论。可是,这个重要的语法规则往往不为维族学生所了解,因此他们造句出现的偏误率很高,错误形式也惊人地相似。例如:

(43) ＊ 不但他学习好,思想(身体,工作)也好。

他不但学习好,思想(身体,工作)也好。

(44) ＊ 他不但学习好,他妹妹学习也好。

不但他学习好,他妹妹学习也好。

先看例(43)"他不但学习好,思想(身体,工作)也好"这个修改过的正确句子。按照"分句的主语相同,前一分句的连词在主语后,不用在主语前"[①]的句法规则,"不但"应放在主语后,是定位连词,不可移位。再看修改后的例(44)句"不但他学习好,他妹妹学习也好"。根据语法结构规则,分句的主语如若不同,"不但"应放在主语之前。此时的"不但"也是定位连词,同样不可移位。可是,由于教学中老师不太重视对关联词"不但"具有的特殊性规则进行讲解,因而使得维族学生普遍容易忽视它与主语的关系和它的定位性特点,以为"不但"出现在主语前主语后都可以,以为它是可随意移位的非定位连词。结果导致造句时

---

① 黄伯荣、廖序东《现代汉语》(下册),高等教育出版社,2002年,第174页。

经常出现诸如"不但他学习好,思想(身体,工作)也好"和"他不但学习好,他妹妹学习也好"这样的偏误句。

对策:

1. 改进和完善教材对语法知识点的讲解。现有教材很少有介绍关联连词和关联副词发生灵活位移的特点,即使有也是"散兵游勇"式的,很不系统,从而分散了本该集中解决的难点和重点。因此,需要改进和完善教材,尤其是对重要关联连词和关联副词位移的特点应该予以系统的介绍和讲解。

2. 教师要改变传统的语法教学对关联词共性特征和普遍规则讲得多,而对其个性特点和特殊规则讲得少的做法。要将语法侧重点转移到个体关联词特定的意义和句法功能方面,以防学习者因缺乏对特殊规则的了解导致遣词造句出现偏误。

3. 教师课上课下要多搜集一些维族学生作业、练习和口头造句中出现的偏误,并对此进行归纳、分析和总结,然后进行"诊治性"的纠偏。也可防患于未然,进行"防御性"的纠偏。纠偏可在课堂上进行,也可要求学生课下自行纠偏。

难点三:难以把握关联词"反而"的用法。

关联词"反而"属于虚词的范畴,不少维族学生在实际使用过程中屡屡出错。《现代汉语词典》对连词"反而"的语法意义的解释是:"表示跟上文意思相反或出乎意料和常情"[①]。因此,学生据此简单地认为"反而"与"可是"一样,都是表示转折意义的,于是说出"我以为他喜欢我,他反而不喜欢我"的偏误句。"反而"的纠偏比较难,也是复句教学的难点。

对策:

1. 教师应该告诉学生该不该用"反而"不是绝对的,要视"反而"所

---

① 《现代汉语词典》(第5版),商务印书馆,2005年,第377页。

处的具体语言环境而定。以"我以为他喜欢我,他反而不喜欢我"这个偏误句为例,可以把它理解为转折关系复句,不过转折连词不该用"反而",而应该用"其实"或"可是"。句子可以改成"我以为他喜欢我,其实他不喜欢我",或"我以为他喜欢我,可是(实际上)他并不喜欢我"。

2. 教师要向学生强调和说明:"反而"的语义比较复杂,除了表示转折,还强调程度更深、性质更重。也就是说,由它连接的后一分句与前一分句(隐含在句中)有一种深层的语义联系。这种联系主要体现在递进关系的层面上,而不在转折关系的层面上。不仅如此,用"反而"时,前面的句子必须有一定的行为、状况作为叙述的前提。如果缺少,就应该增加前提,这样才能反衬出乎意料和出乎常情。有"反而"的复句,分句的组合方式常常是"不但不怎么怎么样,反而如何如何。"以此为据,像"我以为他喜欢我,他反而不喜欢我"这样的偏误句应该改成"我以为他喜欢我,他不但不喜欢我,反而讨厌我"。

3. "反而"的偏误说明教师在进行虚词教学时,要特别强调虚词虚而不实的特点,以及虚词的语法作用,以防学生将虚词的语法意义理解成实词的词汇意义。同时要帮助学生通过分析复句各分句间隐含着的深层语义联系,体会关联词与关联词之间的差别,真正掌握关联词的用法。

难点四:回避或滥用关联词。

在对联合复句进行教学的过程中,老师通常会遇到一个棘手的问题,就是维族学生普遍回避使用关联词或滥用关联词。偏误问题集中表现为该用关联词的地方遗漏了关联词,或是过度使用关联词,在不该用的地方用了关联词。例如:

(45) *她清醒而糊涂,热情而冷酷,生活在悲观和矛盾之中。

　　　她清醒而又糊涂,热情而又冷酷,生活在悲观和矛盾之中。

(46) *陈白露是个交际花,年轻美丽,高傲任性,但却过着孤独、空虚、悲观的生活。她鄙视和厌恶周围的一切,但又追求舒适而富有的生活。她脸上常常带着冷嘲的笑容,但她身上也有一般交际花身上所没有的东西。她与潘月亭等人厮混着,但为了小东西而做出了对付黑三的一些举动。只有这样才能在感情上仍然与方达生保持联系。但她对生活的这种态度不能长久,所以,她只能在日出之前结束了自己的生命。

陈白露是个交际花,年轻美丽,高傲任性,但却过着孤独、空虚、悲观的生活。她鄙视和厌恶周围的一切,追求舒适而富有的生活。她脸上常常带着冷嘲的笑容,身上也有一般交际花身上所没有的东西。她与潘月亭等人厮混着,为了小东西而做出了对付黑三的一些举动。只有这样才能在感情上仍然与方达生保持联系。然而她对生活的这种态度不能长久,所以,她只能在日出之前结束了自己的生命。

例(45)是并列复句,偏误在于遗漏了表示并列关系的关联词"又……,又……"。例(46)是多重复句,共有6句话,可是光转折连词"但"就出现了5次。这样的表述会给人造成表述者词汇极为贫乏,造句牵强附会的感觉。这两种偏误现象表明,维族学生使用联合复句一方面会回避复句的关联词语,另一方面也容易滥用像"但(是)"一样简单易记的关联词语。

对策:

1. 讲清联合复句关联词的功能和作用。

在汉语联合复句中,各分句间逻辑和语义的联系,有些可以通过使用连接词连接,有些可以通过语序实现。一般来说,联合复句中的并列、承接复句如果有合理的语序表示事物的并列和对立,或者时间、动作的先后,就不一定出现关联词。如"陈白露是个交际花,年轻美丽,高傲任性"这句话,三个并列分句已经清楚地将人物身份、年龄、性格特征勾勒出来,使用关联词语反而显得繁复冗杂。但如果从语序看不出句际间的关系,那就不能轻易地取消关联词。比如"她清醒而又糊涂,热情而又冷酷,生活在悲观和矛盾之中"这句话,如果去掉关联词"又……,又……",句子不但读起来拗口,而且语义含混,不足以明确清晰地把"她"的双重性格表现出来。

2. 通过句式转换练习体会关联词在联合复句中的重要作用。

维族学生使用联合复句因回避和滥用关联词会出现各种各样的偏误。对于一些频发、易发的偏误句,老师应该及时予以纠正。课堂上,教师可以有针对性地根据联合复句的结构特点和语义特征,罗列出可以变换的句式,让学生反复进行操练,防患于未然。例如,告诉他们"不但语言没有阶级性,语言学也没有阶级性"是递进关系复句。如果去掉关联词,那么"语言没有阶级性,语言学没有阶级性"就成了并列关系复句。句式变换练习,不但能够使学生直观地了解什么样的语言环境下需要什么样的关联词,而且还能培养学生正确使用关联词语的意识,感受和体会复句表达的多样性,进而在语言习得过程中获得更完备、更系统的知识。

3. 加大对联合复句综合训练的力度。

维族学生使用联合复句进行汉语表达时,往往把注意力集中在怎样遣词造句上,却忽视了句与句之间相互的衔接和语义的连贯,因而导致各类错误的频繁出现。教师应该引导他们把握联合复句中影响语义连贯关系实现的一些基本要素。诸如:保持衔接的正确(包括有标志的和无标志的衔接手段);注意句子的排列顺序(事件发生的先后顺序,事物排列的常规顺序,相关项的逻辑顺序,交际方心理空间的调适);注意说话的前提或双方共有的知识;结合特定的语境等等。在保持衔接的正确方面,有标志的关联词语是最常见的衔接手段,对句子语义连贯关系的实现起着举足轻重的作用。对此,教师在课堂教学中应该给予高度的重视。要让维族学生熟悉它们,认识它们,最终达到熟练运用。关联词语的练习形式有很多,比如用指定的连接词写一段话或改写句子,模仿连接词造句,在括号内填入适当的关联词语等等。例如:

1. 使用以下加点词语,模仿造句。

(1)诚然,谁都希望自己的一生无忧无虑,不愿背负来自四面八方的压力。然而这是不现实的,因为压力它无时不有,无处不在,无人不受。

(2)可以说,给压岁钱并不是一件坏事,然而压岁钱是否有负面效应呢?

(3)上大学固然可以达到深造的目的,就是坚持自学也同样可以成才。

(4)且不说自己的亲兄弟了,就是朋友、同事之间也应该互相帮助。

2. 在括号内填入适当的关联词语。

(1)我认为假期的主要目的是休息和阅读各种书籍。(　)我没有很多钱,(　)我不打算去打工。打工(　)在经济上有一定的收获,(　)工作一个假期,会使你觉得很疲劳,在新学期没有旺盛的精力投入学习。

(虽然、但、尽管、可是)

(2)一旦父母做错了事,(　)能向孩子说一声"对不起",(　)可以帮助孩子建立自尊,养成尊重人的习惯。(　)父母真诚地向孩子道歉,孩子感到你尊重他,爱护他,他们(　)会更加信任父母。

(如果、就、如果、就)

(3)(　)这种论调如何冠冕堂皇,我们都可以肯定地说,厌学风(　)不及时煞住,将会影响到中国迫切需要振兴的教育问题,切不可等闲视之。(　)靠知识作为支点,我们明天(　)可能崛起。

(不论、如果、只有、才)

(4)这样了不起的应用科学,为什么带给我们的幸福(　　)那么少呢?坦率的回答是,(　　)我们没有学会怎样正当地使用它。

(却、因为)

(5)他们没有电视机。他们说看电视就不用大脑,是满足懒人的,(　　)他们不喜欢电视。(　　)对书籍,他们的态度就完全不同,两个人都爱书如命。

(所以、但是)

(6)跟真诚的朋友在一起,你不必时时提防。(　　)他对你有反感,他(　　)会立刻表露出来,(　　)你能坦白承认错误,他就能够理解你、原谅你。

(如果、就、只要、就)

第二节　偏正复句

一、对应表达

偏正复句表示各分句之间意义上不平等,有主句(正句)从句(偏句)的分别。多数情况下都是偏句在前,正句在后。正句作为整个句子的中心,偏句则对正句起补充、说明或修饰作用。维语的偏正复句与汉语偏正复句在概念和表义功能上大致相同。不过,汉语偏正复句之间,可通过会意的方法表达,不一定单靠连词或关联词语,维语则大多需要通过连词或关联词语表达。

从分类、结构、语序以及所包含的范围看,维语的偏正关系复句比汉语的偏正关系复句种类更多、结构也更复杂一些。维语的偏正复句分为以下12种:1.补充复句,2.转折复句,3.条件复句,4.因果复句,5.目的复句,6.假设复句,7.让步复句,8.理由复句,9.连锁复句,10.比喻复句,11.时间复句,12.取舍复句。

从对应关系看,维语的转折、条件、因果、目的、假设、让步、理由、取舍复句基本上都能在汉语复句中找到大致对应的结构。其中,维语的假设、让步复句对应汉语里的假设复句,理由复句对应因果复句,取舍复句对应选择关系复句。连锁复句,表示一种应变关系,表达形式相当于汉语的"谁……谁"或"越……越"。补充复句,与汉语里使用"由此可见"、"众所周知"、"总而言之"、"应当说"等起衔接作用的词语写成的句式相当。其他像时间复句、比喻复句,表时间、比喻的语言成分处在偏句位置上,基本上与汉语的状语成分相当。

维族学生要想学好汉语的偏正复句,必须熟练掌握包括单用的和合用在内的关联词语。

二、偏误类型分析

偏误一:"只要……,就……"和"只有……,才……"的偏误类型分析。

(1) *只要学好汉语,才能真正了解中国和中国人。
  只有学好汉语,才能真正了解中国和中国人。
(2) *你只有刻苦努力地学习,就能取得好成绩。
  你只有刻苦努力地学习,才能取得好成绩。

此类偏误是由于关联词语搭配不当造成的。关联词语成对使用时,其搭配是约定俗成的,不能随意地调换。连词"只要"和"只有"分别与副词"就"和"才"对应,构成固定的关联词语"只要……就……"和"只有……才……"。这两对常用的关联词语,虽说都用于条件关系复句,可是意义和用法不同。"只要……,就……"表示的是允足条件,即具备了某一充足的条件,就可产生相应的结果,但不排除能够引起同样结果的其他条件;"只有……才……"表示的是唯一有效的条件,缺少这一条

件就不能产生某一结果,其他条件均被排除。例如:

(3) 只要用心去学,就能掌握这门技术。(用心学习是充分条件,不排除取得进步还有其他条件。)

(4) 只有虚心学习,才能进步。(强调虚心学习是取得进步的唯一条件,其他条件都不行。)

在例(1)中,后一分句用了"才",意在表达只有在"学好汉语"这个唯一和必要的条件下才能达到"真正了解中国和中国人"这个结果。因此前一分句中的连词"只要"应改为"只有"。例(2)的前一分句"刻苦努力地学习"只是"就能取得好成绩"这个结果的充分条件,并不是唯一条件,还有其他条件也可产生"取得好成绩"的结果。因此,应该把"只有"改成"只要"。

(5) ＊只有我遇到难事,我的朋友帮我。

只要我遇到难事,我的朋友就都来帮我。

(6) ＊只有算错了一步,答案会错。

只要算错了一步,答案就会错。

以上两个例句共同的偏误是,前一分句用错一个关联词,后一分句缺少一个关联词。产生这类偏误的主要原因是:一些维族学生对什么是充分条件复句,什么是必要条件复句不理解,不会运用相关的关联词把两种条件复句内在的逻辑关系和正确的语义内容恰如其分地表达出来。模糊的理解往往造成模糊的记忆,结果导致他们把关联词记混和用错。以例(5)来说,说话人本意是用表示充分条件的关联词"只要……,……就"表明自己但凡遇到难事,好朋友就会无条件地帮助自己,结果却用一个表示必要条件的关联词"只有"误代了"只要",同时还遗漏了另外一个关联副词"就"。这个句子很容易让人产生误解,好像"我"的朋友不够朋友,轻易不肯帮"我",只有"我"遇到难事才帮。例(6)同样也用关联词"只有"误代了"只要",造成句子逻辑和语义关系的混乱。这句话的本意是只要具备了"算错一步"这个充分的条件,就足以导致"答案错误"这个结果。可是,在偏误句里,"算错了一步"却被误作"答案会错"的唯一必要的条件。很明显,"算错了一步"有任指义,第一步、中间的某一步,或最后一步皆有可能算错,而其中任何一步都可构成"答案会错"的充分条件。因此,以上两个偏误句的关联词都应改为表示充分条件关系的关联词"只要……,就……"。

(7) ＊只要努力学习,就取得好成绩。

　　　只要努力学习,就能取得好成绩。

(8) ＊只要努力工作,就完成任务。

　　　只要努力工作,就能完成任务。

(9) ＊你只要说到做到,就得到别人的信任。

　　　你只要说到做到,就能得到别人的信任。

以上偏误的主要问题是,关联副词"就"后遗漏了能愿动词"能"。一般来说,关联连词"只要"在分句中比较灵活,用在前一分句的主语前或主语后都可以。而关联副词"就"在分句中相对固定一些,位于后一分句的能愿动词之前。因为后一分句表达的是"能愿"的语义内容,那么关联副词"就"必须按照句法规则,先与能愿动词"能(能够)"、"可(可以)"搭配,然后再和"取得"、"完成"、"得到"等主要动词进行搭配。

(10) ＊只要你在我身边,我什么也就不怕。

　　　只要你在我身边,我就什么也不怕。

(11) ＊只要认真地进行调查,就这些事情都会弄清楚的。

　　　只要认真地进行调查,这些事情就都会弄清楚的。

例(10)和(11)的偏误出在关联副词"就"上。一些学生由于分不清主语和关联副词"就"孰前孰后,导致"就"发生错位。"就"的位置比较固定,一般处在主语后谓语前。维族学生如果能够清楚地了解一般副词在句中的基本位置和句法作用,那么使用关联副词就不会出现较大的问题。

(12) *只有丰富的知识,才能跟得上时代。

　　只有丰富自己的知识,才能跟得上时代。

(13) *只有坚强的意志,才能战胜困难。

　　只有意志坚强,才能战胜困难。

例(12)、(13)的偏误是,先行词"只有"后连接的名词性短语既不合乎句法规则,也不合乎语言逻辑。一些学生由于不了解连词的语法意义和功能,把起连接作用的先行词"只有"与实词"有"完全等同起来。这样就很容易在"只有"后误加名词性短语成分。教师应让学生充分认识到"只有"作为连词,属于虚词的范畴,在句子中不能单独使用,必须和其他实词结合起来,构成动词性短语才有意义。

偏误二:"尽管……,但是……"的偏误类型分析。

(14) *尽管他心里有一股怨气,说不出来。

　　尽管他心里有一股怨气,但却说不出来。

(15) *尽管学语言有些枯燥,不少人愿意学。

　　尽管学语言有些枯燥,但是不少人愿意学。

(16) *尽管心里不想那么做,不能不做。

　　尽管心里不想那么做,可是却不能不做。

维族学生学习和运用"尽管……,但是(可是)……"的转折复句时,缺失第二个关联词的现象非常普遍。以上三个偏误句都只在前一分句使用了关联词"尽管",而在后一分句中均丢掉了与之呼应的转折连词"但是(可是)",造成语句表达不连贯、不通顺。

先行连词"尽管"常与"可(可是)"、"但(但是)"、"然而"等转折连词在一起构成相互关联的固定搭配,表示复句的两分句间存在着转折关系。"尽管"用在前一个分句里主要目的是为了加强后面转折的意味,有时可以省略,但是"可(可是)"、"但(但是)"、"然而"等词却不能省去,否则无法体现复句的转折关系。

偏误三:"除非……,才(否则)……"的偏误类型分析。

维族学生使用"除非……,才(否则)",容易出现以下几类偏误:

(17) *除非他们参加这场比赛,否则我们早就输了。

除非他们参加这场比赛,否则我们会输的。

(18) *除非他来帮助我们,我们才摆脱困境。

除非他来帮助我们,我们才能摆脱困境。

例(17)的偏误出现在第二个分句当中。前一分句表示这场比赛还没有进行,后一分句却用时间副词"早就"表示过去就已知道比赛的结果。"早就"的使用不当,造成前后分句语义和逻辑关系出现矛盾和错误。对这句话,正确的理解是,既然前一分句提出一个必要条件,并且关联的内容是预设将来和未然发生的事情,那么后一分句关联的结果也应该是将来预知的和将来实现的事情。所以,应将例(17)改成"除非他们参加这场比赛,否则我们会输的"才对。

例(18)虽然用对了关联词"除非……,才……",可是因为"才"后缺少能愿动词,结果使句子出现了语病。在条件句里,副词"才"连接的语言成分若是表示某种意愿和希冀的结果,那么"才"往往先得和"能"、"可以"、"会"这样的能愿动词搭配,然后再跟其他动词搭配。

(19) *除非你不来,否则我以后不再见你。

除非你来,否则我以后不再见你。

(20) *除非你不来接我,否则我就回家。

除非你来接我,否则我不回家。

(21) *除非你偷别人的东西,否则警察会抓你的。

除非你不偷别人的东西,否则警察会抓你的。

(22) *除非他相信你,否则他会跟你讲实话的。

除非他不相信你,否则他会跟你讲实话的。

使用"除非……否则"的条件句式,首先必须正确地理解和把握句子的结构关系。"除非……否则……"等同于"除非……,才……,否则……"。例如,"除非班主任准许,否则按旷课论处"相当于"除非班主任准许,才可请事假,否则按旷课论处"的意思。其中的"除非"强调某一条件是唯一的先决条件;"才"表示在先决条件之下才能产生某种结果;"否则"表示不这样就不能产生某种结果。其次,必须明确关联词"除非……否则……"后连接的句子是要表达一种肯定义还是一种否定义。无论句子是选择前否后肯还是前肯后否,都要符合句子的语义内容和正确的语言逻辑,而不能凭空想象,主观臆测。

上述偏误主要是由于一些维族学生对"除非……,否则……"的结构关系和表达的语义内容存在一定的模糊认识而产生的。例(19)、(20)该用"除非"连接肯定意义的句子,却用"除非不"连接了否定意义的句子。例(21)、(22)恰恰相反,该用"除非不"连接否定意义的句子,却用"除非"连接了肯定意义的句子。两种做法结果都导致句子出现了严重的句法错误和逻辑错误。

偏误四:"即使……也……"的偏误分析。

(23) *虽然困难再大,我们也要克服。

即使困难再大,我们也要克服。

(24) *虽然是高明的医生,也治不了他的病。

即使是高明的医生,也治不了他的病。

(25) *尽管天再晚,可是他也要赶回家。

即使天再晚,他也要赶回家。

(26) *虽然你来劝她,可是她也听不进去。

即使你来劝她,她也听不进去。

"即使……,也……"是假设兼让步复句的关联词。或许是因为维族学生认为它比较难用,所以这个关联词的使用率较低。可是一旦被用,高错误率马上就凸显出来,主要表现为一部分学生习惯用自己熟悉的"尽管(虽然)……,也(可是)……"等表转折义的关联词代替"即使……,也……"。实际上,"即使"和"尽管(虽然)"不论从连接的语言成分还是从表达的语义内容上看都有明显的差异。"即使"只跟"也"对应,"尽管(虽然)"的后面除了和"也"对应,还和"可是"、"但是"、"然而"等呼应;"即使"连接的语言成分一般是假设性的,"尽管(虽然)"连接的语言成分却表示某一种事实。此外,由"即使……,也……"连接的复句因为假设的意味很浓,所以经常出现"再"这样比较夸张的修饰形容词的副词,而在"尽管(虽然)"句中不会出现这种标记词。

偏误五:"……,以便……"和"……,以免……"的偏误类型分析。

"以便"和"以免"都是连词,用于目的复句,都位于后一小句的句首。不过,它们的不同之处在于:"以便"表示使得下文所说的目的容易实现,"以免"表示避免发生某种不希望的情况。

维族学生进行书面表达时经常出现以下偏误:

(27) *只要我们改善学习条件,以便好好学习。

(28) *如果你去学校,以便打听一下我的分数吧。

(29) *这样做,都是以便你学习进步。

(30) *我做那么多事,都是以便你过好日子呀!

在例(27)和(28)中,各句的前一分句都用了表条件和假设关系的关联词"只要"和"如果",后一分句却用了表目的关系的关联词"以便"。无论从关联词的运用,分句间的关联意义,还是从语义内容的表达来看,这两个句子都不是正确的目的复句。例(29)、(30),虽然都用了表目的的关联词"以便",但表达的却是"方便"的意思,肯定不对。这是因为"以便"是连词,本义是表示"使得下文所说的目的容易实现",不能把它等同于动词"方便",因为"方便"的本义是"使便利;给予便利"。例(30)表现得更明显一些。一些学习者为了突出"方便"的动词义,在"以便"前面加进"都是"一词。这说明维族学生易把"以便"理解为"方便"。

由此得出,这类偏误是由维族学生对"以便"望文生义,或主观推衍词义而造成的。

另一种偏误,也在部分维族学生的书面表达中很常见。例如:

(31) *写作文时,应该以免写错字。

写作文时,应该认真、仔细,以免写错字。

(32) *滑冰场特滑,玩的时候,以免摔倒。

滑冰场特滑,玩的时候要小心,以免摔倒。

(33) *我这样做,以免碰上他。

我绕道儿走,以免碰上他。

此类偏误时常出现在"以免"这个目的复句的前一分句当中。问题突出地表现为句意表达含混不清,或者过于笼统,或者叙述不完整,让人难以捉摸说话人想做什么、如何去做,才能避免自己不希望发生的事情发生。为防止此类偏误,使用"以免"的目的复句时,应该注意前一分句对事物的阐述不能似是而非,过于简单或者欲言又止,而应该完整准确、明白无误地把事物交代清楚。

偏误六:"既然……,就……"和"如果……,就……"的偏误分析。

维族学生使用"既然……,就……"和"如果……,就……"造句,有时会发生混淆关联词的偏误,主要是用"既然……,就……"误代"如果……,就……"。例如:

(34) *既然你天天旷课,就会被学校开除。

如果你天天旷课,就会被学校开除。

(35) *既然他不来学校,就会受到老师的批评。

如果他不来学校,就会受到老师的批评。

"既然……,就……"是连接因果关系复句关联词。"如果……,就……"是连接假设关系复句的关联词,二者泾渭分明。可是为什么例

(34)、例(35)的关联词会被误用呢？其中一个原因是"既然……，就……"和"如果……，就……"的后一分句都有一个承接上文并得出结论的关联副词"就"，容易迷惑学生，混淆这两对关联词；原因之二是有些学生容易忽视"既然"和"如果"在句法和使用规则方面存在的主要差异："既然"用于前一小句，提出的是已经成为现实的或已肯定的前提；"如果"也用于前一小句，但假设的是未实现的情况。若不对此加以区分，必然造成用"既然"误代"如果"的偏误。

三、教学难点及对策

难点一：学生难以把握关联词的语法意义和语法功能。

以上通过对偏正复句的偏误问题分析，不难看出偏正复句的偏误多是因用错关联词而引起的。这既是维族学生学习的重点和难点，也是教师教学的重点和难点。归纳起来有四种情况：

1. 把连词当作实词看待，忽视关联词的语法意义。
2. 因不熟悉成对关联词的组合，经常出现误用、混用和遗漏关联词等问题。
3. 忽略关联词和其他实词的组合条件和规则的限制，在词语搭配方面出现问题。
4. 不能从连词的句法功能角度和语义联系的角度考察连词的运用是否得当，导致句子缺乏逻辑，句义表达不正确。

对策：强调系统、全面地把握连词的意义和功能是学好偏正复句的关键。

首先教师要讲清连词的两个基本特点：一是连词没有什么实在意义，不能单独用来回答问题。二是连词是虚词，有配合实词造句，帮助表达意义的作用。有学者认为相对于实词来说，"虚词中的各个词类，基本属于封闭性词类。"①。就连词来说,它有"封闭性"的一面,因为孤立地看连词,无从阐述它的词汇意义,也不能单独充当句子成分。然而,连词又有"开放性"的一面,体现在它具有特殊的语法意义,与其他实词可按照一定的语法规则进行组合与搭配,在特定的句法环境和语义联系的背景下充当句子成分,起到修饰、限制和连接句子的作用。维族学生只有全面地重视和理解连词的语法意义和语法规则,才能防止将它误作实词从而引发种种偏误。

2. 教师要对维族学生强调说明,连词是复句特有的语法现象,偏正复句里成对的和单用的关联连词有很多,有些很相像,很容易混淆。学习者要想学好这些连词,必须狠下工夫,一个一个地认真背记。对教师来说,系统、充分地展示和阐释连词的类别框架很有必要。

3. 教师要多进行正面的教学示例,使维族学生逐步熟悉偏正复句的连词在具体语言环境中的意义和用法,并对其主要的句法功能以及使用规则进行归纳、总结和记忆。同时,也要有针对性地搜集一些学生平时易混淆、易误用、易遗漏的高频连词,把它们作为重点偏误在课堂上加以分析和纠正,帮助学生找到偏误的症结所在。总之,正反两方面的学习,可促使学生触类旁通、举一反三,提高对各类偏正复句的识别和应用能力,也有利于他们消除孤立、片面地看待连词的意识,逐步减少偏误,朝着正确的表达形式靠近。

难点二:学生不能正确使用和区分"只要……就"……和"只有……才……"。

偏正复句的关联词语成对使用时,其搭配是约定俗成的,不能随意调换。例如连词"只要"和"只有"分别与副词"就"、"才"对应,构成两个

---

① 田万湘、许德楠《虚词研究在留学生汉语教学中的重要性》,《对外汉语教学论集》,北京语言学院出版社,1985年,第254页。

表条件关系复句的关联词"只要……就……"和"只有……才……"。可是它们经常被维族学生混用,所以如何教会维族学生正确地使用这两对关联词成为条件关系复句的教学重点和难点。

对策:启发、引导学生进行可感应的纠偏。

学习第二语言,如果大脑中没有足量的、可感应的语言知识和语言规则,就不能输出恰如其分的语料,更不能正确地组织话语,表达自己想要说的话。怎样做才能使那些输入脑中的语言知识和语言规则具有可感性呢?一是需要教师使用有效的语言进行经常性和刺激性的干预,使之激活;二是要让学习者多次提取言语材料,反复使用,克服遗忘。汉语教师给维族学生纠正各种复句偏误也同样需要可感应的刺激、激活和输出,只不过,纠偏方法可以更策略,更注重语言技巧的运用。如"只有……才……"这个条件复句的结构,学生经常用错,往往误用"只有……就……"来代替它。对此,可以设计以下的对话,进行可感应式的纠偏。例如:

教师:"只要用心学习,就能进步"这句话对吗?(板书"只要……,就……")

学生:对,"只要用心学习,就能进步"。

教师:"只有用心学习,就能进步"难道不对吗?(板书"只有……,才……")

学生:不对,"只要用心学习,就能进步"。

以上问答式的对话,老师不是直截了当地指出偏误,而是循循善诱地先以询问的方式说出正确的句子,让学生首先做出肯定的判断,并复述一遍正确的句子。接着老师再用反问的语气引出不正确的句子,学生对此做出否定的判断之后再复述一遍正确的句子。这种通过几次复述感应正确句的纠偏方法的可刺激和诱发学生对自己的偏误句产生高度的敏感,及时纠正偏误。同时,也可消除个人惧怕纠偏的紧张心理,使众多的学生在轻松愉快的对话中受益,有利于他们把学过的语言知识尽快地转化为言语技能。

难点三:学生不会使用非常态的关联词"之所以……,是因为……"。

维族学生使用因果复句进行语言表达时,往往较多地使用常态的关联词"因为……,所以……"。而"之所以……,是因为……"对他们来说比较难以把握,所以平时很少用,也容易用错。例如,当维族学生在把"刻苦钻研业务,是各行各业的'行尊里手'能取得成就的主要原因"这句话改成"之所以……,是因为……"的句式时,大部分人将它改成了一个偏误句,即"刻苦钻研业务,之所以是各行各业的'行尊里手'能取得成就的主要原因"。造成这种偏误,主要原因是"之所以……,是因为……"不是一个常态的关联词,多数维族学生对它的结构和用法感到比较陌生,所以出错的概率很大。"之所以……,是因为……"成为因果复句的教学难点。

对策:把握影响语义连贯关系实现的基本要素,对因果复句进行转换式的练习。

在影响联合复句语义连贯关系实现的一些基本要素中,句子的排列顺序很重要。它包括事件发生的先后顺序,事物排列的常规顺序,相关项的逻辑顺序等等。尽管"之所以……,是因为……"形式上是反常序的,但语义内容和逻辑关系的表达必须遵守常规。否则句子就是偏误句,别人听不懂也看不明白。

以下为改写练习,要求把常态的因果关系复句变成非常态的因果关系复句。维、哈族学生可以通过观察常态句到非常态句的转换,对"之所以……,是因为……"的结构关系和逻辑关系有一个全面的了解和认识。如:

(36)精密天平拿到仪器展览会展出,是因为它有非常精确的灵敏度。

精密天平之所以被拿到仪器展览会展出,是因为它有非常精确的灵敏度。

(37) 刻苦钻研业务,是各行各业的"行尊里手"能取得成就的主要原因。

各行各业的"行尊里手"之所以能取得成就,是因为他们刻苦钻研业务。

(38) 高明的茶叶师傅喝一口茶,能立刻鉴定茶叶的级别,因为他们有特别灵敏的味觉。

高明的茶叶师傅之所以喝一口茶,能立刻鉴定茶叶的级别,是因为他们有特别灵敏的味觉。

难点四:学生经常混淆意义相近的先行关联词。

就偏正复句先行关联词的使用来说,汉语教师普遍地感到表示转折关系的关联词"尽管"与"虽然",表示转折关系的关联词"尽管"与表示条件关系的关联词"不管",还有表示假设兼让步关系的"即使"与表示条件关系的关联词"不管(无论)"等都是维族学生经常混用的先行关联词。先行关联词被连环的误用反映出两个问题:一是教师可能对先行关联词的关联意义和作用分析得不到位,二是学生容易忽视先行关联词的语义内涵和句法规则。这两个问题是偏正复句的教学重点和难点。

对策:对比偏误,区分先行关联词语义内涵和语法功能的差异。

1. 教师应该向维族学生说明,先行词"尽管"和"虽然"的语义大致相同,都是表示转折关系的连词。它们的主要作用是让第一个分句陈述承认甲事为事实,再由另一分句陈述乙事,乙事并不因为甲事事实的存在而不成立或不发生。它们之间的区别在于:前者表示转折的语气重一些,多见于口语;后者表示转折的语气轻缓一些,多用于书面语。

并且当"尽管(虽然)……但是(可是)"出现在转折复句中时,"尽管……"一般用在前一分句的主语前,"虽然……"则一般出现在前一分句的主语后。例如:

(39) 尽管我不是她亲生的,可是她待我比亲儿子还亲。

我虽然不是她亲生的,可是她待我比亲儿子还亲。

(40) 尽管他已年逾花甲,但对童年的趣事仍然记忆犹新。

他虽然已年逾花甲,但对童年的趣事仍然记忆犹新。

2. 针对维族学生用先行词"尽管……"、"不管"与后面的词语进行组合搭配时出现的偏误,教师要一一地进行对比分析,指出问题的根源究竟在哪里。例如:

(41) *尽管家长怎么劝他,但是他不听。

家长怎么劝他,他都不听。

(42) *尽管他多么坏,但是他还是你的亲生儿子呀!

不管他多么坏,他都是你的亲生儿子呀!

(43) *尽管事情的结果多么糟糕,你当时都应该忍下去,但是你出乎我的预料,让我大失所望。

不管事情的结果多么糟糕,你当时都应该忍下去,但是你出乎我的预料,让我大失所望。

(44) *尽管他说我什么,但是我不会生气。

不管他说我什么,我都不会生气。

以上错句,都属于先行关联词"尽管"搭配不当的偏误。"尽管"在语法上有特殊之处,应该向学生阐述清楚。即先行词"尽管"虽然表示承认一种事实,可是后面绝不能跟"怎么"、"多么"、"什么"等表示任指的词语。能跟任指词语组合的是先行词"不管(无论)"。任指词语"怎么"、"多么"、"什么"出现在先行关联词"不管(无论)"后,突出了任指的含义,是架构条件复句句法规则不可或缺的重要因素。

3. 针对维族学生"不管(无论)……,都……"替代"即使……,也……"的偏误,也应该采取对比分析的方法。例如:

(45) ＊即使困难那么多,我也不会放弃自己的目标。

　　　不管困难有多大,我都不会放弃自己的目标。

(46) ＊即使你怎么说,老师也不会同意。

　　　无论你怎么说,老师都不会同意。

从正误对照看出,维族学生之所以不能正确分辨"即使……,也……"与"不管(无论)……,都……",主要是因为不了解这两个关联词语义内涵的差别,不清楚按照什么样的规则对词语进行正确的组合与搭配。

对此,教师首先应该阐明,"即使……,也……"与"不管(无论)……,都……"具有不同的语义内涵。"即使"相当于"就是"。"即使……,也……"是假设兼让步关系的关联词,代表假设兼让步关系复句。前一分句常表示一种假设情况,后一分句表示结果或结论不受这种情况的影响,或者后一部分表示退一步的估计。如"即使你说错了,大家也不会笑话的"。"不管(无论)……,都……"是条件关系复句的关联词,表示在任何条件下结果都不会改变。如"不管你说什么,他都不愿听"。

其次,教师要强调说明,"即使……,也……"与"不管(无论)……,都……"与其他语言成分进行组合和搭配时要特别注意句法规则。在"即使"连接的分句里,一般不会出现用任指义的代词"什么"、"怎么"、"多么"等修饰形容词和动词的情况。相反倒是在条件关系复句里,"什么"、"怎么"、"多么"经常出现,用来突出和强调任指的含义。

附录

一 偏误语料——正误对照

句子成分部分

（一）定语

误	正
1. 他在非常关键时刻走错了一步。	他在非常关键的时刻走错了一步。
2. 他的心里的怒气也烟消云散了。	他心里的怒气也烟消云散了。
3. 他们的对工作负责态度，使我很感动。	他们对工作负责的态度，使我很感动。
4. 通过学习我的用汉语思考能力提高了。	通过学习我用汉语思考的能力提高了。
5. 上大学时候，我就看过这本书。	大学的时候，我就看过这本书。
6. 我刚来时候，一个人也不认识。	我刚来的时候，一个人也不认识。
7. 我学到了不少文化的知识。	我学到了不少文化知识。
8. 他的头晕，不能坐飞机。	他头晕，不能坐飞机。
9. 阿勒泰的水草丰美。	阿勒泰水草丰美。
10. 他的讲课很出色。	他讲课很出色。
11. 你的当冠军的梦迟早总会实现的。	你当冠军的梦迟早总会实现的。
12. 我妹大大的眼睛、乌黑头发很可爱。	我妹妹大大的眼睛、乌黑的头发，很可爱。
13. 湿润润草地上有很多野花。	湿润润的草地上有很多野花。
14. 他是一个多么好人，谁有困	他是一个多么好的人，谁有困难

误	正
难他都会帮助。	他都会帮助。
15. 他出生在一个非常富裕家庭。	他出生在一个非常富裕的家庭。
16. 我握着他冰冰凉凉的手。	我握着他冰凉冰凉的手。
17. 那里的人非常热情的欢迎我们。	那里的人非常热情地欢迎我们。
18. 这充分的暴露了当时社会的黑暗。	这充分地暴露了当时社会的黑暗。
19. 难怪他的汉语说的这么好。	难怪他的汉语说得这么好。
20. 他为自己创造了学习汉语的一个好机会。	他为自己创造了一个学习汉语的好机会。
21. 汉语对于我们来说是人生奋斗的一种武器。	汉语对于我们来说是一种人生奋斗的武器。
22. 从远处走来了身材苗条的像仙女一样的两个姑娘。	从远处走来了两个身材苗条的像仙女一样的姑娘。
23. 以前我汉语水平很差，甚至说不出正确的一句汉话。	以前我汉语水平很差，甚至说不出一句正确的汉话。
24. 他看到两手托着腮的坐在石洞里的七八岁的一个孩子。	他看到一个坐在石洞里两手托着腮的七八岁的孩子。

（二）状语

误	正
1. 在下午两点我宿舍里等你。	下午两点我在宿舍里等你。
2. 在去年夏天，他出了一次国。	去年夏天，他出了一次国。
3. 所有的人车里都盯着我们俩。	车里所有的人都盯着我们俩。
4. 同学们的帮助下，我有了很大进步。	在同学们的帮助下，我有了很大进步。
5. 老师们大礼堂里开会。	老师们在大礼堂里开会。
6. 我们经常汉族同学谈话，提高	我们经常和汉族同学交流，提高

口语表达能力。	口语表达能力。
7. 他老师请假了,回去宿舍了。	他向老师请假了,回宿舍去了。
8. 理发员他的头剃破了。	理发员把他的头剃破了。
9. 他们看见我很亲亲热热地打个招呼。	他们看见我很亲热地打了个招呼。
10. 山洞里太漆黑。	山洞里漆黑一片。或:山洞里太黑。
11. 她很冷冰冰地说:"我不去。"	她冷冰冰地说:"我不去。"
12. 服务员对客人很彬彬有礼。	服务员对客人彬彬有礼。
13. 他很慢条斯理地讲述事情的经过。	他慢条斯理地讲述事情的经过。
14. 我一定好地学英语。	我一定好好地学英语。
15. 他清楚知道问题的严重性。	他清楚地知道问题的严重性。
16. 他随随便便回答老师的问题。	他随随便便地回答老师的问题。
17. 她很不耐烦解释了一遍。	她很不耐烦地解释了一遍。
18. 听了这感人的故事,他不禁地流下了眼泪。	听了这感人的故事,他不禁流下了眼泪。
19. 服务员笑嘻嘻走过来。	服务员笑嘻嘻地走过来。
20. 他上课时不停说话。	他上课时不停地说话。
21. 老师满意了点一点头。	老师满意地点了点头。
22. 他恶狠狠瞪着眼睛。	他恶狠狠地瞪着眼睛。
23. 他勤勤恳恳工作,从不计较个人得失。	他勤勤恳恳地工作,从不计较个人得失。
24. 我汉语学得不好,也英语方面很差。	我汉语学得不好,英语方面也很差。
25. 大家都去劳动了,却他在宿舍里睡觉。	大家都去劳动了,他却在宿舍里睡觉。

误	正
26. 他的声音很大,什么话都我们听得很清楚。	他的声音很大,什么话我们都听得很清楚。
27. 没想到竟我的琴声打动了他。	没想到我的琴声竟打动了他。
28. 他把衣服干净地洗了。	他把衣服洗干净了。
29. 那句话我清楚地听了。	那句话我听清楚了。
30. 昨天他很晚睡了。	昨天他睡得很晚。
31. 他比我三个小时晚来了。	他比我晚来三个小时。
32. 两年来,他只一次回家了。	两年来,他只回了一次家。

(三) 补语

误	正
1. 葡萄很甜了。	葡萄甜极了。
2. 他的身体很好了。	他的身体好得很。
3. 这儿脏了。	这儿脏死了。
4. 屋里很热了。	屋里热死了。
5. 天天干这些活,我累了。	天天干这些活,累死人了。
6. 我很生气了。	真气死人了。
7. 你要是稍微有点早来的话就好了。	你要是早点来就好了。
8. 你一点儿往这边坐吧。	你往这边坐一点儿吧。
9. 这件事顺利得不行了。	这件事顺利得很。
10. 我今天高兴得厉害。	我今天高兴得不得了。
11. 那里的气候暖和得不多。	那里的气候不太暖和。
12. 这种葡萄甜不多。	这种葡萄不很甜。
13. 他哭了,眼睛肿了。	他哭肿了眼睛。
14. 他听了,他懂了。	他听懂了我的话。
15. 我吃着吃着这种菜,我腻了。	我吃腻了这种菜。

16. 站着站着，脚麻了。　　　　　　　脚都站麻了。
17. 我没明白地听他的话。　　　　　　我没听明白他的话。
18. 他光光地梳了头发。　　　　　　　他梳光了头发。
19. 学校被建了一座教学楼。　　　　　学校建成了一座教学楼。
20. 他被选了班长。　　　　　　　　　他被选为班长。
21. 我梦了我妈妈。　　　　　　　　　我梦见了我妈妈。
22. 他记了这些生词。　　　　　　　　他记住了这些生词。
23. 我刚睡了，他就来了。　　　　　　我刚睡着，他就来了。
24. 看的中国和听的中国不一样。　　　看到的中国和听到的中国不一样。
25. 他脏了衣服。　　　　　　　　　　他搞脏了衣服。
26. 我的铅笔尖了。　　　　　　　　　我削尖了铅笔。
27. 孩子碎了杯子。　　　　　　　　　孩子打碎了杯子。
28. 他坏了腿。　　　　　　　　　　　他摔坏了腿。
29. 您把这些句子翻译到哈萨克　　　　您把这些句子翻译成哈萨克语吧！
　　 语吧！
30. 这个包是他在车上拾下的。　　　　这个包是他在车上拾到的。
31. 我们下棋赢了。　　　　　　　　　我们下棋下赢了。
32. 他文眉坏了。　　　　　　　　　　他文眉文坏了。
33. 我们完了参观。　　　　　　　　　我们参观完了。
34. 老人伤了汽车撞了。　　　　　　　汽车撞伤了老人。
35. 我很清楚地看了。　　　　　　　　我看得很清楚了。
36. 今天他晚起了。　　　　　　　　　今天他起得晚了。
37. 警卫站直直的。　　　　　　　　　警卫站得直直的。
38. 他的脸冻红红的。　　　　　　　　他的脸冻得红红的。
39. 看你气得很。　　　　　　　　　　看你气得。
40. 看把你累得很。　　　　　　　　　看把你累得。

41. 他跑得不累。　　　　　　　他没跑累。
42. 他生气得脸红了。　　　　　他气得脸都红了。
43. 他站了说:"不行。"　　　　他站起来说:"不行。"
44. 说容易,做难。　　　　　　说起来容易,做起来难。
45. 我给我家寄来了照片。　　　我给我家寄去了照片。
46. 这时从墙后闪出去一个人。　这时从墙后闪出一个人来。
47. 今天我很高兴起来。　　　　今天我很高兴。
48. 他以前爱睡觉,现在不爱睡　他以前爱睡觉,现在不怎么爱睡
　　起来了。　　　　　　　　觉了。
49. 他们昨天就搬进去新家了。　他们昨天就搬进新家了。
50. 我们把这些美景拍上了。　　我们把这些美景拍下来了。
51. 下课后我们回去宿舍。　　　下课后我们回宿舍去。
52. 双方吵架起来。　　　　　　双方吵起架来。
53. 你要穿出去自己的风格来。　你要穿出自己的风格来。
54. 老人的身体还没恢复完过来。老人的身体还没完全恢复过来。
55. 他答应了,拔腿就走。　　　他答应了一声,拔腿就走。
56. 请给我介绍。　　　　　　　请给我介绍一下。
57. 你去安慰他一顿。　　　　　你去安慰他一下。
58. 妈妈说了我一遍。　　　　　妈妈说了我一顿。
59. 星期天我收拾一下房间了。　星期天我收拾了一下房间。
60. 老师批评我一顿了。　　　　老师批评了我一顿。
61. 我们交换了意见一下。　　　我们交换了一下意见。
62. 小狗咬了一口他。　　　　　小狗咬了他一口。
63. 我俩见面过一次。　　　　　我俩见过一次面。
64. 他说三次错了。　　　　　　他说错了三次。
65. 我们爬一次上顶峰。　　　　我们爬上一次顶峰。

66. 我去过他家只一次。　　　　　　我只去过他家一次。
67. 他问了又一遍。　　　　　　　　他又问了一遍。
68. 最近他很忙,去公园没一次。　　最近他很忙,没去过一次公园。
69. 我们举行过没几次晚会。　　　　我们没举行过几次晚会。
70. 他去了一次看展览。　　　　　　他去看了一次展览。
71. 我上了一次街买书。　　　　　　我上街买了一次书。
72. 老师又一次讲了。　　　　　　　老师又讲了一次。
73. 爸爸一顿打他了。　　　　　　　爸爸打了他一顿。
74. 他的心情好起来一点儿了。　　　他的心情好起来了。
　　　　　　　　　　　　　　　　　他的心情好一点儿了。
75. 我们今天也痛快痛快一下。　　　我们今天也痛快痛快。
　　　　　　　　　　　　　　　　　我们今天也痛快一下。
76. 我们在那里一个多小时等他了。　我们在那里等了他一个多小时。
77. 连续两天下雨了。　　　　　　　连续下了两天雨。
78. 元旦我们休息只一天。　　　　　元旦我们只休息一天。
79. 我们汉语学习才半年。　　　　　我们才学习了半年汉语。
80. 他们爬半天上山顶了。　　　　　他们爬上山顶半天了。
81. 我们照相了一个小时。　　　　　我们照了一个小时相。
82. 我们只见面了五分钟。　　　　　我们只见了五分钟面。
83. 我们一年多来北京了。　　　　　我们来北京一年多了。
84. 他半天去书店看书了。　　　　　他去书店看了半天书。
85. 这孩子做功课两个小时了。　　　这孩子做功课做了两个小时了。
86. 他来京打工三年了。　　　　　　他来京打工打了三年了。
87. 我奶奶去世去了一年了。　　　　我奶奶去世一年了。
88. 我中学毕业毕了两个月了。　　　我中学毕业两个月了。
89. 他比我多一篇写了。　　　　　　他比我多写了一篇。

90. 我比她一个月早来了。　　　我比她早来了一个月。
91. 定了在明年 8 月召开研讨会。　定于明年 8 月召开研讨会。
92. 他一直到天亮学习了。　　　他一直学习到天亮。
93. 我们喝酒到半夜了。　　　　我们喝酒喝到半夜。
94. 我俩聊天到夜里两三点。　　我俩聊天聊到夜里两三点。
95. 我在桌上放了书包。　　　　我把书包放在桌上了。
96. 我到大门外送朋友了。　　　我把朋友送到大门外。
97. 他吃饭在食堂。　　　　　　他在食堂吃饭。
98. 古丽学习汉语在北京一年多了。　古丽在北京学习汉语学了一年多了。
99. 他坐了在沙发上。　　　　　他坐在沙发上了。
100. 孩子坐着地上哭。　　　　　孩子坐在地上哭。
101. 这些东西他搬得出来。　　　这些东西他搬得动。
102. 这么贵,我哪买得了呀。　　这么贵,我哪买得起呀。
103. 我能听他说的话。　　　　　我听得见他的话。
104. 他能听你的意思。　　　　　他听得出来你的意思。
105. 今天我们做得完了这些事。　今天我们做得完这些事。
106. 我听得见过这些话。　　　　我听得见这些话。
107. 我把这些作业写得完。　　　我写得完这些作业。
108. 房间能被他打扫得干净。　　他能把房间打扫干净。

动态助词部分

　　　　　误　　　　　　　　　　　正

1. 教室里坐五十个小学生。　　教室里坐着五十个小学生。
2. 夜深了,老师房间的灯还亮了。　夜深了,老师房间的灯还亮着。
3. 我仔细地琢磨了他说的每一　我仔细地琢磨着他说的每一句话。

句话。

4. 她上上下下仔细地打量了我。	她上上下下仔细地打量着我。
5. 他至今还保持年轻人的精神头儿。	他至今还保持着年轻人的精神头儿。
6. 我们都同意着这个计划。	我们都同意这个计划。
7. 你说吧,我听呢。	你说吧,我听着呢。
8. 他房间的门还开呢。	他房间的门还开着呢。
9. 这里住一位老人。	这里住着一位老人。
10. 门口坐一个小男孩。	门口坐着一个小男孩。
11. 他手里拿一本书看。	他手里拿着一本书看。
12. 窗台上摆很多花。	窗台上摆着很多花。
13. 学生们都在仔细地看了书。	学生们都在仔细地看着书。
14. 他们在教室认真地写了、思考了。	他们在教室认真地写着、思考着。
15. 小孩穿了新衣、背了书包上学去了。	小孩穿着新衣、背着书包上学去了。
16. 前面站很多人。	前面站着很多人。
17. 车里坐几个人。	车里坐着几个人。
18. 院子里种一棵树。	院子里种着一棵树。
19. 天空上飘几朵白云。	天空上飘着几朵白云。
20. 葡萄架下摆一张小方桌。	葡萄架下摆着一张小方桌。
21. 教室里排列整齐的桌椅。	教室里排列着整齐的桌椅。
22. 院子里堆放很多东西。	院子里堆放着很多东西。
23. 一群人蹲着在草地上。	一群人蹲在草地上。
24. 他俩躺着在草坪上聊天。	他俩躺在草坪上聊天。
25. 妈妈躺着在沙发上看电视。	妈妈躺在沙发上看电视。

26. 我们在北京过了很愉快的日子。　　我们在北京过着很愉快的日子。
27. 他大吃一惊，张了嘴说不出话来。　　他大吃一惊，张着嘴说不出话来。
28. 他坐了在汽车里看书。　　他坐在汽车里看书。
29. 挂墙上的照片去年照了。　　挂墙上的照片是去年照的。
30. 饼干在柜子里放了。　　饼干在柜子里放着。
31. 大家都在教室里等了。　　大家都在教室里等着。
32. 那天我们在车上一边看了风景，一边谈了话。　　那天我们在车上一边看着风景，一边谈话。
33. 我们一边喝了酒，一边吃了花生米。　　我们一边喝着酒，一边吃着花生米。
34. 那个老爷爷的肩上背过一个大药箱。　　那个老爷爷的肩上背着一个大药箱。
35. 你安安静静地躺了吧，什么也别想。　　你安安静静地躺着吧，什么也别想。
36. 我们去人民公园划船了，我们划了很高兴。　　我们去人民公园划船了，我们划得很高兴。
37. 代表们一起坐了主席台上观看比赛。　　代表们一起坐在主席台上观看着比赛。
38. 他喜欢躺着在床上听音乐。　　他喜欢躺在床上听音乐。
39. 上午，她一直坐了办公室里看报。　　上午，她一直坐在办公室里看报。
40. 他听了录音好几个小时。　　他听录音听了好几个小时。
41. 老师站了讲课，我们坐了听课。　　老师站着讲课，我们坐着听课。
42. 她带了孩子去公园了。　　她带着孩子去公园了。
43. 他笑了跟我们打招呼。　　他笑着跟我们打招呼。

44. 看完节目,他走了回学校了。	看完节目,他走着回学校了。
45. 这本书是王力的,书上写他的名字。	这本书是王力的,书上写着他的名字。
46. 我想带了摄像机去天池。	我想带着摄像机去天池。
47. 他握了我的手说:"欢迎,欢迎。"	他握着我的手说:"欢迎,欢迎。"
48. 他红了脸向姑娘表达爱意。	他红着脸向姑娘表达了爱意。
49. 他每个星期天都陪了女儿去美术馆看画展。	他每个星期天都陪着女儿去美术馆看画展。
50. 我一走进房间就看见他坐打电话呢。	我一走进房间就看见他坐着打电话呢。
51. 没关系,你坐了说,不用客气。	没关系,你坐着说,不用客气。
52. 孩子眼巴巴地站在门口,等了妈妈回来。	孩子眼巴巴地站在门口,等着妈妈回来。
53. 他的童年是伴随了音乐长大的。	他的童年是伴随着音乐长大的。
54. 爸爸每天带了我去学画儿,可是我的画儿始终不见长进。	爸爸每天带着我去学画儿,可是我的画儿始终不见长进。
55. 他正在认真地写着毛笔字一上午。	他正在认真地写着毛笔字。
56. 王静一直爱着他好几年。	王静一直爱着他。
57. 我从小就一直怕着小动物。	我从小就一直怕小动物。
58. 他一直喜欢着运动。	他一直喜欢运动。
59. 妈妈始终担心了爸爸的健康。	妈妈始终担心爸爸的健康。
60. 衣柜里挂一件红连衣裙。	衣柜里挂着一件红连衣裙。
61. 她正吃了饭,突然来客人了。	她正吃着饭,突然来客人了。
62. 工人师傅正在紧张而愉快地劳动了。	工人师傅正在紧张而愉快地劳动着。

63.	我等着她半天了,她还没来。	我等了她半天了,她还没来。
64.	老人病着一个多月了,总不见好。	老人病了一个多月了,总不见好。
65.	我给他打着三次电话了,他一直不在。	我给他打了三次电话了,他一直不在。
66.	他看着我一下。	他看了我一下。
67.	他正记住着生词。	他正记着生词呢。
68.	他记住着生词。	他记着生词。
69.	她一边打开着书本,一边拿起着笔。	她一边打开书本,一边拿起笔。
70.	他说了说了流下了眼泪。	他说着说着流下了眼泪。
71.	孩子哭了哭了睡着了。	孩子哭着哭着睡着了。
72.	他想了想了笑了起来。	他想着想着笑了起来。
73.	我们鼓掌着热烈欢迎新同学。	我们鼓着掌热烈欢迎新同学。
74.	我们常常一边散着步,一边聊天。	我们常常一边散步,一边聊天。
75.	我昨天参加过他们班的排球比赛。	我昨天参加了他们班的排球比赛。
76.	我们在公园和张老师一起照着相。	我们在公园和张老师一起照了相。
77.	他家里有事儿,比平常早走过几分钟。	他家里有事儿,比平常早走了几分钟。
78.	我叫着他好几声,他居然没听见。	我叫了他好几声,他居然没听见。
79.	他的脸红好一阵儿。	他的脸红了好一阵儿。
80.	妈妈头发白许多。	妈妈头发白了许多。

81. 他在大学时常常参加足球比赛了。	他在大学时常常参加足球比赛。
82. 他总是热情地帮助我了。	他总是热情地帮助我。
83. 我每天晚上总是准备好材料才休息了。	我每天晚上总是准备好材料才休息。
84. 我们休息了一会儿再去工作吧!	我们休息一会儿再去工作吧!
85. 来了,就住了几天再走吧!	来了,就住几天再走吧!
86. 孩子总这样下去,会养成了不好的习惯。	孩子总这样下去,会养成不好的习惯。
87. 你下个学期能再来了喀什吗?	你下个学期能再来喀什吗?
88. 你可以把我的话转达了他吗?	你可以把我的话转达给他吗?
89. 昨天参加了的考试很难。	昨天参加的考试很难。
90. 他交了的朋友是北京人。	他交的朋友是北京人。
91. 我去年八月三十日到了北京。	我是去年八月三十日到北京的。
92. 去年寒假我去哈尔滨,那儿比北京冷了。	去年寒假我去了哈尔滨,那儿比北京冷。
93. 这几件事充分表现工人艰苦奋斗的精神。	这几件事充分表现了工人艰苦奋斗的精神。
94. 我们刚才看一场电影。	我们刚才看了一场电影。
95. 小李已经做了完老师留的作业。	小李已经做完了老师留的作业。
96. 我送了给她一块手表,她高兴地接受了。	我送给她一块手表,她高兴地接受了。
97. 树林里开了满各种鲜花。	树林里开满了各种鲜花。
98. 刚才发生一件想不到的事。	刚才发生了一件想不到的事。
99. 学院里来一位新老师。	学院里来了一位新老师。
100. 前方开过了来一列火车。	前方开过来了一列火车。

101. 昨天发生一起交通事故。　　昨天发生了一起交通事故。
102. 我脑海中浮现了出刚才的　　我脑海中浮现出了刚才的情景。
     情景。
103. 书包里掉出了来一本书。　　书包里掉出来了一本书。
104. 会场上响了起一阵阵掌声。　会场上响起了一阵阵掌声。
105. 天空上缀了满小星星。　　　天空上缀满了小星星。
106. 他的桌子上摆了满各种各　　他的桌子上摆满了各种各样的
     样的邮票。　　　　　　　　邮票。
107. 操场上围好几百观看体育　　操场上围了好几百观看体育表演
     表演的人。　　　　　　　　的人。
108. 大路上走过了来两个人。　　大路上走过来了两个人。
109. 昨天我们宿舍里来一个新　　昨天我们宿舍来了一个新同学。
     同学。
110. 前天他们院里搬走一家人。　前天他们院里搬走了一家人。
111. 村口走了来一群人。　　　　村口走来了一群人。
112. 远处传了来悠扬的歌声。　　远处传来了悠扬的歌声。
113. 等我打了完电话再跟你详　　等我打完了电话再跟你详细谈这
     细谈这件事。　　　　　　　件事。
114. 等我做了完作业，再跟你出　等我做完了作业，再跟你出去玩吧。
     去玩吧。
115. 听说了那儿出问题，你去调　听说那儿出了问题，你去调查一下。
     查一下。
116. 下班你准备了去哪里？　　　下了班你准备去哪里？
117. 看电影告诉了我感受。　　　看了电影告诉我感受。
118. 你到那儿给家里打了个电话。你到了那儿给家里打个电话。
119. 吃药病就好。　　　　　　　吃了药病就好了。

120. 他去了图书馆借一本书。	他去图书馆借了一本书。
121. 我去了问老师一个问题。	我去问了老师一个问题。
122. 他来了告诉我一个消息。	他来告诉了我一个消息。
123. 他骑了车去学校。	他骑车去了学校。
124. 李娜坐了飞机去上海。	李娜坐飞机去了上海。
125. 老师用了英语读这篇文章。	老师用英语读了这篇文章。
126. 我们要到了农村考察。	我们要到农村考察。
127. 他去了医院看病。	他去医院看病了。
128. 他来了医务室取走化验单。	他来医务室取走了化验单。
129. 我去了图书馆借一本书。	我去图书馆借了一本书。
130. 我们到了大医院请专家。	我们到大医院请了专家。
131. 她想吃饭就去图书馆。	她想吃了饭就去图书馆。
132. 老李披上衣服拉开门,轻松地走出去。	老李披上衣服拉开门,轻松地走了出去。
133. 老王赶忙迎上去,握住他的手说了:"谢谢你。"	老王赶忙迎上去,握住他的手说:"谢谢你。"
134. 她伸手接过我的礼物说了:"谢谢你。"	她伸手接过我的礼物说:"谢谢你。"
135. 她回头对我笑了一笑。	她回头对我笑了笑。
136. 他转身对我说了:"快走吧!"	他转身对我说:"快走吧!"
137. 我去年就来了北京学习汉语了。	我去年就来北京学习汉语了。
138. 他们到了长城旅游去了。	他们到长城旅游去了。
139. 回了学校以后,他就骑上车到朋友家聊天去了。	回学校以后,他就骑上车到朋友家聊天去了。
140. 他用了自己打工挣的钱交	他用自己打工挣的钱交了学费。

了学费。

141. 刚才大家请了艾山江唱一支歌。　　　刚才大家请艾山江唱了一支歌。
142. 上星期我们请了他来作一个报告。　　上星期我们请他来作了一个报告。
143. 我们请了他介绍一下旅行的情况。　　我们请他介绍了一下旅行的情况。
144. 我们请了李教授作一个学术报告。　　我们请李教授作了一个学术报告。
145. 我让他给了我们买几张电影票。　　　我让他给我们买了几张电影票。
146. 我们请了他们班表演一个节目。　　　我们请他们班表演了一个节目。
147. 老师让了王力把课文念两遍。　　　　老师让王力把课文念了两遍。
148. 他请了李林从广州带来一些水果。　　他请李林从广州带来了一些水果。
149. 他请求了我原谅他。　　　　　　　　他请求我原谅他。
150. 他打了电话叫一辆车。　　　　　　　他打电话叫了一辆车。
151. 老师叫了我们写一篇作文。　　　　　老师叫我们写一篇作文。
152. 他让了我叫一辆车。　　　　　　　　他让我叫了一辆车。
153. 学校请了专家讲一节课。　　　　　　学校请专家讲了一节课。
154. 我们已经选了他去参加代表大会了。　我们已经选他去参加代表大会了。
155. 他叫了我不要把这件事告诉你。　　　他叫我不要把这件事告诉你。
156. 老师叫了我通知大家,明天　　　　　老师叫我通知大家,明天不上课。

不上课。

157. 这件事我不知道,他没通知我了。 | 这件事我不知道,他没通知我。
158. 我还没有还图书馆书了。 | 我还没有还图书馆书呢。
159. 对不起,我还没有写完作文了。 | 对不起,我还没有写完作文。
160. 到现在会还没开完了。 | 到现在会还没开完呢。
161. 他没写清楚地址了,当然收不到了。 | 他没写清楚地址,当然收不到了。
162. 直到今天我还没习惯了这儿的生活。 | 直到今天我还没习惯这儿的生活。
163. 昨天我们没去动物园了。 | 昨天我们没去动物园。
164. 上星期他没到上海去了。 | 上星期他没到上海去。
165. 孩子们刚才没看电视了。 | 孩子们刚才没看电视。
166. 前天晚上我没看电影了。 | 前天晚上我没看电影。
167. 那天我们没参观学校了。 | 那天我们没参观学校。
168. 学过的生字他都没记住了。 | 学过的生字他都没记住。
169. 洗很长时间她也没洗干净了。 | 洗了很长时间她也没洗干净。
170. 每年五月四日,我们学校都举行了纪念活动。 | 每年五月四日,我们学校都举行纪念活动。
171. 每天我复习了两个小时语法。 | 每天我复习两个小时语法。
172. 每天晚上她都跟我一起读课文了。 | 每天晚上她都跟我一起读课文。
173. 最近他们常常比赛足球了。 | 最近他们常常比赛足球。
174. 以前,黄河经常发大水了。 | 以前,黄河经常发大水。

175. 在实习期间,我一直给他们干农活了。 | 在实习期间,我一直给他们干农活。
176. 别着急,你的病过几天就会好了。 | 别着急,你的病过几天就会好的。
177. 虽然困难很多,但是我决心了学好汉语。 | 虽然困难很多,但是我决心学好汉语。
178. 大家刚到了这儿,就遇到一个困难。 | 大家刚到这儿,就遇到了一个困难。
179. 我们刚来了北京,还不习惯这里的生活。 | 我们刚来北京,还不习惯这里的生活。
180. 我刚刚回了宿舍,他就来找我。 | 我刚刚回到宿舍,他就来找我了。
181. 他们希望了我尽快提高汉语水平。 | 他们希望我尽快提高汉语水平。
182. 收到礼物以后,他感到了很奇怪。 | 收到礼物以后,他感到很奇怪。
183. 我打算了继续留在这儿工作。 | 我打算继续留在这儿工作。
184. 我看了他们都好,没什么地方不好。 | 我看他们都好,没什么地方不好。
185. 我发现了他是个很有意思的人。 | 我发现他是个很有意思的人。
186. 我知道了电的应用很广泛。 | 我知道电的应用很广泛。
187. 我们看见了他那样勇敢,都很佩服。 | 我们看见他那样勇敢,都很佩服。
188. 大家听到了家乡获得丰收,都非常高兴。 | 大家听到家乡获得了丰收,都非常高兴。

189. 我听说了他毕业以后就到天津去了。 | 我听说他毕业以后就到天津去了。
190. 她决定了刻苦学习技术,努力锻炼身体。 | 她决定刻苦学习技术,努力锻炼身体。
191. 她答应了毕业以后还要回到农村来。 | 她答应毕业以后还要回到农村来。
192. 他终于同意了帮助我。 | 他终于同意帮助我了。
193. 我亲眼看见了下冰雹。 | 我亲眼看见下冰雹了。
194. 大家异口同声地说了:"好!" | 大家异口同声地说:"好!"
195. 我对那个售货员说了:"谢谢你!" | 我对那个售货员说:"谢谢你!"
196. 同学们有时在一起谈了自己的理想。 | 同学们有时在一起谈自己的理想。
197. 晚上我们有时候听音乐了,有时候一起谈话了。 | 晚上我们有时候听音乐,有时候一起谈话。
198. 修建了铁路的时候,他努力工作。 | 修建铁路的时候,他努力工作。
199. 我收到了他的信的时候,高兴得跳了起来。 | 我收到他的信的时候,高兴得跳了起来。
200. 回学校以前,朋友说了:"以后再来吧。" | 回学校以前,朋友说:"以后再来吧。"
201. 我问了他怎么想的? | 我问他是怎么想的?
202. 我断定了他肯定没来。 | 我断定他肯定没来。
203. 我看见了前边有一座房子。 | 我看见前边有一座房子。
204. 我请求半天,他还是拒绝了 | 我请求半天,他还是拒绝帮助我

帮助我。

205. 他去年开始了学法语。　　　　他是去年开始学法语的。
206. 我看见了他慢慢地走过来。　　我看见他慢慢地走过来了。
207. 他早就盼望了出国留学。　　　他早就盼望出国留学。
208. 我打算了报考研究生。　　　　我打算报考研究生。
209. 他会了说几种语言。　　　　　他会说几种语言。
210. 我想买那本书,可是没买到了。　我想买那本书,可是没买到。
211. 他愿意了帮助我。　　　　　　他愿意帮助我。
212. 王老师正在给同学们上课了。　王老师正在给同学们上课呢。
213. 他们正在体育馆打乒乓球了。　他们正在体育馆打乒乓球呢。
214. 昨天我去他家的时候,他在吃饭了。　昨天我去他家的时候,他在吃饭呢。
215. 她正跟朋友谈话了,你等他一会儿吧。　她正跟朋友谈着话呢,你等他一会儿吧。
216. 外边正下雨了,我们不要出去了。　外边正下着雨呢,我们不要出去了。
217. 同学们正锻炼身体了。　　　　同学们正锻炼身体呢。
218. 我去他家的时候,他正洗衣服了。　我去他家的时候,他正洗衣服呢。
219. 他正躺着看小说了。　　　　　他正躺着看小说呢。
220. 昨天我去找他的时候,他正整理房间了。　昨天我去找他的时候,他正整理房间呢。
221. 他正忙着准备毕业论文了。　　他正忙着准备毕业论文呢。
222. 他们正在商量怎样完成这个任务了。　他们正在商量怎样完成这个任务。

223.	大家正在阅览室里读报了。	大家正在阅览室里读报呢。
224.	我到他家的时候,她正在看电视了。	我到他家的时候,她正在看电视呢。
225.	同学们去工厂参观的时候,工人们正在劳动了。	同学们去工厂参观的时候,工人们正在劳动呢。
226.	他们工厂正在掀起了一个劳动竞赛高潮。	他们工厂正在掀起一个劳动竞赛高潮。
227.	我在睡觉呢,我没听见敲门的声音了。	我在睡觉呢,我没听见敲门的声音。
228.	那篇作文他写了很生动。	那篇作文他写得很生动。
229.	那个问题他回答了很正确。	那个问题他回答得很正确。
230.	她对我点点头了就走了。	她对我点了点头就走了。
231.	昨晚我和爸爸谈谈了我的学习计划。	昨晚我和爸爸谈了谈我的学习计划。
232.	我问问了大家,都说不知道。	我问了问大家,都说不知道。
233.	那天我们讨论一下儿了方法问题。	那天我们讨论了一下儿方法问题。
234.	我们一起去了参观鲁迅故居。	我们一起去参观了鲁迅故居。
235.	他把包一放,就到了阅览室去看书。	他把包一放,就到阅览室去看书了。
236.	她们想了办法解决这个问题。	她们想办法解决了这个问题。
237.	我们一起坐了火车到北京。	我们一起坐火车到了北京。
238.	他用了哈文跟我们谈很多话。	他用哈文跟我们谈了很多话。
239.	班长出去了,大家就纷纷议论起来。	班长一出去,大家就纷纷议论起来。
240.	我复习了语法一个下午。	我复习了一个下午的语法。

241. 我们考了试以后,我想去和田看看。　　我们考完试以后,我想去和田看看。
242. 吃了药以后,爷爷的病好了很快。　　吃了药以后,爷爷的病好得很快。
243. 阿姨坐了在很多小朋友的中间。　　阿姨坐在了很多小朋友的中间。
244. 大家都躺了在草坪上聊天。　　大家都躺在草坪上聊天。
245. 他放了下书包就跑出去了。　　他放下书包就跑出去了。
246. 他给我试试了表,不发烧。　　他给我试了试表,不发烧。
247. 我们请了老师讲这个问题。　　我们请老师讲这个问题。
248. 昨天我跟他谈谈了去和田调查的体会。　　昨天我跟他谈了谈去和田调查的体会。
249. 咱们买东西就去看朋友。　　咱们买了东西就去看朋友。
250. 晚上我做了作业就睡觉。　　晚上我做完作业就睡觉。
251. 昨天他下自习就去电影院了。　　昨天他下了自习就去电影院了。
252. 今天工作很紧张,我想吃午饭就去办公室。　　今天工作很紧张,我想吃了午饭就去办公室。
253. 他每天下了课就去滑冰了。　　他每天下了课就去滑冰。
254. 你明天晚上吃饭再回去吧。　　你明天晚上吃了饭再回去吧。
255. 明天我们吃早饭就去了香山。　　明天我们吃了早饭就去香山。
256. 上星期日他看电影就回了学校。　　上星期日他看完电影就回学校了。
257. 昨晚他们看球赛就去了朋友家。　　昨晚他们看了球赛就去朋友家了。
258. 昨天参观工厂我们就回了学校。　　昨天参观了工厂我们就回学校了。

259.	昨天他吃完饭就到了办公室看书去。	昨天他吃完饭就到办公室看书去了。
260.	他要亲眼看才相信了。	他要亲眼看了才相信。
261.	你要看才知道了。	你要看了才知道。
262.	我翻译了八个句子,现在要翻译下边的句子。	我翻译了八个句子了,现在要翻译下边的句子。
263.	他病了好几天了,常发烧了,老不见好了。	他病了好几天了,常发烧,老不见好。
264.	我已经打了两天针了,可是病还不见好了。	我已经打了两天针了,可是病还不见好。
265.	我已经吃一个面包。	我已经吃了一个面包了。
266.	他已经吃一盘拉面。	他已经吃了一盘拉面了。
267.	我们已经学五年汉语。	我们已经学了五年汉语了。
268.	我吃饱了,不吃。	我吃饱了,不吃了。
269.	她昨天说来了,今天又不来。	她昨天说来,今天又不来了。
270.	以前她不会说英语了,现在会说英语。	以前她不会说英语,现在会说英语了。
271.	过去小王看不懂法文报了,现在能看懂。	过去小王看不懂法文报,现在能看懂了。
272.	怎么咱们刚出来就下了雨,还是回去吧。	怎么咱们刚出来就下雨了,还是回去吧。
273.	昨天我们没去看歌舞了,我们去看杂技。	昨天我们没去看歌舞,我们去看杂技了。
274.	明天我们不去香山,我们去了长城。	明天我们不去香山了,(我们)去长城。
275.	你们学了汉语就能看中文书。	你们学了汉语就能看中文书了。

276. 由于玩忽职守,他被停职。 由于玩忽职守,他被停了职。
277. 十年后,我们终于见面。 十年后,我们终于见面了。
278. 在我的再三恳求下,他才答应帮了我。 在我的再三恳求下,他才答应帮我。
279. 在大家的劝慰下,他才消气了。 在大家的劝慰下,他才消了气。
280. 看了这张照片,我的思绪又回到十年前的今天。 看着这张照片,我的思绪又回到了十年前的今天。
281. 她擦干眼泪,重新整理了起遗物来。 她擦干眼泪,重新整理起遗物来。
282. 他把在动物园照的照片寄了给爸爸。 他把在动物园照的照片寄给了爸爸。
283. 我朋友昨天来了,他们跟代表团一起来了。 我朋友是昨天来的,他们是跟代表团一起来的。
284. 我在学校门口看见他了。 我是在学校门口看见他的。
285. 昨天我骑车去公园了,他坐车去了。 昨天我是骑车去公园的,他是坐车去的。
286. 我们不是在电影院看了电影,在礼堂看了。 我们不是在电影院看的电影,是在礼堂看的。
287. 我不是跟他一起进了城,一个人去了。 我不是跟他一起进的城,是一个人去的。
288. 我在学校的书店买了汉语词典。 我是在学校的书店买的汉语词典。
289. 我朋友上星期五坐飞机去了上海。 我朋友是上星期五坐飞机去的上海。
290. 他走了去清华大学了。 他是走着去清华大学的。

291. 星期六晚上我在学校大门口看见他朋友了。 | 星期六晚上我是在学校大门口看见他朋友的。
292. 昨天是星期天,你怎么过了? | 昨天是星期天,你是怎么过的?
293. 你什么时候来了?怎么也不让我去接你呢? | 你是什么时候来的?怎么也不让我去接你呢?
294. 我在北京认识了王东。 | 我是在北京认识的王东。
295. 这个手术王大夫做了。 | 这个手术是王大夫做的。
296. 这些蛋糕都是我妈妈自己做了。 | 这些蛋糕都是我妈妈自己做的。
297. 这节语法课李老师讲了。 | 这节语法课是李老师讲的。
298. 这些饺子都爸爸一个人包了。 | 这些饺子都是爸爸一个人包的。
299. 这几个同学今天下午刚来了。 | 这几个同学是今天下午刚来的。
300. 那些胶卷从这家商店买了。 | 那些胶卷是从这家商店买的。
301. 联欢会七点半开始了。 | 联欢会是七点半开始的。
302. 长城两千多年以前修建了。 | 长城是两千多年以前修建的。
303. 人的正确思想从社会实践中来了。 | 人的正确思想是从社会实践中来的。
304. 你从哪儿来了这儿? | 你是从哪儿来这儿的?
305. 我知道那个大夫,他给我检查了身体。 | 我知道那个大夫,他给我检查过身体。
306. 来北京后,我只参观了工厂,没参观了学校。 | 来北京后,我只参观过工厂,没参观过学校。
307. 他给我讲了三次,可我还是没记住了。 | 他给我讲过三次,可我还是没记住。
308. 以前我从没用汉语跟人谈了话。 | 以前我从没用汉语跟人谈过话。

309. 以前我从没跟他打了交道，因此不了解他。 | 以前我从没跟他打过交道，因此不了解他。
310. 虽然我以前没跟他们见了面，但早就听说了。 | 虽然我以前没跟他们见过面，但早就听说过。
311. 虽然我没去了伊宁，但我知道那是一座美丽的小城。 | 虽然我没去过伊宁，但我知道那是一座美丽的小城。
312. 我去了那儿一次，我可以告诉你们怎么去。 | 我去过那儿一次，我可以告诉你们怎么去。
313. 我们都看了这部电影，挺不错的。 | 我们都看过这部电影，挺不错的。
314. 我妈妈曾经去了南京。 | 我妈妈曾经去过南京。
315. 他曾在农村住了很多年。 | 他曾在农村住过很多年。
316. 我昨天下午去三次超市。 | 我昨天下午去了三次超市。
317. 我早就知道过这件事。 | 我早就知道这件事了。
318. 我明白过做人的道理。 | 我明白做人的道理。
319. 我小时候，家乡常常下过雪。 | 我小时候，家乡常常下雪。
320. 以前我在这里经常看过他。 | 以前我在这里经常看到他。
321. 从上周开始，我每天练习过口语。 | 从上周开始，我每天都练习口语。
322. 他还没吃了烤鸭。 | 他还没吃过烤鸭。
323. 我未曾听说了这样的事。 | 我未曾听说过这样的事。
324. 我没听到了他们这么说。 | 我没听到过他们这么说。
325. 来这儿以前，我没看见了这种东西。 | 来这儿以前，我没看见过这种东西。
326. 她过去没搞了诗歌创作。 | 她过去没搞过诗歌创作。
327. 他曾来北京语言大学学了 | 他曾来北京语言大学学过汉语。

汉语。

328. 光这个月我就已经去过上海出三次差。 / 光这个月我就已经去上海出过三次差了。
329. 他去过西安旅行。 / 他去西安旅行过。
330. 我到过公司找了他。 / 我到公司找过他。
331. 他吃饭就去过阅览室了。 / 他吃过饭就去阅览室了。
332. 他看完报纸就打开过电视。 / 他看完报纸就打开了电视。
333. 姐姐去年到过海南旅游。 / 姐姐去年到海南旅游过。
334. 艾尼曾经来过北京进修汉语。 / 艾尼曾经来北京进修过汉语。
335. 他们去过西安旅游两次。 / 他们去西安旅游过两次。
336. 他上午去过商店买东西。 / 他上午去商店买过东西。
337. 我们曾一起去过参观访问那所学校。 / 我们曾一起去参观访问过那所学校。
338. 我们去过首都剧场看话剧。 / 我们去首都剧场看过话剧。
339. 我们曾经请过他来帮了几次忙。 / 我们曾经请他来帮过几次忙。
340. 我请了他看过三次电影。 / 我请他看过三次电影。
341. 我刚刚听着这个音乐了。 / 我刚刚听过这个音乐。
342. 我刚洗了澡,你去洗吧。 / 我刚洗过澡,你去洗吧。
343. 在我最困难的时候,他曾帮了我。 / 在我最困难的时候,他曾帮过我。
344. 毕业后我再也没见了他。 / 毕业后我再也没见过他。
345. 我不喜欢沙漠,想都没想了要去那儿旅行。 / 我不喜欢沙漠,想都没想过要去那儿旅行。
346. 从小到大,我听都没听了这种事儿。 / 从小到大,我听都没听过这种事儿。

特殊句部分

(一) "是"字句

误	正
1. 我你的朋友。	我是你的朋友。
2. 这对我来说很有意义的。	这对我来说是很有意义的。
3. 这一年是对我来说特殊的一年。	这一年对我来说是特殊的一年。
4. 这一天我永远都无法忘记的。	这一天是我永远都无法忘记的。
5. 我以为自己天底下最幸福的人。	我以为自己是天底下最幸福的人。
6. 她不但老师,而且我的好朋友。	她不但是老师,而且是我的好朋友。
7. 大学生活对每个人来说自由的天堂。	大学生活对每个人来说都是自由的天堂。
8. 当老师或当保洁员我的理想。	当老师或当保洁员是我的理想。
9. 我们俩都是喜欢说话。	我们俩都是喜欢说话的学生。
10. 成功就靠我们的双手努力奋斗而获得。	成功就是靠我们的双手努力奋斗而获得的。
11. 没有尝过失败滋味的人是不会怎样珍惜成功。	没有尝过失败滋味的人是不会懂得应该怎样珍惜成功的。
12. 老师是对我们来说最重要的人。	老师对我们来说是最重要的人。
13. 成功和失败是恰恰相反。	成功和失败是恰恰相反的。
14. 认真听老师讲课是最重要。	认真听老师讲课是最重要的。
15. 在人生当中这两种味道少不了的。	在人生当中这两种味道是少不了的。
16. 钱是重要的了。	钱是重要的。
17. 以后是还玩了一起。	以后还是在一起玩。
18. 这个寒假的大多数日子在医	这个寒假的大多数日子是在医院

院里陪母亲度过。 | 里陪母亲度过的。
19. 我的理想是老师。 | 我的理想是当老师。
20. 我认为是男女平等的。 | 我认为男女是平等的。
21. 友谊是神圣。 | 友谊是神圣的。
22. 也许大家不这样想的。 | 也许大家不是这样想的。
23. 我你的帮助下考上大学的。 | 我是在你的帮助下考上大学的。
24. 尤其别人遇到困难的时候。 | 尤其是别人遇到困难的时候。
25. 你从到哪里来的？ | 你是从哪里来的？
26. 我的理想就考上艺术学院。 | 我的理想就是考上艺术学院。
27. 对人民有好处的理想都美好的理想。 | 对人民有好处的理想都是美好的理想。
28. 他的工作是市场上的衣服。 | 他的工作是在市场上卖衣服。
29. 他在二十岁，我在三十岁。 | 他是二十岁，我是三十岁。
30. 他在《今日新疆》的记者。 | 他是《今日新疆》的记者。
31. 我妈妈是医院里工作。 | 我妈妈在医院里工作。
32. 我是六年级上课。 | 我是在六年级上课。
33. 我妈妈在医院里的医生。 | 我妈妈是医院里的医生。
34. 我老师不是。 | 我不是老师。
35. 小王的目的上大学不是。 | 小王的目的不是上大学。
36. 这学校不是。 | 这不是学校。
37. 你学生是不是？ | 你是不是学生？
38. 那宿舍是不是？ | 那是不是宿舍？
39. 他昨天来的是不是？ | 他是不是昨天来的？
40. 他们的心里很诚实的。 | 他们的心里是很诚实的。
41. 小时候我很调皮的孩子。 | 小时候我是很调皮的孩子。
42. 我的理想一个优秀的老师。 | 我的理想是当一个优秀的老师。

43.	我的理想是导游。	我的理想是当导游。
44.	有些人的理想是财富。	有些人的理想是拥有财富。
45.	教师是世界上最光荣的工作。	教师这个职业是世界上最光荣的职业。
46.	我的理想是忠于职守的警察。	我的理想是当忠于职守的警察。
47.	还是我们的关系很好。	我们的关系还是很好。
48.	知识人们一生的财富。	知识是人们一生的财富。
49.	每个人对时间的看法是不样。	每个人对时间的看法是不一样的。
50.	我的生命由昨天、今天和明天组成的。	我的生命是由昨天、今天和明天组成的。
51.	我的住院费、药费都他交的。	我的住院费、药费都是他交的。
52.	这次的学费也被人借给的。	这次的学费也是借别人的。
53.	我们这个活动很有意思的一个活动。	我们这个活动是很有意思的一个活动。
54.	这很不礼貌的事。	这是很不礼貌的事。
55.	长城是高大而雄伟。	长城是高大而雄伟的。
56.	家里的全部事儿都他自己来做。	家里的所有事儿都是他自己来做。
57.	这一天对我来说最难忘的一天。	这一天对我来说是最难忘的一天。
58.	抓饭维吾尔族人民的生活中不可缺少的饮食之一。	抓饭是维吾尔族人民的生活中不可缺少的饮食之一。
59.	我和他从小一起长大的。	我和他是从小一起长大的。
60.	这里现在给同学们上体育课的地方。	这里现在是给同学们上体育课的地方。

61. 这歌星就我们维吾尔族最喜欢的。	这位就是我们维吾尔族最喜欢的歌星。
62. 我现在已经大学生了。	我现在已经是大学生了。
63. 我的学费也借别人。	我的学费也是借别人的。
64. 这件事我初一的时候发生的。	这件事是我初一的时候发生的。

(二)"把"字句

误	正
1. 有些家长脑海中存在着把"打孩子"看成教育方法的思想。	有些家长把打孩子当成是一种教育方法。
2. 我们把他看望了。	我们看望了他。
3. 你把这些东西破裂的吗?	你把这些东西打破了吗?
4. 他把玻璃碎了。	他把玻璃打碎了。
5. 我们把游泳游了。	他游泳了。
6. 大家把这个工作合作了。	大家合作完成了这个工作。
7. 我把这个问题让步了。	我在这个问题上让步了。
8. 他把妈妈像了。	他像妈妈。
9. 这个地区把污染环境存在了。	这个地区存在着环境污染问题。
10. 他把门进来了。	他进了门。
11. 我把这个愿望要求了。	他把这个要求提出来了。
12. 弟弟把开汽车会了。	弟弟学会了开汽车。
13. 大家把他的意思懂了。	大家懂了他的意思。
14. 你把这件事赶快做好。	你赶快做好这件事。
15. 我把这件事靠他的帮助下完全做完了。	我在他的帮助下,做完了这件事。
16. 他把碗已经洗好了。	他已经把碗洗好了。
17. 你们把这件事不要告诉老师。	你们不要把这件事告诉老师。

18. 我把今天的任务还没完成。　　我还没完成今天的任务。
19. 你把这件事千万别告诉他。　　你千万别告诉他这件事。
20. 我们把这个电影已经看过了。　我们已经看过这个电影了。
21. 你别放在这儿把这么贵的衣服。　你别把这么贵的衣服放在这儿。
22. 任何父母都把自己达不到的希望抱在孩子身上。　任何父母都把自己的希望寄托在孩子身上。
23. 老师讲的都记在本上，以便考试前复习用。　把老师讲的都记在本上，以便考试前复习用。
24. 小时候，他读过的小说讲（给）我听。　小时候他常把读过的小说讲给我听。
25. 我被书包弄脏了。　　我把书包弄脏了。
26. 我现在住宿费、学费等一系列手续办好了已经。　我现在已经把住宿费、学费等一系列手续办好了。
27. 父母不仅对孩子保持明智的爱，更重要的是把这种爱看成是对社会的责任感。　父母不仅要关爱孩子，更重要的是要有社会责任感。
28. 我放书在书桌上。　　我把书放在桌上。
29. 他搬行李到我们宿舍。　　他把行李搬到我们宿舍。
30. 你把自己的衣服洗吧。　　你把自己的衣服洗了吧。
31. 我们把房子打扫吧。　　我们把房间打扫一下吧。
32. 他把一首诗写了。　　他写了一首诗。
33. 他把一个礼物给一个人。　　他把这件礼物送给了一个人。
34. 他把个镜头拍下来了。　　他把这个镜头拍下来了。
35. 他把一个人领来教室。　　他把这个人领进了教室。
36. 他把一道题做不出来。　　他没做出来这道题。

37.	你把几支笔带上。	你把这几支笔带上。
38.	你把一件衣服穿上。	你把这件衣服穿上。
39.	他把书拿老师看。	他把书拿给老师看。
40.	古丽把消息说妈妈。	古丽把这个消息告诉了妈妈。
41.	你把这个问题联络一下。	你把这个问题解决一下。
42.	我把考试考完后放假了。	我们考完试就放假了。
43.	我们把他成为好朋友。	我们和他成为了好朋友。
44.	我们把他看医院。	我们把他送进了医院。
45.	同学们都把艾力做的错事作为坏事,他受到了老师的批评。	同学们都认为艾力做了坏事,应该受到老师的批评。
46.	你应该把家务你来做。	你应该自己做家务。
47.	他课堂上答错了同学们把他笑。	他在课堂上回答错了问题,同学们都笑他。
48.	我把困难迎着前进。	我迎着困难前进。
49.	我的脸火辣辣的,不知道把自己放到那儿。	我的脸火辣辣的,感到无地自容。
50.	把信写到这儿。	信先写到这儿。
51.	他把眼睛似闭不闭地在那儿读古诗。	他眼睛似闭不闭地在那儿读古诗。
52.	他把理想施展了。	他实现了自己的理想。
53.	我们要把科学追求。	我们要讲科学。
54.	你们的努力把这一片荒原变成了绿色的金库。	你们的努力使这片荒原变成了绿色的田野。
55.	他把书包在肩上。	他把书包背在肩上。
56.	我把他的话在心里。	他把他的话记在心上。
57.	只要用一点功,就把成绩提高。	只要用功,成绩就能提高。

58. 同学们把全部才干施展。　　　同学们把全部才干都施展出来了。
59. 你把伞带。　　　　　　　　　你带上伞。/你把伞带上。
60. 我们要把这个问题全面地考虑。　我们要把这个问题全面地考虑一下。
61. 阿依古丽把衣服秀美了。　　　阿依古丽的衣服很美。
62. 我在老师的帮助下很快地把学习进步了。　我在老师的帮助下,学习进步很快。
63. 有一次,我把数学考试不及格了。　有一次,我数学考试不及格。
64. 我把车坐了一天才回来学校。　我坐了一天车才回学校来。
65. 今天怎么把你生气得那么厉害呢。　今天怎么把你气得那么厉害呢。
66. 他把我很喜欢。　　　　　　　他很喜欢我。
67. 他把我的歌声听到了。　　　　他听到了我的歌声。
68. 我们把劳动热爱。　　　　　　我们热爱劳动。
69. 我把艾力不认识。　　　　　　我不认识艾力。
70. 我把这道题懂了。　　　　　　我弄懂了这道题。
71. 妈妈把办法有了。　　　　　　妈妈有办法了。
72. 他是把我们领导的人。　　　　他是领导我们的人。
73. 把昨天的错字改了吗?　　　　昨天的错字改了吗?
74. 他把盒子拿着干什么?　　　　他拿着盒子干什么?
75. 我把汉语学得很认真。　　　　我学汉语学得很认真。
76. 他把我帮助了。　　　　　　　他帮助我了。
77. 明年我要把研究生读。　　　　明年我要读研究生。
78. 他把雨躲了。　　　　　　　　他躲雨了。
79. 主人把客人热情地欢迎了。　　主人热情地欢迎了客人。

误	正
80. 劳动把世界创造了。	劳动创造了世界。
81. 大家把他想念了。	大家想念他了。
82. 我把他看见了。	我看见他了。
83. 我把这件事知道了。	他知道这件事了。
84. 我把作业写在教室。	我在教室写作业。
85. 姐姐把毛衣织了。	姐姐织毛衣。
86. 他传了这个消息。	他把这个消息传出去了。
87. 我放鸡蛋在桌上。	我把鸡蛋放在桌上。
88. 他把茶喝着。	他喝着茶。
89. 他把自己靠墙站着。	他自己靠墙站着。
90. 他把钱没借给她朋友。	他没把钱借给她朋友。
91. 请你把那杯水喝。	请你喝了那杯水。
92. 他没把我去。	他没让我去。

(三)"被"字句

误	正
1. 阿娜尔不小心被摔倒了。	阿娜尔不小心摔倒了。
2. 这幅画儿被画得真不错。	这幅画儿画得真不错。
3. 我父亲的咳嗽声吓醒了。	我被父亲的咳嗽声吓醒了。
4. 我们他们的建议接受了。	他们的建议被我们接受了。
5. 夜幕被降临了。	夜幕降临了。
6. 这座房子是用木头被盖的。	这座房子是用木头盖的。
7. 这种玩具被玩不得。	这种玩具玩不得。
8. 这台电视机太旧了,被修不好了。	这台电视机太旧了,修不好了。
9. 学生宿舍被张老师管理。	学生宿舍由张老师管理。
10. 交通费问题被对方解决。	交通费问题由对方解决。
11. 他因考试作弊从学校开除了。	他因考试作弊被学校开除了。

12. 这个残疾孩子从他家抛弃了。　　这个残疾孩子被他家抛弃了。
13. 上个月他被公司到广州出差。　　上个月他被公司派到广州出差。
14. 我的衣服被雨湿了。　　　　　　我的衣服被雨淋湿了。
15. 他的腿被自行车撞。　　　　　　他的腿被自行车撞折了。
16. 我从来被父亲没这样严厉地　　　我从来没被父亲这样严厉地责
　　责备。　　　　　　　　　　　　备过。
17. 种子都让咬坏了。　　　　　　　种子都让老鼠咬坏了。
18. 阿娜尔叫气哭了。　　　　　　　阿娜尔叫他弟弟气哭了。
19. 我今天被妈妈挨了一顿骂。　　　我今天被妈妈骂了一顿。
　　　　　　　　　　　　　　　　　我今天挨了妈妈一顿骂。
20. 古丽被老师受到批评。　　　　　古丽受到了老师的批评。
　　　　　　　　　　　　　　　　　古丽被老师批评了。

21. 他的贪污罪行被已充分揭露了。　他的贪污罪行已被充分揭露了。
22. 这个问题被人们正在逐渐认识。　这个问题正在逐渐被人们认识。
23. 他被没发现。　　　　　　　　　他没被发现。
24. 孩子被狗可能吓坏了。　　　　　孩子可能被狗吓坏了。
25. 小孩被马踢。　　　　　　　　　小孩子被马踢伤了。
26. 庄稼被蝗虫都吃了。　　　　　　庄稼都被蝗虫吃光了。
27. 房子被洪水冲了。　　　　　　　房子被洪水冲垮了。
28. 他被对方抓了把柄。　　　　　　他被对方抓住了把柄。
29. 小偷被警察抓了。　　　　　　　小偷被警察抓走了。
30. 他的花招已被大家识了。　　　　他的花招已被大家识破了。
31. 我是他冤枉的。　　　　　　　　我是被他冤枉的。
32. 这件事被他乱了。　　　　　　　这件事被他搞乱了。
33. 暴徒当场抓住了。　　　　　　　暴徒被当场抓住了。
34. 手指刀子划了。　　　　　　　　手指被刀子划破了。

35. 今天的晚报被卖光了。　　　　　今天的晚报卖光了。
36. 新教学楼被盖好了。　　　　　　新教学楼盖好了。
37. 在场的人都被他的举动吓了。　　在场的人都被他的举动吓呆了。
38. 他的情绪都刚才的事破坏了。　　他的情绪都被刚才的事破坏了。
39. 他大家选为班长。　　　　　　　他被大家选为班长。
40. 妈妈那个人挤了。　　　　　　　妈妈被那个人挤倒了。
41. 明天的机票被买到了。　　　　　明天的机票买到了。
42. 他的真情被我感觉了。　　　　　他的真情我感觉到了。
43. 大妈地上的冰滑了。　　　　　　大妈被地上的冰滑倒了。
44. 我他的事迹感动了。　　　　　　我被他的事迹感动了。
45. 孩子们都他轰跑了。　　　　　　孩子们都被他轰跑了。
46. 结婚的手续都被办好了。　　　　结婚的手续都办好了。
47. 录取通知书被收到了。　　　　　录取通知书收到了。
48. 他被妈妈说了。　　　　　　　　他被妈妈说哭了。
49. 他的画被在上海展出了。　　　　他的画在上海展出了。
50. 你已经公安怀疑了。　　　　　　你已经被公安怀疑上了。
51. 这种理论被得到广泛的传播。　　这种理论得到了广泛的传播。
52. 新疆的经济被得到恢复和发展。　新疆的经济得到了恢复和发展。
53. 这场球被打得很精彩。　　　　　这场球打得很精彩。
54. 房子被布置得很美观。　　　　　房子布置得很美观。
55. 这件事正在被调查中。　　　　　这件事正在调查中。
56. 这本书被购于西单图书城。　　　这本书购于西单图书城。
57. 这篇文章被选自《双语园地》。　这篇文章选自《双语园地》。
58. 校园里被种了许多树。　　　　　校园里种了许多树。
59. 今年的任务被按时完成了。　　　今年的任务按时完成了。
60. 他因贪污解除了职务。　　　　　他因贪污被解除了职务。

61. 小麦已被播种完了。　　　　　　小麦已播种完了。
62. 结婚照片被挂在墙上。　　　　　结婚照片挂在墙上。
63. 他们的谈话吵闹声盖住了。　　　他们的谈话被吵闹声盖住了。
64. 盗窃案已在被审理中。　　　　　盗窃案已在审理中。
65. 窗子被刷上了绿漆。　　　　　　窗子刷上了绿漆。
66. 兰娘的头发拔掉了一大把。　　　兰娘的头发被拔掉了一大把。
67. 女孩流氓打掉了两颗门牙。　　　女孩被流氓打掉了两颗门牙。
68. 裤角都露水给湿透了。　　　　　裤角都让露水给湿透了。
69. 绳子被他们拉了。　　　　　　　绳子被他们拉断了。
70. 玻璃被他打了。　　　　　　　　玻璃被他打碎了。
71. 他被激动起来了。　　　　　　　他激动起来了。
72. 玻璃杯被没打碎。　　　　　　　玻璃杯没被打碎。
73. 孩子被他们可能吵醒了。　　　　孩子可能被他们吵醒了。
74. 今晚这些衣服能被我们做得完。　今晚这些衣服我们能做完。
　　　　　　　　　　　　　　　　　今晚这些衣服我们做得完。
75. 妈妈的病能被医生治好。　　　　妈妈的病医生能治好。
　　　　　　　　　　　　　　　　　医生能治好妈妈的病。
76. 老师的讲话声由学生们的喧　　　老师的讲话声被学生们的喧闹声
　　闹声盖住了。　　　　　　　　　盖住了。
77. 会议被延长了一个小时。　　　　会议延长了一个小时。
78. 书稿被丢了。　　　　　　　　　书稿被弄丢了。
79. 他被公司到新疆做调查。　　　　他被公司派到新疆做调查。
80. 这件事被在调查中。　　　　　　这件事正在调查中。
81. 我平静的心他扰乱了。　　　　　我平静的心让他扰乱了。
82. 我们从学校分配到农村了。　　　我们被学校分配到农村了。
83. 今天的任务被按时完成了。　　　今天的任务按时完成了。

误	正
84. 他的文章被在校刊登出了。	他的文章在校刊上登出来了。
85. 春小麦已被播种完了。	春小麦已播种完了。
86. 复印机已被安装好了。	复印机已安装好了。
87. 孩子妈妈紧紧地抱在怀里。	孩子被妈妈紧紧地抱在怀里。
88. 他工人们怀疑了。	他被工人们怀疑了。
89. 马列主义被得到了传播。	马列主义得到了传播。
90. 他的好心我被感觉到了。	他的好心我感觉到了。
91. 房子敌人烧了。	房子被敌人烧了。
92. 他的阴谋大家揭穿了。	他的阴谋被大家揭穿了。
93. 小时候我被挨过妈妈打。	小时候我挨过妈妈打。
94. 他的意见被遭到多数人的反对。	他的意见遭到多数人的反对。
95. 他风迷了眼睛。	他被风迷了眼睛。
96. 他被让几句好话骗了。	他让几句好话骗了。
97. 我被叫眼前的景象惊呆了。	我被眼前的景象惊呆了。
98. 我的毛衣都虫子咬了。	我的毛衣都让虫子咬了。
99. 这些人都他气跑了。	这些人都让他气跑了。
100. 他老板解雇了。	他被老板解雇了。

(四) 存现句

误	正
1. 在家里来了一位美国客人。	家里来了一位美国客人。
2. 从教学楼里跑出来几个姑娘。	教学楼里跑出来几个姑娘。
3. 学校的西边有霍英东体育馆。	学校的西边是霍英东体育馆。
4. 前边有李家村。	前边是李家村。
5. 窗台上摆一个花盆。	窗台上摆着一个花盆。
6. 他眼里会滴出了几滴眼泪。	他眼里会滴出几滴眼泪。

7. 墙上不挂着画儿。	墙上没挂画儿。
8. 旅游团里不少一个人。	旅游团里一个人也没少。
9. 办公室里坐着他。	他坐在办公室里。
10. 天空升起了那轮明月。	天空升起了一轮明月。
11. 地面上扬了尘土。	地面上扬起了尘土。
12. 草原上升了不落的太阳。	草原上升起了不落的太阳。
13. 屋子挤满了人。	屋子里挤满了人。
14. 妈妈的嘴角露出了欣慰的笑容。	妈妈的嘴角上露出了欣慰的笑容。
15. 广场上都人。	广场上都是人。
16. 我的前面阿里。	我的前面是阿里。
17. 许多杂草在旧楼前长着。	旧楼前长着许多杂草。
18. 阵阵掌声从礼堂里传出来。	礼堂里传出阵阵掌声。
19. 天空中飘了几朵白云。	天空中飘着几朵白云。
20. 昨天家来了许多客人。	昨天家里来了许多客人。
21. 他的办公室里养许多花。	他的办公室里养着许多花。
22. 学校的北面有体育馆。	学校的北面是体育馆。
23. 满院子都有落叶。	满院子都是落叶。
24. 一屋子都有烟。	一屋子都是烟。
25. 广场上站许多看升旗的人。	广场上站着许多看升旗的人。
26. 在床上堆着很多衣物。	床上堆着许多衣物。
27. 从外面传来了汽车喇叭声。	外面传来了汽车喇叭声。
28. 在这片竹林右边有一个小亭子。	这片竹林右边有一个小亭子。
29. 在窗边有一个矮柜。	窗边有一个矮柜。
30. 在小船里装着刚打捞上来的	小船里装着刚打捞上来的鱼。

鱼。

31. 在这间房里没能住两个人。　　这间房里不能住两个人。
32. 在我们学校种了许多松树。　　我们学校种了许多松树。
33. 从窗帘后透进阳光来。　　　　窗帘后透进阳光来。
34. 在稻场上聚集了许多农民。　　稻场上聚集了许多农民。
35. 在小溪边有两顶帐篷。　　　　小溪边有两顶帐篷。
36. 从妈妈的眼里含着喜悦的泪花。　妈妈的眼里含着喜悦的泪花。
37. 在楼下只有一片黑暗。　　　　楼下只有一片黑暗。
38. 从门缝里伸出一个小光头来。　门缝里伸出一个小光头来。
39. 在山上的小庙里依然供着几尊佛像。　山上的小庙里依然供着几尊佛像。
40. 在果园的土地上散落着熟的果子。　果园的土地上散落着熟透的果子。
41. 在他的头上又添了几缕白发。　他的头上又添了几缕白发。
42. 在院中突然没有了声音。　　　院中突然没有了声音。
43. 在脸上原先那丰满的肌肉消失了。　脸上原先那丰满的肌肉消失了。
44. 在她的嘴角上有两个小酒窝。　她的嘴角上有两个小酒窝。
45. 从他的头顶上脱了一撮头发。　他的头顶上脱了一撮头发。
46. 在码头上停着几只小船。　　　码头上停着几只小船。
47. 在他那冻僵的身上有了点儿热气。　他那冻僵的身上有了点儿热气。
48. 屋里不透进一点风来。　　　　屋里透不进一点风来。
49. 在村子里没有一点动静。　　　村子里没有一点动静。
50. 在这条路上发生过好几起　　　这条路上发生过好几起车祸。

车祸。
51. 在外面有人吵闹。　　　　　　　外面有人吵闹。
52. 他的脸长出了几个水疱。　　　　他的脸上长出了几个水疱。
53. 院子种着各种花草。　　　　　　院子里种着各种花草。
54. 锁眼儿塞了个东西。　　　　　　锁眼儿里塞了个东西。
55. 在他们班来了一个新同学。　　　他们班来了一个新同学。
56. 在我们的队伍里又增加了不少人。　我们队伍里又增加了不少人。
57. 汽车坐着两个人。　　　　　　　汽车里坐着两个人。
58. 在他面前走过去几个人。　　　　他面前走过去几个人。
59. 在店里坐着很多人。　　　　　　店里坐着很多人。
60. 在他的左右立着两个人。　　　　他的左右立着两个人。
61. 从小路上走过来一个女人。　　　小路上走过来一个女人。
62. 在墙壁上写着一首诗。　　　　　墙壁上写着一首诗。
63. 在窗台上摆着几盆花。　　　　　窗台上摆着几盆花。
64. 在他的办公桌上放着电脑。　　　他的办公桌上放着电脑。
65. 从我们宿舍搬走了一位同学。　　我们宿舍搬走了一位同学。
66. 在他家里养着一只狗。　　　　　他家里养着一只狗。
67. 在会议室里堆满了刚买来的书。　会议室里堆满了刚买来的书。
68. 在教室里挂着世界地图。　　　　教室里挂着世界地图。
69. 在台上坐着学生代表。　　　　　台上坐着学生代表。
70. 在大船上坐着几个人。　　　　　大船上坐着几个人。
71. 在礼堂前种着许多花。　　　　　礼堂前种着许多花。
72. 在办公室的墙上挂着一张课程表。　办公室的墙上挂着一张课程表。

误	正
73. 在床边放着一个书柜。	床边放着一个书柜。
74. 在书桌上摆着他的自画像。	书桌上摆着他的自画像。
75. 在学校门口停着一辆大轿车。	校门口停着一辆大轿车。
76. 在广场的中央矗立着一座雕塑。	广场的中央矗立着一座雕塑。
77. 在村东头建了一所学校。	村东头建了一所学校。
78. 今天在家里来了许多客人。	今天家里来了许多客人。
79. 在阅览室里坐满了学生。	阅览室里坐满了学生。
80. 在操场上聚集了很多学生。	操场上聚集了很多学生。
81. 从学校调走了一位主任。	学校调走了一位主任。
82. 从楼上走下来一位老人。	楼上走下来一位老人。
83. 从门后窜出一个人,吓了我一跳。	门后窜出一个人,吓了我一跳。
84. 在教室外围着许多家长,都是等消息的。	教室外围着许多家长,都是等消息的。
85. 在花园的池塘里养着各种鱼。	花园的池塘里养着各种鱼。
86. 在院子里放着两张桌子、几把椅子。	院子里放着两张桌子、几把椅子。
87. 在门外站着一个人。	门外站着一个人。

(五)连动句

误	正
1. 他每天来我帮助。	他每天来帮助我。
2. 他每天早晨给我们吃做饭。	他每天早晨做饭给我们吃。
3. 他不能马上回来,因为他在开会。	他在开会不能马上回来。
4. 妈妈把妹妹早上送晚上接。	妈妈早上送妹妹晚上接妹妹。
5. 班长把总结用汉语写。	班长用汉语写总结。

6. 我姐姐把衣服用缝纫机来补。　　我姐姐用缝纫机来补衣服。
7. 你把玻璃用什么来擦？　　　　你用什么来擦玻璃？
8. 同学们为了吃饭而回家了。　　同学们回家吃饭了。
9. 他去吐鲁番不坐火车。　　　　他不坐火车去吐鲁番。
10. 他打电话警察。　　　　　　　他打电话叫警察。
11. 值班员有没有要大衣？　　　　值班员有没有大衣穿？
12. 明天大家要去不去学校？　　　明天大家去不去学校上课？
13. 我每天用自行车上班。　　　　我每天骑自行车上班。
14. 旅客们急急忙忙地下起来了火车。　　旅客们急急忙忙地起身下了火车。
15. 他不能马上回来，因为他在开会。　　他在开会不能马上回来。
16. 你们在会上讨论他的问题吗？　　你们开会讨论他的问题了吗？
17. 地球每天绕太阳圈。　　　　　地球每天绕着太阳转。
18. 我们班的同学和班主任也来了，看了我。　　我们班的同学和班主任也来看我了。
19. 妈妈带我去动物园，动物园里玩了。　　妈妈带我去动物园玩了。
20. 小马从马上摔倒了，手受伤了。　　小马骑马摔伤了手。
21. 买买提生病了以后是不是写了请假条？　　买买提生病写请假条了吗？
22. 他在开会，不能马上过来。　　他开会不能马上过来。
23. 他爸爸不在家，他去乌鲁木齐了。　　他爸爸不在家去乌鲁木齐了。
24. 图尔地考完了汉语考试，回家去了。　　图尔地考完汉语回家去了。

25. 老师用粉笔写字在黑板上。　　老师用粉笔在黑板上写字。
26. 老师讲完课后,回办公室去了。　　老师讲完课回办公室去了。
27. 我们进去公园里,看各种各样的花了。　　我们去公园看了各种各样的花。
28. 妈妈每天买菜上街。　　妈妈每天上街买菜。
29. 没有来时间。　　没有时间来。
30. 现在的女人都有上学了。　　现在的女人都有学上了。
31. 妈妈看了我给我说。　　妈妈看着我说。
32. 他笑容地看着我。　　他笑眯眯地看着我。
33. 今天我家有事不能学校去了。　　今天我家有事不能去学校了。
34. 她抱着孩子,走来走去地等爸爸。　　她抱着孩子走来走去等爸爸。
35. 他每天一大早出去就很晚回来。　　他每天一大早出去很晚才回来。
36. 我从阿图什乡到阿图什市来到乌鲁木齐。　　我从阿图什乡经过阿图什市来到乌鲁木齐。
37. 每天一个人来我补课了。　　每天一个人来给我补课。
38. 我们班的好几名男同学为玩爬上山。　　我们班好几名男同学爬上山去玩。
39. 我今天不舒服去看医院了。　　我今天不舒服去医院看病了。
40. 我和几个朋友骑着玩自行车。　　我和几个朋友骑着自行车玩。
41. 我拿自己挣零用钱上街买东西。　　我拿着自己挣的零用钱上街买东西。
42. 他把我背上送医院。　　他背着我去医院。
43. 学校安排了把我们带到郊外去种树。　　学校安排我们去郊外种树。

	误	正
44.	明天我想跟你去一个重要的约会。	明天我想跟你去一个重要的地方约会。
45.	他不能按时到上课。	他不能按时到学校上课。
46.	学校让"三好学生"带去长城。	学校让老师带"三好学生"去长城。
47.	我因想给妈妈买礼物而上街了。	我上街给妈妈买礼物了。
48.	这次比赛许多长跑选手好成绩获得了。	许多长跑选手参加这次比赛获得了好成绩。
49.	我去晚自习。	我去上晚自习。
50.	我急匆匆的拿书包跑了学校。	我急匆匆地拿起书包跑到学校。
51.	我到了学校,我对那个人说。	我到学校告诉了那个人。
52.	我向湖边玩去。	我到湖边去玩。
53.	父母没有办法把学费全部都一次交全的钱。	父母没有办法一次交清学费。
54.	我有个小事在发生我身上。	有件小事发生在我身上。
55.	他打工到县城。	他到县城打工。
56.	他得了一场重病住医院还手术。	他得了一场重病住院做了手术。
57.	全班同学都到集合了大门口。	全班同学都到大门口集合。
58.	我生了病而不能上学了。	我生病不能上学了。
59.	我因买一本《新华词典》进城了。	我进城买《新华词典》了。

(六) 兼语句

	误	正
1.	学校他出去进修。	学校让他出去进修。
2.	那件事别人知道。	那件事有人知道。

3. 他们想我们做一个有才能的人。   他们想让我们做一个有才能的人。
4. 你们不要妈妈担心,早点回家。   你们不要让妈妈担心,早点回家。
5. 这自己的知识更加丰富了。   这使自己的知识更加丰富了。
6. 为了自己的学习成绩提高,我要努力。   我要努力提高自己的学习成绩。
7. 大学不像中学那样那么多人管你。   大学不像中学那样有那么多人管你。
8. 很遗憾,我们条件不允许做警察。   很遗憾,我的条件不允许我做警察。
9. 老师叫我办公室。   老师叫我去办公室。
10. 王老师教我美术字。   王老师教我写美术字。
11. 我要让他们为祖国贡献。   我要让他们为祖国作贡献。
12. 今天我不送他医院了。   今天我不送他去医院了。
13. 我们班有个人依司马义。   我们班有个人叫依司马义。
14. 我想全班同学我的好朋友。   我想让全班同学成为我的好朋友。
15. 明天大家学校上课。   明天大家来学校上课。
16. 有他的身边。   有人在他的身边。
17. 办这件事没人。   没人办这件事。
18. 打扫卫生,班长派了艾力。   班长派艾力打扫卫生。
19. 他有阿凡提的外号。   他有个外号叫阿凡提。
20. 组织要求大家把任务三天内完成。   组织要求大家三天内完成任务。
21. 上级下了红军立刻转移的命令。   上级命令红军立刻转移。
22. 王老师说他经常迟到而责备。   王老师责备他经常迟到。
23. 我们班有叫艾尼瓦尔的一个人。   我们班有一个叫艾尼瓦尔的人。
24. 买买提有"先生"这个外号。   买买提有个外号叫"先生"。

25. 今天上午有没有人拿来书了吗？　　今天上午有人拿书来了吗？
26. 你喜欢他的唱歌吗？　　你喜欢他唱的歌吗？
27. 姐姐帮我写作业。　　姐姐辅导我写作业。
28. 这让人觉得舒服的感觉。　　这让人感觉很舒服。
29. 我把你满意。　　我让你满意。
30. 原来是艾力，他让了座位。　　原来是艾力让了座位。
31. 这位老人认为这个孩子根本不懂事，就原谅了他。　　这位老人原谅这个孩子不懂事。
32. 我妈妈带着弟弟送去幼儿园去。　　我妈妈送弟弟去幼儿园。
33. 老师对我们说把桌子擦干净。　　老师让我们把桌子擦干净。
34. 没有能办这件事的人。　　没人能办这件事。
35. 这个原因启发了让我做警察。　　这个原因启发我做警察。
36. 他还热情地请客你。　　他还热情地请你吃饭。
37. 我有一个弟弟他还在幼儿园。　　我有一个弟弟还在幼儿园。
38. 他想做什么我给他做什么。　　我让他做他想做的。
39. 我爸爸说我不上学，不参加高考。　　我爸爸不让我上学，不让我参加高考。
40. 爸爸终于愿意了我继续上学。　　爸爸终于愿意让我继续上学。
41. 不要失望我们的老师，家人。　　不要让我们的老师、家人失望。
42. 这个时候很多去公园散步。　　这个时候有很多人去公园散步。
43. 这件事让我很大的启示。　　这件事让我受到很大的启发。
44. 这些玩具中最被人害怕的是神秘屋。　　这些玩具中最让人害怕的是神秘屋。
45. 勉强别人不想做的事。　　勉强别人做不想做的事。
46. 新鲜的空气让人舒服的感觉。　　新鲜的空气让人感觉舒服。

误	正
47. 他们吃饱了我们。	他们让我们吃饱了。
48. 这里面有放钱卡。	这里面有地方放钱卡。
49. 从小培养会孩子产生兴趣。	从小培养会让孩子产生兴趣。
50. 你一定要成为词典是你爱不释手的工具。	你一定要让词典成为你爱不释手的工具。
51. 这样可以蚊子靠近不了人。	这样可以让蚊子靠近不了人。
52. 还能帮我的学习成绩逐步提高。	还能使我的学习成绩逐步提高。
53. 我吃惊有这样的地方。	这样的地方让我感到吃惊。

（七）主谓谓语句

误	正
1. 我妈妈的个子不高也不矮,她的眼睛大大的。	我妈妈个子不高也不矮,眼睛大大的。
2. 我的家乡的人民很友善。	我的家乡人民很友善。
3. 我们干部的群众关系好的。	我们干部群众关系好。
4. 他的思想进步。	他思想进步。
5. 阿里亚把字写得认真。	阿里亚写字写得很认真。
6. 那只羊把草吃了很多。	那只羊吃草吃得很多。
7. 我没有去北京过。	北京我没有去过。
8. 我明白过这个道理。	这个道理我明白了。
9. 我认识过李老师。	李老师我认识。
10. 商店售货员的给人家的态度很热情。	商店售货员态度很热情。
11. 我家乡人很友善的。	我家乡人很友善。
12. 我家乡苹果很有名的。	我家乡苹果很有名。
13. 他不会一句英语。	他一句英语也不会。
14. 我去到新疆大学。	我新疆大学去过。

误	正
15. 那所学校不太多讲汉语的人。	那所学校讲汉语的人不太多。
16. 老师说的每一句话都记脑子。	老师说的每一句话我都记在脑子里。
17. 老师在黑板上的每一个内容我都记在笔记本上。	老师写在黑板上的每一个内容我都记在笔记本上。
18. 我会什么事都说你的。	什么事我都会告诉你的。
19. 我的浑身发软,手脚无力。	我浑身发软,手脚无力。
20. 这场比赛参加12个女生。	这场比赛12个女生参加。

(八) 双宾语

误	正
1. 班长通知明天不上课我们。	班长通知我们明天不上课。
2. 他还告诉我爱妈妈。	他还告诉我他爱妈妈。
3. 他们我一套漂亮的衣服。	他们送我一套漂亮的衣服。
4. 遇到困难的时候给帮助他。	遇到困难的时候给他帮助。
5. 我妈妈还钱邻居。	我妈妈还邻居钱。
6. 医院向/往张奶奶给了一个小男孩儿。	医院给了张奶奶一个小男孩儿。
7. 他还把笔记本借我。	他还借给我笔记本。
8. 王东还把小说借我。	王东还借给我一部小说。
9. 外事局给我们通知明天要来客人。	外事局通知我们明天要来客人。
10. 古丽往王老师借了一本语文书和数学书。	古丽借了王老师一本语文书和一本数学书。
11. 他给你教汉语吗?	他教你汉语吗?
12. 他把电影票你给了吗?	他给你电影票了吗?
13. 你给借他了一本书。	你借给他一本书。

14. 他告诉通知了我一件事。　　他告诉了我一件事。
　　　　　　　　　　　　　　他通知了我一件事。
15. 我借了参考书他的。　　　　我借给他参考书了。
16. 他赚了大家的三百块钱。　　他赚了大家三百块钱。
17. 小方通知我们，明天放假。　小方通知我们明天放假。
18. 他讲我们好消息。　　　　　他告诉我们好消息。
19. 他是否给你汉语？　　　　　他是否教你汉语？
20. 赵老师没上我们汉语。　　　赵老师没教我们汉语。
21. 他们认为我第一的人。　　　他们认为我第一。
22. 他有没有给你电影票？　　　他给没给你电影票？
23. 他给你教不教汉语？　　　　他教不教你汉语？
24. 古丽把王老师那一本汉语书　古丽还/借王老师一本汉语书和
　　和一本数学书给。　　　　　一本数学书。
25. 学校把我分配一套房子。　　学校分我一套房子。
26. 他向我借了一本书。　　　　他借了我一本书。
27. 他还给我学习几句汉语话，　他还教我几句汉语，我也教他几
　　我还给学几句维语。　　　　句维语。
28. 我很佩服他。佩服他乐于助　我很佩服他乐于助人的精神。
　　人的精神。
29. 他参加学习的事，是主任告　主任告诉我他参加学习的事。
　　诉我的。
30. 我给他帮助学习维语。　　　我帮助他学习维语。
31. 她带来了快乐我。　　　　　她带给我快乐。
32. 遇到困难的时候给帮助他。　遇到困难的时候给他帮助。
33. 绿色的草原让人带来美好的　绿色的草原带给人美好的回忆。
　　回忆。

误	正
34. 我的班主任说了我一句话。	我的班主任告诉了我一句话。
35. 我终于这件事告诉了老师。	我终于告诉了老师这件事。
36. 妈妈给午餐用的五块钱。	妈妈给我五块买午餐的钱。
37. 我们也让给他们自由。	我们也给他们自由。
38. 我想借你的一本书。	我想借你一本书。
39. 家里无法寄生活费他。	家里无法寄给他生活费。
40. 领导让他获得特困补助的机会。	领导给他特困补助。
41. 我对于住宿的学生便利。	我带给住宿的学生便利。
42. 他还讲我读书的好处。	他还告诉我读书的好处。
43. 他不认为她的文化水平低。	他不嫌她文化水平低。

(九) 比较句

误	正
1. 这件毛衣那件毛衣一样。	这件毛衣和那件毛衣一样。
2. 石林山的每块石头有一棵大黄松一模一样。	石林山的每块石头和一棵大黄松一模一样。
3. 我的儿子有你的儿子一样大。	我的儿子跟你的儿子一样大。
4. 这条裙子跟那条裙子一样很漂亮。	这条裙子跟那条裙子一样漂亮。
5. 这孩子有你一样高。	这孩子有你这么高。
6. 你像他那么一样喜欢跳舞吗?	你像他一样喜欢跳舞吗?
7. 我妈妈你妈妈不一样(不同)。	我妈妈跟你妈妈不一样(不同)。
8. 这所学校不一样一般的学校。	这所学校不同于一般的学校。
9. 今天比昨天一样热。	今天跟昨天一样热。
10. 我比他一样喜欢旅游。	我跟他一样喜欢旅游。
11. 你比小孩小孩。	你比小孩还小孩。

12. 他的发音比你们一样还准确。　　他的发音比你们还准确。
13. 我比你非常了解他。　　　　　　我比你更了解他。
14. 你比疯子再疯子。　　　　　　　你比疯子还疯子。
15. 萨吾列先比努丽拉吃完一个　　　萨吾列比努丽拉先吃完一个苹果。
    苹果。
16. 他比我挣钱很多。　　　　　　　他挣钱比我多得多。
17. 他学汉语比你快学。　　　　　　他学汉语比你学得快。
18. 弟弟比我三岁小。　　　　　　　弟弟比我小三岁。
19. 今年棉花的产量比去年　　　　　今年棉花的产量比去年增长了
    15000公斤增长了。　　　　　　15000公斤。
20. 这件衣服比那件一些长。　　　　这件衣服比那件长一些。
21. 这次规定的项目比上次许多　　　这次规定的项目比上次减少了
    减少了。　　　　　　　　　　　许多。
22. 比起来酸奶来，马奶还有营养。　比起酸奶来，马奶更有营养。
23. 与大鱼大肉相比，我还喜欢　　　与大鱼大肉相比，我更喜欢蔬菜。
    蔬菜。
24. 百闻不比一见哪。　　　　　　　百闻不如一见哪。
25. 我讲话不和年轻人一样讲话　　　我讲话不如年轻人流利。
    流利。
26. 老年人走路有年轻人那么不快。　老年人走路没有年轻人那么快。
27. 他不像你一样努力。　　　　　　他不像你那么努力。
28. 今天比昨天不凉快。　　　　　　今天不比昨天凉快。
29. 小王比我来不早。　　　　　　　小王不比我来得早。
30. 雨比刚才变小了。　　　　　　　雨比刚才小了。
31. 今年闹了这么大的灾荒，我们　　今年闹了这么大的灾荒，我们的
    还是比去年的收成增加了。　　　收成还是比去年增加了。

32.	在这儿等他不比先去。	与其在这儿等他,还不如先去呢。
33.	走着去不比坐车。	我宁可走着去,也不坐车去。
34.	学别一个民族的文字比学本民族的文字很难。	学其他民族的文字总比学本民族的文字难。
35.	比其他课程,语言课一些难。	比起其他课程来,语言课要难些。
36.	学习上你比他一样强。	学习上你跟他一样强。
37.	我的脚有昨天更疼了。	我的脚比昨天更疼了。
38.	"诞辰"有"生日"一样。	"诞辰"和"生日"一样。
39.	人会说话比会走路一样是自然而然的。	人会说话跟会走路一样是自然而然的。
40.	洞里能摆二十桌的酒席,比十间房子一样大。	洞里能摆二十桌酒席,足有十间房子大。
41.	我们的看法有前两种看法不同。	我们的看法和前两种看法不同。
42.	它的笔画不跟草书那样潦草。	它的笔画不像草书那样潦草。
43.	我待你不跟待我亲儿子那样差。	我待你不比待我亲儿子差。
44.	这座楼比那座楼不高。	这座楼不比那座楼高。
45.	说应该允许,不比说我们欢迎。	与其说应该允许,毋宁说我们欢迎。
46.	玉碎不比瓦全。	宁为玉碎,不为瓦全。
47.	我的个子他比高。	我的个子比他高。
48.	简体字繁体字比起来好学好写。	简体字比起繁体字来好学好写。
49.	热孜亚比古丽五岁大。	热孜亚比古丽大五岁。
50.	今年考试的时间比去年一个月提前了。	今年考试的时间比去年提前了一个月。

51. 他比你大三岁了。	他比你大三岁。
52. 赛力克比库萨音唱歌好了。	赛力克比库萨音唱歌唱得好。
53. 今年水稻的产量比去年更增长两倍。	今年水稻的产量比去年增长两倍。
54. 他以前不胖,这几年比以前更胖了。	他以前不胖,这几年比以前胖了。
55. 你比我孝顺一些老人。	你比我对老人孝顺一些。
56. 阿力比别人有许多钱。	阿力比别人有钱。
57. 他的英语比你很好。	他的英语比你好。
58. 这两天比前两天特别热。	这两天比前两天热得多。
59. 我比你喜欢看这本书。	我比你更喜欢看这本书。
60. 老师比我早去了。	老师比我去得早。/老师比我早去了20分钟。
61. 我比别人少了自信。	我比别人少了一些自信。
62. 我比绿茶想喝红茶。	比起绿茶来,我更喜欢喝红茶。
63. 那个村比去年的小麦产量增加了一倍。	那个村小麦的产量比去年增加了一倍。
64. 你朋友比你关心他关心得多。	你朋友比你更关心他。
65. 古丽比别人学习唱歌。	古丽比别人喜欢唱歌。
66. 他比爸爸知道打球。	他比爸爸爱打球。
67. 北京的夏天有南方更热吗?	北京的夏天比南方热吗?
68. 下学期的课有这学期的课还多。	下学期的课比这学期的课还多。
69. 他考上了大学,我不比他好,没考上。	他考上了大学,我没有他好,没考上。
70. 他比我不大,我俩同岁。	他不比我大,我俩同岁。

误	正
71. 坐公共汽车去比骑车去不好。	与其坐公共汽车去,还不如骑车去。
72. 这位老师说话比较张老师慢。	这位老师说话比张老师慢。
73. 这个句子比较那个句子难。	这个句子比那个句子难。
74. 我比妹妹多喜欢锻炼。	我比妹妹更喜欢锻炼。
75. 我们现在比以前再忙了。	我们现在比以前更忙了。
76. 我妈妈88岁,他妈妈也88岁,他妈和我一样大。	我妈妈88岁,他妈妈也88岁,他妈妈和我妈妈一样大。
77. 我们场的羊毛比他们长。	我们场的羊毛比他们的羊毛长。

复句部分

误	正
1. 想挣大钱,不肯出力气,天下哪有那么好的事儿呢?	又想挣大钱,又不肯出力气,天下哪有那么好的事儿呢?
2. 要我们承担艰巨的任务,不给我们提供必要的帮助,这怎么行呢?	又要我们承担艰巨的任务,又不给我们提供必要的帮助,这怎么行呢?
3. 既我们喜欢唱歌,也我们喜欢跳舞。	我们既喜欢唱歌,也喜欢跳舞。
4. 我们的国家又美丽的风景,又善良的人民。	我们的国家又有美丽的风景,又有善良的人民。
5. 他又知识、又地位,你应该尊重他。	他又有知识、又有地位,你应该尊重他。
6. 他又做作业,又听音乐。	他一边做作业,一边听音乐。
7. 他又走路,又哼着歌曲。	他一边走路,一边哼着歌曲。
8. 他一边想去当代商城,一边想去动物园,时间够用吗?	他又想去当代商城,又想去动物园,时间够用吗?

9.	妈妈每天都很辛苦,一边要买菜,要做饭,一边要照顾姥姥。	妈妈每天都很辛苦,又要买菜,做饭,又要照顾姥姥。
10.	那种水果一边贵,一边不新鲜,没人愿意买。	那种水果又贵,又不新鲜,没人愿意买。
11.	他今天一边想看电影,一边想游泳。	他今天又想看电影,又想游泳。
12.	他爱好广泛,一边爱绘画,一边爱写小说。	他爱好广泛,又爱绘画,又爱写小说。
13.	她一边感到欢喜,一边感到害怕,说不出内心复杂的感受。	她又感到欢喜,又感到害怕,说不出内心复杂的感受。
14.	他也抽烟,也喝酒,经常遭到父亲的训斥。	他又抽烟,又喝酒,经常遭到父亲的训斥。
15.	你也不爱学习,也不与人交往,这样下去怎么行呢?	你又不爱学习,又不与人交往,这样下去怎么行呢?
16.	老伴又去世了,儿子又打工去了,家里只剩下老头儿孤零零的一个人。	老伴也去世了,儿子也打工去了,家里只剩下老头儿孤零零的一个人。
17.	家里又吵,外头又吵,简直没个安静的地方。	家里也吵,外头也吵,简直没个安静的地方。
18.	学校领导一边同意我们提出的教改方案,一边又对方案的实施提出了具体要求。	学校领导一方面同意我们提出的教改方案,一方面又对方案的实施提出了具体要求。
19.	老师一边肯定了我的优点,一边也指出了我的不足。	老师一方面肯定了我的优点,另一方面也指出了我的不足。
20.	青少年学生一边要努力学好文化课,一边还要加强体育	青少年学生一方面要努力学好文化课,一方面还要加强体育锻炼,

锻炼,增强体质。 　　增强体质。
21. 一边由于家境贫寒,一边还由于父亲重病在身,使他最终放弃了考大学的念头。　　一方面由于家境贫寒,一方面还由于父亲重病在身,使他最终放弃了考大学的念头。
22. 一边因为个人身体的原因,一边也因为老伴儿需要照顾,她提前退休了。　　一方面因为个人身体的原因,一方面也因为老伴儿需要照顾,她提前退休了。
23. 他们决定一边依靠本厂的科研人员,搞产品开发,一边请国外的医药专家亲临药厂进行指导。　　他们决定一方面依靠本厂的科研人员搞产品开发,一方面请国外的医药专家亲临药厂进行指导。
24. 民警们一边紧急疏散楼内的群众,一边部署警力抓捕罪犯。　　民警们一边紧急疏散群众,一边部署警力抓捕逃入居民楼内的罪犯。
25. 与其听课,不如学习,这是不正确的观念。　　与其听老师讲课,不如在家自学,这是不正确的观念。
26. 他与其这么做,还不如你干。　　与其让他做,还不如让你做。
27. 宁可上这所好学校,也绝不会求他。　　宁可不上这所好学校,也绝不会求他。
28. 我宁可去了,也不会吃饭。　　我即使去了,也不会吃饭。
29. 这次比赛,我宁可得不到第一名,老师也不会怪我。　　这次比赛,我即使得不到第一名,老师也不会怪我。
30. 我宁可不吃饭,也不办完这件事。　　我宁可不吃饭,也要办完这件事。
31. 我宁可不睡觉,也不必须完成今天的作业。　　我宁可不睡觉,也要完成今天的作业。
32. 我宁可不去挣钱,也不会管他。　　我宁可不去挣钱,也不会不管他。

33. 他不但是个好学生,而且心特别善良,甚至很努力学习。 | 他不但学习好,而且心地善良,关心他人,甚至拿出自己的零花钱帮助家庭困难的同学。
34. 古丽扎不但聪明,而且能唱歌,甚至会跳舞。 | 古丽扎不但学习好,而且能歌善舞,多才多艺,甚至还得过全疆大学生才艺大赛的冠军呢。
35. 他不但没背课文,而且没做作业,甚至吵架了老师。 | 他不但没背课文,而且没做作业,甚至还跟任课老师吵了一架。
36. 不但他会说英语,而且会说法语,甚至会操作电脑。 | 他不但会说英语,而且会说法语,甚至会操作电脑。
37. 只要学好汉语,才能真正了解中国和中国人。 | 只有学好汉语,才能真正了解中国和中国人。
38. 你只有刻苦努力地学习,就能取得好成绩。 | 你只有刻苦努力地学习,才能取得好成绩。
39. 只有我遇到难事,我的朋友帮我。 | 只要我遇到难事,我的朋友就都来帮我。
40. 只有算错了一步,答案会错。 | 只要算错了一步,答案就会错。
41. 只要努力学习,就取得好成绩。 | 只要努力学习,就能取得好成绩。
42. 只要努力工作,就完成任务。 | 只要努力工作,就能完成任务。
43. 你只要说到做到,就得到别人的信任。 | 你只要说到做到,就能得到别人的信任。
44. 只要你在我身边,我什么也就不怕。 | 只要你在我身边,我就什么也不怕。
45. 只要认真地进行调查,就这些事情都会弄清楚的。 | 只要认真地进行调查,这些事情就都会弄清楚的。
46. 只有丰富的知识,才能跟得 | 只有丰富自己的知识,才能跟得

上时代。 上时代。
47. 只有坚强的意志,才能战胜困难。 只有意志坚强,才能战胜困难。
48. 尽管他心里有一股怨气,说不出来。 尽管他心里有一股怨气,但却说不出来。
49. 尽管学语言有些枯燥,不少人愿意学。 尽管学语言有些枯燥,但是不少人愿意学。
50. 尽管心里不想那么做,不能不做。 尽管心里不想那么做,可是却不能不做。
51. 尽管家长怎么劝他,但是他不听。 不管家长怎么劝他,他都不听。
52. 尽管他多么坏,但是他还是你的亲生儿子呀! 不管他多么坏,他都是你的亲生儿子呀!
53. 尽管事情的结果多么糟糕,你当时都应该忍下去,但是你出乎我的预料,让我大失所望。 不管事情的结果多么糟糕,你当时都应该忍下去,但是你出乎我的预料,让我大失所望。
54. 尽管他说我什么,但是我不会生气。 不管他说我什么,我都不会生气。
55. 你除非给我钱,才我让你走。 除非你给我钱,我才让你走。
56. 你除非答应去做这件事,否则不让你走。 除非你答应去做这件事,否则不让你走。
57. 除非他们参加这场比赛,否则我们早就输了。 除非他们参加这场比赛,否则我们会输的。
58. 除非他来帮助我们,我们才摆脱困境。 除非他来帮助我们,我们才能摆脱困境。

59. 除非你不来,否则我以后不再见你。	除非你来,否则我以后不再见你。
60. 除非你不来接我,否则我就回家。	除非你来接我,否则我不回家。
61. 除非你偷别人的东西,否则警察会抓你的。	除非你不偷别人的东西,否则警察会抓你的。
62. 除非他相信你,否则他会跟你讲实话的。	除非他不相信你,否则他会跟你讲实话的。
63. 你除非看电视,没有别的事。你来这儿是为了学习,你应该努力,否则你的父母会失望的。	你除了看电视,没有别的事。你来这儿是为了学习,你应该努力,否则你的父母会失望的。
64. 虽然困难再大,我们也要克服。	即使困难再大,我们也要克服。
65. 虽然是高明的医生,也治不了他的病。	即使是高明的医生,也治不了他的病。
66. 尽管天再晚,可是他也要赶回家。	即使天再晚,他也要赶回家。
67. 虽然你来劝她,可是她也听不进去。	即使你来劝她,她也听不进去。
68. 即使他比我大四岁,但也不如我懂事。	虽然他比我大四岁,但不如我懂事。
69. 即使他不是我们班的学生,也参加了这次活动。	虽然他不是我们班的学生,可也参加了这次活动。
70. 即使他学习很努力,也不能通过考试。	尽管他学习很努力,可是也没能通过考试。
71. 即使他聪明能干,但老板也	尽管他聪明能干,但老板不重用

不重用他。 | 他。
72. 即使困难那么多,我也不会放弃自己的目标。 | 不管困难有多大,我都不会放弃自己的目标。
73. 即使你怎么说,老师也不会同意。 | 无论你怎么说,老师都不会同意。
74. 写作文时,应该以免写错字。 | 写作文时,应该认真、仔细,以免写错字。
75. 滑冰场特滑,玩的时候,以免摔倒。 | 滑冰场特滑,玩的时候要小心,以免摔倒。
76. 我这样做,以免碰上他。 | 我绕道儿走,以免碰上他。
77. 既然你天天旷课,就会被学校开除。 | 如果你天天旷课,学校就会开除你。
78. 既然他不来学校,就会受到老师的批评。 | 如果他不来学校,就会受到老师的批评。
79. 如果努力学习,就得到好成绩。 | 如果努力学习,就能得到好成绩。
80. 如果错过这次机会,就以后不能来这里了。 | 如果错过这次机会,以后就不能来这里了。
81. 如果你复习得好,就这个考试不会出问题。 | 如果你复习得好,这次考试就不会出问题。
82. 即使他不想见我,那我也没兴趣见他。 | 既然他不想见我,那我也没兴趣见他。
83. 即使你不来我家的话,我也不去你的家。 | 如果你不来我家的话,我也不去你的家。
84. 今天我不打电话他,以免生气了他。 | 今天我不给他打电话,以免他生气。

二 维吾尔语语法要点

维吾尔语属黏着型语言,形态变化丰富。维吾尔语构词和表示语法意义的主要手段是在词根后添加附加成分。名词有数、人称和格的语法范畴;动词有时、式、态、人称和数等语法范畴。维吾尔语句子的基本语序为:主语—宾语—谓语。整个句子以动词为中心。动词作谓语时,其人称、数等要与主语一致。下面我们从词法和句法两方面对维吾尔语语法作一简要概述。

一、词法
(一) 词的构造
维吾尔语的词可分为单纯词和合成词两类。单纯词是由一个语素构成的词。例如:sinip、kitap、aq、jaχʃi、maŋ、kɛt 等。合成词是由两个或更多的语素构成的词。合成词的构造方式有派生法和合成法两类。

1. 派生法

是指在词根上加附加成分派生新词的方法。是维吾尔语产生新词的主要方法。例如:

  ders 课＋χana 名词附加成分——dersχana 课堂

  gyl 花＋zar 名词附加成分——gylzar 花坛

  rehim 仁慈＋siz 形容词附加成分——rehimsiz 残酷无情

  tiriʃ 勤奋＋tʃan 形容词附加成分——tiriʃtʃan 勤奋的

  muzakire 讨论＋qilmaq 动词附加成分——muzakire qilmaq 讨论

  tenqit 批评＋qilmaq 动词附加成分——tenqit qilmaq 批评

2. 合成法

把两个或两个以上的语素组成新词的构词方式。主要有并列、修饰、宾动等关系。

(1) 并列关系。例如：

    mal 货物 + mylyk 财产——mal-mylyk 财产
    bala 灾祸 + qaza 遇难——bala-qaza 灾难

(2) 修饰关系。例如：

    ana 母亲 + til 语言——anitil 母语
    aʃ 饭 + qazan 锅——aʃqazan 胃

(3) 宾动关系。例如：

    jol 路 + qojuʃ 放置——jol qojuʃ 让路，允许
    ʁɛm 忧愁 + jijiʃ 吃——ʁɛm jijiʃ 关心

（二）词类

1. 维吾尔语的词根据语义和语法特点，可以分成以下 12 类：

(1) 名词：adɛm 人   mɛktɛp 学校

    附类有方位名词。如：yst 上   ald 前

(2) 形容词：kitʃik 小   ɛqilliq 聪明的，有智慧的

(3) 数词：基数词   altɛ 六   sɛkkiz 八

    序数词   ytʃintʃi 第三   bɛʃintʃi 第五

    集合数词   tøt-ɛjlɛn 四个人   jɛtti-jlɛn 七个人

    约数词   alti-tʃɛ 约六个   miŋ-tʃɛ 大约一千个

    分数词   ikkidin bir 二分之一   jyzdin bɛʃ/ bɛʃ pirsɛnt 百分之五

(4) 量词：danɛ 本   ʤyp 双

(5) 代词：人称代词   mɛn 我   silɛr 你们

    反身代词   øzɛm 我自己   øzɛŋlar 你们自己

指示代词	mana 这,这个	ʃular 那些
性质代词	mundaq 这样的	ʃundaq 那样的
疑问代词	nimɛ 什么	qantʃɛ 多少
确定代词	barliq 所有的	hɛrqatʃan 任何时候
不定代词	birkim 某人	birnimɛ 某物
否定代词	hetʃnimɛ 什么也不	hetʃqajsi 哪一个也不
领属代词	meniŋki 我的	uniŋki 他的

(6) **动词**:直接谓语动词　　　　oqu-读　　kør-看
　　　　双重功能动词　动名词 beriʃ 给　kɛtmɛk 走,去
　　　　　　　　　　　副动词 jezip 写　alʁitʃɛ 拿
　　　　　　　　　　　形动词 iʃlewatqan 干,做　keliwatqan 来

(7) **副词**:　时间副词　　　hazir 现在　　dɛrʁal 马上,立刻
　　　　　　程度副词　　　bɛk 很　　　　naχajiti 非常
　　　　　　处所副词　　　alʁa 往前　　　taʃqiri 外面
　　　　　　方式、状况副词 aran 勉强　　　birdinla 一下子

(8) **后置词**:bilɛn 和、与、跟、用、沿着　　ytʃyn 为了、因为、由于

(9) **连词**:wɛ 和、与、跟、同　　　　　　lekin 但是、可是、然而

(10) **助词**:mu 表示疑问等语气　　　　　la 表示强调等语气

(11) **叹词**:wah 哎呀　　　　　　　　　hɛj 喂

(12) **象声词**:taχ—taχ 赶鸡声　　　gyr—gyr 风呼啸声

2. 维吾尔语的名词有数、人称和格的语法范畴。

(1) **数的范畴**。名词有单数和复数之别。例如:

　　单数　　　　　　　　　　　　复数
　　iʃtʃi 工人　　iʃtʃi+lar(复数附加成分)—iʃtʃilar 工人们
　　idarɛ 机关 idarɛ+lɛr(复数附加成分)—idarɛlɛr 很多机关

(2) **从属性人称范畴**。表示人或事物从属于谁或什么。它分为第

一、第二、第三人称。第一和第二人称有单、复数的区别,第三人称则没有。同时第二人称有普称和尊称的区别。以"母亲"ana 为例:

　　　　　　　单数　　　　　　　　复数

第一人称:ana+m—anam 我的母亲　ana + miz—animiz 我们的母亲
第二人称:ana+ŋ—anaŋ 你的母亲　ana+ŋlar—anaŋlar 你们的母亲
　　　　 ana+ŋiz—aniŋiz 您的母亲　ana+ŋizlar—aniŋizlar 您(们)的母亲
第三人称:ana+si—anisi 他的母亲　ana+si—anisi 他们的母亲

(3)**格的范畴**。名词的格在句中表示词与词之间的各种关系。主要有以下几种:

主格　没有附加成分,即主格的名词在形式上与名词词干相同。主格名词在句中一般作主语或谓语。例如:

　　amma(主格)　 hɛqiqi　 qɛhriman(主格).
　　群众　　　　　真正　　　英雄
　　群众是真正的英雄。

属格　表示人或事物的领属关系。其形式是在名词词干后面加"-niŋ"附加成分构成。它通常在句子中作定语。例如:

　　qasimniŋ　akisi　muʃu　zawutta　iʃlɛjdu.
　　哈斯木的　 哥哥　 这个　 在工厂　 做工
　　哈斯木的哥哥就在这个工厂做工。

宾格　表示行为动作的客体关系。其形式是在名词词干后面加"-ni"附加成分构成。宾格只能与及物动词连用,在句中作宾语。例如:

　　biz　nurʁun　matirijallarni　kørduq.
　　我们　很多　　资料　　　　我们看了
　　我们阅读了很多资料。

位格　表示行为动作发生或存在的时间或地点等意义。其形式是在名词词干后面加"-dɑ"等附加成分构成。常作状语。例如：

oquʁutʃilar(主格)　mɛktɛp　zalida　kino　kørywatidu.
同学们　　　　　　学校　在礼堂　电影　正在看
同学们正在学校礼堂看电影。

从格　表示行为动作的起点或来源等意义。其形式是在名词词干后面加"-din"等附加成分构成。多作状语。例如：

biz　bajila　dɛrsχanidin　kɛlduq.
我们　刚刚　从教室里　　我们来
我们刚刚从教室里来。

向格(或与格)　表示行为动作的趋向关系等意义。其形式是在名词词干后面加"-ʁa"等附加成分构成。在句中多作状语。例如：

biz　jeziʁa　berip　3 jil　tʃeniqtuq.
我们　到农村　去　　三年　我们锻炼了
我们到农村去锻炼了三年。

3. 维吾尔语的形容词有"级"的语法范畴。一部分形容词有比较级、减低级、加强级、指小表爱级的变化。

(1) 比较级。表示一种事物的性质、特征与另一种事物的性质、特征在程度上的比较。其形式是在形容词后面加"-raq"等附加成分构成。例如：

kona 旧 + raq——koniraq 比较旧
køp 多 + rɛk——køprɛk 比较多

(2) 减低级。表示事物的特征低于其正常程度。其构成是在表示色彩的形容词后面加"-ʁutʃ"等附加成分(注：有减音等语音变化现象)。例如：

seriq 黄 + ʁutʃ——saʁutʃ 淡黄的
køk 蓝 + ytʃ——køkytʃ 淡蓝的

(3) 加强级。加深某一事物或特征的程度。它是由形容词第一个音节后面加"-p",再重复形容词等形式构成。例如：

syzyk 清——syp-syzyk 清清的

jeʃil 绿——jap-jeʃil 绿绿的

(4) 指小表爱级。表示人对事物的喜爱或缩小称呼的一种形容词形式。其构成是在形容词后面加"-ʁinɑ"等附加成分。例如：

jaχʃi 好+ʁinɑ——jaχʃiʁinɑ 好好儿的

igiz 高+ginε——igizginε 高高儿的

4. 维吾尔语的动词有时、式、态、人称和数等语法范畴。

(1) 动词的时、人称和数的范畴。

维吾尔语动词的时、人称、数三位一体不可分割。动词的时分为：现在时（包括现在进行时和现在持续时）、过去时（包括肯定过去时、曾经过去时、连动过去时、反复过去时、当时过去时）、将来时；动词的数分为：单数和复数；动词作谓语时有三个人称，而动词的时、人称、数三者又结合成一种变化形式来体现，并且人称和数的变化要与主语保持一致。下面就以动词的现在时、过去时、将来时形式为例，说明这种变化。

过去时：

mεn 我		oqudum. 我读了
biz 我们		oquduq. 我们读了
sεn 你	kitɑpni（书）	oduduŋ. 你读了
siz 您		oduduŋiz. 您读了
silεr 你们		oduduŋlar. 你们读了
u 他		oqudi. 他读了
ulɑr 他们		oqudi. 他们读了

现在时：

mɛn 我		jeziwatimɛn. 我正在写
biz 我们		jeziwatimiz. 我们正在写
sɛn 你	maqalini 文章	jeziwatisɛn. 你正在写
siz 您		jeziwatisiz. 您正在写
silɛr 你们		jeziwatisilɛr. 你们正在写
u 他		jeziwatidu. 他正在写
ular 他们		jeziwatidu. 他们正在写

将来时：

mɛn 我		kørimɛn. 我要看
biz 我们		kørimiz. 我们要看
sɛn 你	kinoni 电影	kørisɛn. 你要看
siz 您		kørisiz. 您要看
silɛr 你们		kørisilɛr. 你们要看
u 他		køridu. 他要看
ular 他们		køridu. 他们要看

(2) 动词式的范畴。

动词的式是指在句子中表示各种语法意义的、具有一定的形式和语气的动词。分为：命令式、条件式、叙述式、转述式、能动式、持续式和不定式。

动词的命令式 是指表示命令、请求、商讨、愿望、号召等意义的动词形式。动词的命令式有一、二、三人称形式。其构成是在动词词干后面添加"-ɛjli"、"-iŋ"等附加成分。例如：

joldaʃ lejfeŋdin yginɛjli.
同志　向雷锋　我们学习吧
向雷锋同志学习。

u sirtta sizni kytyp turidu, tezrɛk beriŋ.
他　在外面　把你　等　持续状态　快点　你去吧

他在外面等你,快点去吧!

动词的条件式　是指表示行为动作的实现与否具有一种条件关系的动词形式。它是在动词词干后面添加"-sɑ"等,其后再加人称附加成分构成。例如:

bygyn jamʁur jaʁmisa, biz ɛmgɛk qilʁili barimiz.
今天　雨　如果不下　我们　劳动　做(目的)　我们去

如果今天不下雨,我们就要去劳动。

动词的叙述式　是指说话人将自己间接知道的事情或过去不知道,后来证实后才知道的事情叙述给对方的动词形式。它是在动词词干后面添加"-idu"等,其后加"-ikɛn",然后再加人称附加成分构成(注:有语音脱落等现象)。例如:

ular hɛr kyni ɑχʃimi teliwizor køridikɛn.
他们　每　天　晚上　电视　他们看

他们每天晚上都看电视。

动词的转述式　是指说话人将自己间接知道的已经发生或即将发生的行为动作转述给对方(听话人)。它是在动词词干后面添加"-gidɛk"等,其后再加人称附加成分构成。例如:

alimniŋ ɛjtɪʃɪtʃɛ sɪz bu jil oquʃ pyttyrgidɛksiz,
阿里木的　据说　您　这　年　读书　您毕业

ʃundaqmu?
是吗?

听阿里木说,您今年就要毕业了,是吗?

动词的能动式　表示行为动作能否实现。它是在动词词干后面添加"-la/-lɛ"或"-jala/-jɛlɛ"等,其后再加人称附加成分构成。例如:

  biz ʤoŋguoluqlar hərqandaq qijintʃiliqni jeŋelejmiz.
  我们　　中国人　　　什么样的　　　困难　　我们能战胜
我们中国人能战胜一切困难。

  动词的持续式　　表示行为动作在过去、现在和将来持续不断地进行。它是在动词词干后面添加"-wɐr"等,其后再加动词将来时人称附加成分构成。例如:

  ailəŋni ojlawermej, jaχʃi ygen'gin.
  把你家　不要老想　　好好　你学习
你不要老想家,要好好学习。

  动词的不定式　　表示行为动作的发生与否处于不肯定等状态。它是在动词词干后面添加"-ar"等,其后再加人称附加成分构成。例如:

  ekiskursijige kɛtkɛn joldaʃlar ɛtɛ kelip qalar.
  去参观　　　去的　同志们　明天　回来　可能
去参观的同志明天可能要回来。

(3)动词态的范畴。

  动词的语态,指人或事物与各种行为动作关系的语法表现形式。分为:基本态、自复态、被动态、使动态、交互-共同态。

  基本态　　指不带有动词语态附加成分的动词词干。例如:

  biz jaχʃi adɛm, jaχʃi iʃlarni tɛqdirlejmiz.
  我们　好　人　　好　事　我们表扬
我们表扬好人好事。

  自复态　　表示施动者发出的动作行为及于本身,而不及于他人或他物。它是在动词词干后面添加"-il/-in"等附加成分构成。例如:

  ʃɛrqtin qizil qujaʃ køtirildi.
  从东方　红　太阳　升起了
东方升起红太阳。

被动态 表示被动意义，指明动作由主体承受。它是在动词词干后面添加"-il/-in"等附加成分构成。例如：

sinipimiz zinetlendi, partilar retlik tizildi.
我们教室 被装饰了 课桌 整齐 被排了
我们的教室装修了，课桌都排得整整齐齐。

使动态 表示行为动作不是由自己本人进行，而是请求、强制其他人实现。它是在动词词干后面添加"-dur"等附加成分构成。例如：

mɛn dadamʁa bir qur suɪju aldurdum.
我 向爸爸 一 套毛料衣服 我让买了
我让爸爸买了一套毛料衣服。

交互-共同态 表示行为动作由两个或两个以上的人彼此之间共同进行。它是在动词词干后面添加"-uʃ/-yʃ"等附加成分构成。例如：

uniŋ qiziq søzlirini aŋlap hɛmmimiz kylyʃyp
他的 有趣 话 听了 我们都 笑了
kettuq.
进入某种状态
听了他有趣的话，我们大家都乐了。

二、句法

（一）短语（词组）

维吾尔语的短语分为联合短语、偏正短语、宾动短语和主谓短语等。

1. 联合短语

有两个或几个并列部分组成。并列部分一般词性相同，并列部分之间可以用逗号或"wɛ,hɛm,bilɛn,jaki"等连词连接起来。例如：

ular bilɛn biz　他们和我们
teɢribɛ wɛ sawaq　经验或教训
muzakirɛ qiliʃ hɛm tɛsdiqlaʃ　讨论并通过

2. 偏正短语

由两个部分组成,前偏后正,即前一部分对后一部分起修饰说明作用。表示"定语+中心词"或"状语+中心词"的关系。例如:

  bizniŋ niʃanimiz 我们的目标
  sɛmimi pozitsijɛ 诚恳的态度
  ɛstajdil tɛkʃyryʃ 认真(地)检查

3. 宾动短语

由两个部分组成。前一部分是宾语(直接宾语或间接宾语),后一部分是动词谓语。宾语经常以名词的宾格形式(即名词+ni)出现,有时也可省略。例如:

  wɛtɛnni gyllɛndyryʃ 建设祖国
  kɛliʃim imzalaʃ 签订协议

4. 主谓短语

由两个部分组成。前一部分是主语部分,后一部分是谓语部分。例如:

  sanaiti gyllinif 工业发达
  mihman kɛliʃ 客人来(了)

(二)句子

1. 句子成分

维吾尔语的句子成分有五种:主语、谓语、宾语、定语和状语。

(1) 主语。主语是谓语表述的对象,一般以主格形式出现。主语后可加复数附加成分和领属性人称附加成分。名词、代词、数词、形容词、动名词、形动词等都可以作主语。例如:

 ① amma hɛqiqi qɛhriman.（名词作主语）
  群众 真正的 英雄
  群众是真正的英雄。

② biz ʁelibɛ qazanduq.（代词作主语）
　我们　胜利了
　我们胜利了。

③ horun qijintʃiliqtin qorqidu.（形容词作主语）
　懒的(人)　从困难　　害怕
　懒人害怕困难。

④ kelidiʁanlar kelip boldi.（形动词作主语）
　要来的(人)　来了
　要来的人到齐了。

(2) 谓语。谓语是对主语加以陈述的部分。谓语一般出现在句末。谓语要与主语在人称、数上保持一致。常作谓语的有动词，动词作谓语时，有时、式和态的变化。此外，形容词、名词、代词、数词等也都可以作谓语。例如：

① mekitiwimizdiki barliq oquʁutʃilar doklat aŋlawatidu.
　我们学校的　　所有的　　学生　　报告　　正在听
　　　　　　　　　　　　　　　　　　　（动词作谓语）
　我校全体学生在听报告。

② silerni bu jerge tʃillap kelgen biz.（代词作谓语）
　把你们　这个地方　请　　来的　我们
　把你们请到这里来的就是我们。

③ bu jil jeŋi qubul qilinʁan oquʁutʃilar jette jyz.
　这年　新　　被招收的　　学生　　七　百
　　　　　　　　　　　　　　　　　（数词作谓语）
　今年新招收的学生是七百名。

(3) 宾语。宾语是受动词支配的成分，表示动作涉及的人或事物。宾语一般带宾格。宾语一般由名词、代词、形容词、数词、形动词等充

当。如:

① ular bizniŋ teliwimizni qandurdi. (名词作宾语)
   他们 我们的 把要求 满足了
   他们满足了我们的要求。

② sinip mudiri sizni izdewatidu. (代词作宾语)
   班 主任 把你 正在找你
   班主任正在找你。

③ biz jaχʃi-jamanni perqlendyryʃimiz lazim. (形容词作宾语)
   我们 好与坏 我们分清 应该
   我们应该分清好与坏。

④ bilmigenni baʃqilardin sorap turuʃ kerɛk. (形动词作宾语)
   把不懂的 从别人那儿 问 应该
   不懂的要经常请教别人。

(4) 定语。 定语是名词前面的修饰或限定的成分。定语多以领属格形式出现,中心词带领属附加成分。可以作定语的主要有:名词、数词、代词、形容词和形动词等。例如:

① dunjadiki barliq ʃejiler itʃide adem ɛŋ qimmetlik.
   世界上的 所有的 事物 在……中 人 最 宝贵
                                        (形容词作定语)
   世界上的一切事物中人是最宝贵的。

② bygynki jiʁinʁa beʃ-alte jyz oquʁutʃi qatnaʃti.
   今天的 会议 五 六 百 学生 参加了
                                        (名词、数词作定语)
   五六百名学生参加了今天的会议。

③ meniŋ siŋlim bu mektepniŋ ikkintʃi jilliq sinipida
   我的 妹妹 这 学校的 第二 年级 在班上

oquwatidu.（名词、代词、数词作定语）

　　读　书

我妹妹在这所学校读二年级。

（5）状语。 状语是修饰动词和形容词的成分。副词、副动词、形容词、数词、代词等都可以作状语。例如：

① baja bir jotʃun adɛm kelip kɛtti.（副词作状语）
　刚才 一 陌生 人 来 走

刚才来了一个陌生的人。

② jamʁur ʃarildap jeʁiwatidu.（副动词作状语）
　雨 哗哗 下着

雨哗哗地下着。

③ ular bu mɛsilini ɛstajidil muzakirɛ qildi.（形容词作状语）
　他们 这 把问题 认真 讨论 做了

他们认真地讨论了这个问题。

④ maqul, ʃundaq qilajli.（代词作状语）
　对 这样 我们做吧

对，就这样做。

2. 语序

以动词谓语句为例，维吾尔语句子的基本语序是：主语—宾语—谓语。定语一般在主语或宾语的前边，状语一般在谓语的前边，时间状语可在主语前，也可在主语后。例如：

① sawutniŋ akisi kutupχanidin birnɛtʃtʃɛ partʃɛ kitapni
　沙吾提的 哥哥 从图书馆 几 本 书

arijɛt aldi.
借 他拿了

沙吾提的哥哥从图书馆借了几本书。

② øtken jili men uni muʃədə kørgen idim.
　　过去的　年　我　把他　在这儿　看到过
　　去年我在这里见过他。

或:men uni øtken jili muʃədə kørgen idim.
　　我　把他　过去的　年　在这儿　看到过
　　我去年在这里见过他。

宾语一般都有形态标志,即宾格"-ni"。宾语一般在主语后,谓语前。但有时根据表达的需要,也可以出现在主语前或谓语后。例如:

　　　biz wetinimizni qizʁin søjimiz.
　　　我们　把祖国　　热爱　我们爱

或:wetinimizni biz qizʁin søjimiz.
　　把祖国　　　我们　热爱　我们爱

或:biz qizʁin søjimiz wetinimizni.
　　我们　热爱　我们爱　把祖国
　　我们热爱我们的祖国。

3. 句子类型

维吾尔语句子按照语气的不同,一般可分为陈述、疑问、祈使和感叹四类。

(1) 陈述句。 叙述和说明一件事实或一种情况。如:

　　　u bir somkini jyttyrywetti.
　　　他　一　把包　　丢失了
　　　他丢了一个包。

(2) 疑问句。 表示疑问和反问。如:

　　　siler her kyni qantʃə saet ders oqujsiler?
　　　你们　每　天　几　小时　课　你们上
　　　你们每天上几小时课?

(3) 祈使句。 表示请求、命令、劝告或催促。如：

mɛnmu aŋlap baqaj!
我也　　听　　吧
我也听听吧!

(4) 感叹句。 表示惊奇、喜悦、感叹等语气。如：

bu qiziq kitap ikɛn-hɛ!
这　有趣的　　书　原来是啊
这本书真有趣啊!

4. 句子的构造

维吾尔语的句子按照结构，可分为简单句和复句两类。

(1) 简单句

一般指只包括主要成分（主语和谓语）的句子，或者除主要成分外，还包括次要成分（定语、宾语、状语）的句子。如：

① gyllɛr etʃildi.
　花儿　　开放了
　花儿开了。

② her millet helqiniŋ ittipaqliʁini teχimu tiriʃip
　每　民族　人民　　　把团结　　　更加　努力
　jaχʃiliʃimiz lazim.
　　做好　　　应该

我们要更加努力地搞好各族人民的大团结。

(2) 复句

复句按意义和各分句之间的句法关系可以分为联合复句和偏正复句两大类。联合复句包括并列关系、连贯关系、递进关系和选择关系。偏正复句包括补充关系、条件关系、转折关系、假设关系、因果关系和目的关系。

A. 联合复句

并列关系 各分句之间的关系是并列平行的,没有主次之分。常用下列形式表示:

……wɛ……

……hɛmdɛ(ʃundaqla)……

……hɛm……hɛm……

……mu……

……mu……mu……

……jɛnɛ……

例如:

sizniŋmu øziŋizniŋ qariʃi bar, meniŋmu øzɛmniŋ qariʃi bar.

你有你的见解,我有我的看法。

选择关系 两个或几个分句分别陈述不同的事、不同的行为等,表示在此有所选择,有所取舍。主要用下列形式表示:

ja……ja……

ja……jaki……

jaki……mɛjli……

mɛjli……mɛjli……

mɛjli……jaki……

例如:

mɛjli kɛlsun, mɛjli kɛlmisun, øziniŋ iʃi.

来或者不来是他自己的事。

递进关系 表示后一个分句比前一个分句有更进一层的意思。其一般形式如下:

……qalmastin, bɛlki……mu……

......qalmaj, bɛlki······

······ɛmɛs ······bɛlki,······

······hɛtta(hɛttaki),······

······-din baʃqa,jɛnɛ······mu······

······-niŋ sirtida······mu······

······-din taʃqi jɛnɛ······mu······

例如：

ularniŋ mɛhsulatliri øzi mɛmlikitimizniŋ istimali tɛminlɛpla qalmaj, bɛlki dunjaniŋ hɛrqajsi ʤajliriniŋ istimalinimu tɛminlɛjdiʁan boldi.

他们的产品不仅供本国消费，而且供世界各地消费。

连贯关系 表示分句与分句之间是前后顺序关系。其组成形式如下：

aldi bilɛn······andin (kejin)······

awal······andin kejin······

bir tɛrɛptin······jɛnɛ bir tɛrɛptin······

aldi bilɛn······andin qalsa······

birdɛm······birdɛm······

bɛzidɛ(gajida)······ bɛzidɛ(gajida)······

例如：

biz aldi bilɛn matirjalni jaχʃi køryp tʃiqajli, andin søzlɛʃ tizisi jazajli.

我们先好好阅读文件，然后再写发言提纲。

B. 偏正复句

补充关系 正句在前，偏句在后，偏句补充说明正句。其表现格式为：

  ……mɛlumki……

  ……lazimki……

  ……ʃuniŋdin ibarɛtki……

  ……ʃundaq……ki……

  ……ʃundaq……kerɛkki……

例如：

  hɛmmigɛ mɛlumki, miltiq dorisini ʤoŋguo iʤat qilʁan.

  众所周知，火药是中国发明的。

条件关系 表示正句所指事情出现或存在的条件。其表示方法为：

  ……bolʁandila（qilʁandila）……

  ……bolsila……

  mɛjli……bolsun……

例如：

  aldi bilɛn amminiŋ oquʁutʃisi boluʃqa mahir bolʁandila, andin amminiŋ oqutqutʃisi bolʁili bolidu.

  只有首先善于做群众的学生，才能做群众的先生。

转折关系 表示前后分句之间的关系是对立关系。其一般格式为：

  gɛrtʃɛ……bolsimu, lekin……

  ……bolsimu, ɛmma（biraq）……

例如：

  ular tɛʤribidɛ mɛʁlup bolʁan bolsimu, ɛmma mɛjyslɛngini joq.

  尽管他们的实验失败了，可是他们并没有灰心。

假设关系 前一个分句提出假设,后一个分句推论其结果。其表现格式为:

ɛgɛr……bolsa……

ɛgɛr(mubada)……bolidikɛn(bolmajdikɛn)……

ɛgɛr……bolsa(bolmisa) idi……

ɛgɛr……bolmiʁanda,……

例如:

ɛgɛr tɛjjarliq bolmajdikɛn, mɛʤlis ɛtʃiʃqa aldirimasliq lazim.

如果没有准备,就不要急于开会。

因果关系 说明主语的行为状态的原因。其表示方法为:

……tʃynki……

……ʃuŋa (ʃuŋlaʃqa)……

……ʃuniŋ ytʃyn……ki……

……bolʁanliqtin……

……bolʁanliʁi ytʃyn……

…… bolʁatʃqa……

…… dɛp ……

例如:

u aʁrip qalʁanliqtin, bygynki yginiʃkɛ qatniʃalmidi.

因为他病了,所以未能参加今天的学习。

目的关系 偏句说明正句行为动作的目的。其表现格式为:

…… ytʃyn ……

…… dɛp ……

……disɛ……

例如：

soda dukanliri χeridarlarʁa qolajliq boluʃ ytʃyn, tidʒaret waqtini uzartti.

商店为了方便顾客，延长了营业时间。

三　哈萨克语语法要点

哈萨克语属于阿尔泰语系克普恰克语族。在形态上属于黏着语类型。它与同语族语言有许多共同点，也有一些自己的特点。我国哈萨克语各地比较一致，方言差别很小，差异主要表现在语音和词汇方面。语法方面只有伊犁地区阿勒班和苏万部落有微小差别。下面从词法和句法两方面对我国的哈萨克语语法要点作一简要介绍。

一、词法
（一）构词

哈萨克语的构词方式有派生和复合两种。

1. 派生词　由词根和构词附加成分构成。如：

　　qoj　　＋　ʃə ——qojʃə　牧民
　　羊　　　　　表示"人"的构词附加成分

　　kitap　＋　xana ——kitapxana　图书馆
　　书　　　　　表示"处所"的构词附加成分

2. 复合词　由词根和词根构成。如：

　　aʁaʃ　＋　mæterijat ——aʁaʃmæterijat 木料
　　树　　　　材料

　　kempir　＋　awəz ——kempirawəz 钳子
　　老太婆　　　嘴

（二）词形

词根或词干后可加上数、格、人称、时、态、式等附加成分，表示某种语法范畴。各种附加成分按照一定的顺序加在词根或词干后。其一般顺序为：

词根+构词附加成分(或态的附加成分)+复数附加成分+领属附加成分+格的附加成分。如：

oqəw ＋ ʃə ＋ lar ＋ dəŋ——学生们的
词根(读)+ 构词附加成分+复数附加成分+领属附加成分

ʤaz ＋ dər ＋ dəm ——我让写
词根(写) + 态附加成分 + 时+人称

(三) 词类

哈萨克语词可分为实词、虚词、辅助词三大类。实词又可分为名词、代词、数词、量词、形容词、动词、副词等七类。虚词包括语助词、后置词、语气词、连接词、叹词、摹拟词。辅助词包括辅助名词和辅助动词。

1. 名词性词语。(包括名词、代词、数词、形容词、动名词、形动词)都有数、格、领属人称、谓语性人称等语法范畴。

(1) 七个格的范畴：

主格：表示动作和行为主体。没有形态变化。

领格：表示领属关系。附加成分是"nəŋ/niŋ、dəŋ/diŋ、təŋ/tiŋ"。

　　如：mektep+tiŋ　学校的

与格：表示方向、目的、方向、价格等。附加成分是"qa/ke、ʁa/ge、na/ne"。

　　如：bazar+ʁa　向市场

宾格：表示动作的客体。附加成分是"dɨ/də、tɨ/tə、nɨ/nə、n"。

　　如：søz+i+n　把他的话

位格：表示时间地点。附加成分是"da/de、ta/te、nda/nde"。

　　如：ʤataq+ta　在宿舍

从格：表示动作的起点、由来、原因和性质特征的对比。附加成分是"dan/den、tan/ten、nan/nen"。

　　如：ornə+nan　从座位上

助格：表示动作借以完成的工具、进行的方式、发生的时间、原因及协作者。附加成分是"men/ben/pen"。

如：balta + men 用斧子

(2) 领属人称范畴：当某一事物为某一人称所属时，要带领属性人称附加成分。

第一人称的附加成分：

单数：m、əm/ɨm，复数：məz/mɨz、əməz/ɨmɨz。

如：bɨzdɨŋ mekteb+ɨmɨz 我们的学校

第二人称的附加成分：

单数：ŋ、əŋ/ɨŋ，复数：əŋ/ɨŋ、ŋəz/ŋɨz，əŋəz/ɨŋɨz。

如：seniŋ kɨtab+əŋ 你的书

第三人称的附加成分：

单数：sə/sɨ、ə/ɨ，复数：sə/sɨ、ə/ɨ。

如：olardəŋ mekteb+ɨ 他们的学校

(3) 谓语性人称范畴：哈萨克语的名词性词语可以作谓语。作谓语时在人称、数上要与主语一致。其后要加肯定形式或否定形式的谓语性人称附加成分。肯定形式的附加成分有：mən/min、bən/bin、pən/pin，məz/mɨz、bəz/bɨz、pəz/pɨz，səŋ/sɨŋ，səz/sɨz，səŋdar/sɨŋder，səzdar/sɨzder。

如：men muʁalem+mən.　我是老师。
　　 我　　老师

　　 sen kɨmnɨŋ balasə+səŋ?　你是谁的孩子？
　　 你　谁的　　孩子

2. 动词：有肯定/否定、及物/不及物、人称、数、态、式、时、形动词、副动词、动名词等语法范畴。

(1) 动词的时：动词有过去时、现在时、将来时的语法范畴。

过去时:又分确定过去时、完成过去时、传闻过去时、曾经过去时四种。

确定过去时:在动词词干后加 də/dɨ、tə/tɨ 再加人称附加成分。如:

  men mektepke bar+də+m. 我去学校了。

完成过去时:在动词词干后加过去时形动词 ʁan/gen,qan/ken 再加人称附加成分。如:

  burən bul mektepke kel+gen+sɨzder me? 您以前到这所学校来过吗?

传闻过去时:在 p 副动词后加人称附加成分。如:

  sender bul kɨtaptə kørmep+siŋder. 看来你们没看过这本书。

曾经过去时:用动词完成过去时和 edɨ 加人称附加成分或用 p 副动词和 edɨ 后加人称附加成分表示。如:

  men basqalardan estigen+edɨm. 我是从别人那儿听说的。
  sender qaʃan kelip ediŋ+der? 你们什么时候来的?

现在时:分现在将来时和现在进行时。

现在将来时:在 a 形式副动词后加人称附加成分。如:

  men ʤataqqa bar+a+mən. 我去宿舍。

现在进行时:用 p 形式副动词和助动词 otər、ʤyr、tur、ʤatər 加人称附加成分表示。如:

  olar kel+ɨp ʤatər. 他们(正)就来。

将来时:分不定将来时、肯定将来时和目的将来时。

不定将来时:在 ar/er、r 形式的形动词后加人称附加成分构成。否定形式加 mas/mes、bas/bes、pas/pes 再加人称附加成分构成。如:

  oraj bolsa bar+ar+mən. 有机会的话,我就去。

肯定将来时:在 ʁalɨ 形式的副动词后加 otər、ʤyr、tur、ʤatər,再加谓语性人称附加成分构成。如:

demaləsta biz awəlʁa bar+ʁalɑ ʤyrmɨz. 假期我们打算去乡村。

目的将来时：用 maq/mek 形式的形动词加人称附加成分表示。或在 maq/mek 后加 ʃə/ʃɨ 和人称附加成分表示。如：

qajda bar+maq+səz? 您准备去哪儿？

(2) 动词的语态：

主动态：动词词干本身。

交互-共同态：表示动作是两个以上主体相互或共同进行的。在词干后加"əs/ɨs、-s"。如：

æŋgimele+s——æŋgimeles- 交谈，谈话

被动态：主体为受事。在词干后加"əl/ɨl、ən/ɨn、-n"如：

sal+ən——salən 被盖

盖　被动态

使动态：主体使另一客体完成某动作。在词干后加"dər/dɨr、tər/tɨr、ʁəz/gɨz、qəz/kɨz、-t、ar/er、ər/ɨr"。如：

ajt-+qəz——ajtqəz 让说

说

反身态：主语既是施事又是受事。在词干后加"ən/ɨn、-n"。如：

ʤuw-+ən——ʤuwən 洗澡

洗

(3) 动词的式：

陈述式：有过去时、现在时、将来时。

命令式：表示命令、祈求、警告等。在词干后加"ajən/ejin、əŋəz/iŋɨz、sən/sin"。如：

bar-+ajən——barajən. 我去吧！

bar-+əŋəz——barəŋəz. 您去吧！

条件式：表示动作发生的条件。在词干后加"sa/se＋各人称附加成分"。如：

sura-＋sa＋m——surasam-　　如果我问的话

愿望式：表示说话人对自己或他人做动作的希望、要求。有三种形式：

一是在词干后加"ʁaj/gej、qaj/kej＋各人称附加成分"。如：

ʤaz-＋ʁaj＋səz——ʤazʁajsəz. 请您写！

二是在词干后加"ʁəgi、qə/kɨ＋人称附加成分＋kel-"。如：

bar-＋ʁə＋m　kel＋edi——barʁəm　keledi　我想去

三是动词条件式后＋ijgɨ＋edi＋人称附加成分。如：

kørse＋ijgɨ＋ed＋im——kørseijgɨedim　如果看见多好

(4) 动名词：

动词兼有名词的语法功能。在词干后加"əw/ɨw、-w"。如：

iste＋w——istew　使用

(5) 副动词：

是一种同时表示动词和副词语法范畴的动词形式。有两种形式：-əp/ip、-a/-e。如：

ʤaz-＋əp boldə.　他写完了。

bar＋a almadə.　他没能去。

(6) 形动词：

是一种同时具有动词和形容词语法范畴的动词形式。有六种形动词附加成分：ʁan/gen、qan/ken、atən/et＋n、ar/er、r、əwʃə/ɨwʃi、maq/mek、ʁalə/gelɨ。如：

bar(去)

bar-＋ʁan 去过、 bar＋atən 将要去、 bar＋ar 要去的

bar＋əwʃə 去的、 bar＋maq 想去、　bar＋ʁalə 打算去

3. 语助词：赋予词或句子以不同的情感色彩。有五类：

(1) 疑问语助词： ma/me、ba/be、pa/pe;ʃe。如：

bar+də+ma?　　去了吗？

ajdən　ʃe?　　阿依登呢？

(2) 希望-请求语助词： -a/-e 副动词后用ʁoj。如：

kele　ʁoj !　　来呀！

(3) 强调限制语助词：

词前用 tek；词后用 ʁana；词后用 aq；词后用 da/de、ta/te；体词后用 ʁoj/qoj。如：

seni de ol da ʤaqəsə køremin. 我喜欢你和他。

ol ʁoj ylken kisi. 他呀，是位老人。

(4) 传闻语助词： 在动词后用 məs/mis。如：

keler-mis.　　他可能要走。

(5) 表情语助词： 在词后用 aj/aw。如：

aban-aw.　　阿班啊。

4. 后置词：表示体词和动词或体词和体词之间的关系。位于受其支配的词后，并对其前面的词要求一定的格。

(1) 要求主格的后置词有： yʃin（为了）、arqələ（通过）、tuwralə（关于）、sajən（越来越）。如：

yjreniw tuwralə　关于学习

qəzmet yʃin　为了工作

(2) 要求与格的后置词有： dejɨn（直到）、qarsə（对面）、qaraj/taman（朝着）。如：

mektepke dejɨn　直到学校

qaqpaʁa qaraj　朝大门

(3) 要求从格的后置词有： basqa（以外）、burən/ɨlgerɨ（之前）、arə（以外）、beri（以内、以来）、kejin/soŋ（以后）、bəlaj（以后）。如：

  senen　basqa　　　　除了你以外
  sabaqtan　kejin　　　下课以后

（4）要求助格的后置词有：birge（和……一起）、qatar（和……同时）、bajlanəstə（和……有关）。如：

  bul　mæselemen　bajlanəstə　和这个问题有关的
  senemen　birge　　　　　　和你一起

5. 辅助名词。

又叫方位名词。是介于实词和虚词之间的词类。有格的范畴，常在其他词后，使格所表示的方位更具体化。有：yst（上）、ast（下）、iʃ（内）、sərt（外）、orta（中）、ara（之间）、ajlana（周围）、ald（前）、art（后）、ʤan/qas（旁）、ʤaq（方面）、qarsə（对面）、bas（头）、ajaq（末尾）、bet（面）、typ（底）、soŋ（末）、maŋ（附近）、barəs（过程）、boj（边沿）、awəz（口）。如：

  kijim　iʃ＋i＋nde　　　　在衣内
  ʤer　yst＋i＋nde　　　　地上

6. 辅助动词。

又叫助动词。助动词来源于动词。当作主要动词时是实词。当作助动词时，介于实词与虚词之间。与主要动词结合，赋予主要动词以开始、完结、持续、迅速、顺便、反复、坚决、经常、一贯、能愿等意义。主要动词为副动词形式。助动词有：al（动作为自己、能动）、ber（动作为别人、延续）、kør（尝试、恳求）、qal（动作完结、动作意外突然发生）、qoj（坚决、事先进行的动作、动作的突然）、sal（顺便、坚决、彻底）、tys（迅速突然、程度加强）、ket（加强动作、偶然、不经心）、ʤiber（果断）、tasta（坚决）、bol（完成）、ʃəq（从头到尾地完成）、bar（由近到远开始发展）、kel（从远到近开始发展）、basta（开始）、ʤazda（几乎）、otər（动作正在进行、花费时间）、tur（动作正在进行、经常性、暂时性）、ʤyr（动作正在进行、多次重复、麻烦徒劳）、ʤatər（动作正在进行）。如：

køʃɨrɨp al!　　你抄下来！
ʤazəp boldə.　　他写完了。
ajtəp ber!　　讲一下！
søjlej alamən.　　我能说。

二、句法

(一) 短语

哈萨克语的短语分为联合短语、偏正短语、主谓短语、固定短语和复合短语。

1. 联合短语。

联合短语又分用关联词语和不用关联词语两类。

(1) 用关联词语的短语。 关联词语为"men、ben、pen","ʤæne","da/de、ta/te"。如：

biʝɨk te kørkem　　高大而美观

bɨjdaj men bormǝj　　小麦和玉米

gylnær、baqətgyl ʤæne ajxan　　古丽娜尔、巴合提古丽和阿依汗

(2) 不用关联词语的短语。 如：

ulə、daŋqət、durəs partija　　伟大、光荣、正确的党

2. 偏正短语。

偏正短语有三种形式：附加关系、一致关系、支配关系。

(1) 附加关系： 短语各词之间没有形态上的联系，从属词直接位于中心词之前。如：

ʤaŋa kitap　　新书

bɨr adam　　一个人

(2) 一致关系： 短语各词之间有领属和被领属关系。被领属者带

领属附加成分。如：

　　　　mektep＋tiŋ　mylk＋in　　　学校的财产

　　　　me＋niŋ　kitab＋əm　　　　我的书

(3) 支配关系：被支配的词语带中心词要求的格。如：

　　　　mektep＋ke　barəw　　　去学校

　　　　me＋nen　suraw　　　　问我

3. 主谓短语。

主谓短语词语间是陈述与被陈述关系。如：

　　　　yjreniwi ʤaqsə　qəz　　　学习好的姑娘

　　　　sanasə ʤoʁarə ʤigit　　　觉悟高的小伙子

4. 固定短语。

固定短语有格言、谚语和熟语。如：

　　　　tajaq　ʤe　　　挨/被打
　　　　棍子　吃

　　　　qas　pen　køz　arasənda　一瞬间
　　　　眉毛　和　眼睛　之间

5. 复合短语。

复合短语短语内部有多种关系。又称复杂短语。如：

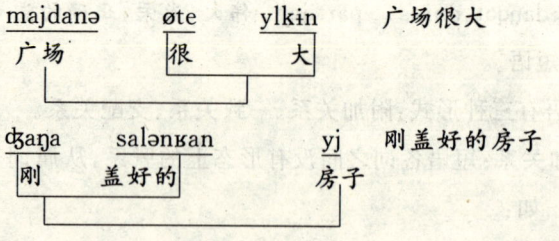

　　　　majdanə　øte　ylkin　　广场很大
　　　　广场　　　很　　大

　　　　ʤaŋa　salənʁan　　yj　　刚盖好的房子
　　　　刚　　盖好的　　　房子

(二) 句子

1. 句子成分

(1) 主语：名词、代词、数词、形容词、动名词、形动词、短语可以作主语。主语可加复数附加成分和领属性人称附加成分。以主格形式出现。如：

sabaqtastar toləq kelmedi.
同学们　　　完全　　没来
同学们没到齐。

men bazarʁa baramən.
我　向市场　去
我要去市场。

baratəndar dajəndaləp boldə.
要去的人　　准备　　完了
要去的人都准备好了。

qanattəŋ inɨsɨ oqəwʃə.
哈那提的　弟弟　学生
哈那提的弟弟是学生。

(2) 谓语：在句末。动词、形容词、名词、代词、数词都可作谓语。谓语在人称、数上与主语保持一致。所以主语可以省略。

动词作谓语时，有时、式和态的变化。如：

ʤazʁa demaləsta men altajʁa barmaqpən.
夏天　　在假期　　我　向阿尔泰　我打算去
我打算暑假去阿尔泰。

名词性词语作谓语时，要加谓语性人称附加成分。如：

men muʁaləmmən.
我　　老师
我是老师。

(3) 宾语：在主语后，谓语前。直接宾语带宾格，间接宾语带与格、从格、助格。宾语一般由名词性词语、动名词和形动词充当。如：

ʃajəŋ+də ækel.
把你的茶 带来
把你的茶端上来。

men oʁan temeki usəndəm.
我 给他 烟 递
我给他递了烟。

(4) 定语: 位于名词前。名词性词语、动名词和形动词可作定语。可以领格形式出现,中心词带领属附加成分。因此有的定语也可省略领格。如:

bizdiŋ ʤataʁəməz ʤaman emes.
我们的 宿舍 不好 不是
我们的宿舍不错。

ol qazaq tilin yjrenedi.
他 哈萨克 语言 学习
他学习哈萨克语。

(5) 状语: 一般位于谓语前,时间、地点状语可在主语前。副词、形容词、副动词、摹拟词和部分数词、代词、带格的名词性词语、后置词和短语可以作状语。按其表示的意义,又可分为时间、地点、行为方式、原因、目的、程度、数量等七类状语。如:

ʤaqənda ol awəlʁa barmaqʃə.
最近 他 乡村 打算去
他最近打算回乡。

aspanda bult ʤoq.
天空中 云 没有
天空没有云彩。

oqəwʁa keldɨm.
为了学习 我来了
我为学习而来。

məŋnəŋ tysɨn tanəʁanʃa birdɨŋ atən bɨl.
一千人的 面孔 认识之前 一个人的 把名字 知道
认识一千人的面孔,不如知道一个人的名字。

(6) 句子的独立成分:

同位语:用来解释说明句子某成分的。如:

qasən aʁaj keldɨ. 哈森大哥来了。
哈森 大哥 来了

呼语:用来称呼的。如:

ʃaraʁəm berɨ kelʃɨ. 宝贝,这边来。
宝贝 这边 来

插入语:插入句中赋予某种附加意义。如:

menɨʃe bul durəs emes. 我认为这不对。
我认为 这 正确 不是

bælkɨj, olar erteŋ keler. 或许,他们明天来。
或许 他们 明天 来

2. **句子的结构**

哈萨克语的句子可以分为简单句和复句。

(1) 简单句。根据句子成分是否完整,可分为完全句和不完全句;根据是否有主语分为人称句、无人称句和不定人称句;由一个词或短语构成,分不出主语、谓语的句子为主格句。

A. 完全句与不完全句:省略句子的某成分的句子是不完全句。又叫省略句。在某种语言环境中所省略的成分,也可以补上。有对话省和上下句省。如:

——kim baradə? 谁去？
——men (baramən). 我（去）。

ol qattə qojan ʤyrek. qəlajaʁa（ol）bir qurttə basəwʁa da batəl barmajdi. 他是十足的胆小鬼,(他)连一只虫子都不敢踩。

B. 人称句、无人称句和不定人称句：人称句指主语和谓语在人称上搭配的句子。包括省略主语的不完全句。如：

bala ʤəlap ketti. 孩子哭了。

biz de yjli-balalə boləp qaldəq. 我们也成了有家有孩子的人了。

无人称句：没有主语，也不能补上去的句子是无人称句。如：

tərəsəp yjreniw kerek. 应该努力学习。

qap,ujat bolʁan eken. 哎,真丢人！

不定人称句：一般表示泛指的人和事物。通常用第二、第三人称表示。多出现在格言、谚语中。如：

ʤaqəsəmen ʤoldas bolsaŋ ʤetersiŋ muratqa, ʤamanəmen ʤoldas bolsaŋ qalarsəŋ ujatqa. 近朱者赤,近墨者黑。

C. 主格句：由一个词或词组构成的句子。多出现在文学作品中,表示客观事实和现象。如：

ʤaz,ʤajlawda. 夏天,夏牧场。

(2) 复句。分为联合复句、偏正复句。

A. 联合复句：有带关联词语和不带关联词语两种。又分并列关系、对立关系、选择关系和因果关系。

并列关系：用 da/de、ta/te,kejde,…kejde,birde…birde,æri…æri 等作关联词语。如：

eldiŋ bæri ketti,men de ketejin. 别人都走了,我也走吧！

bizdiŋ klas æri taza,æri ʤaraq. 我们的教室又干净、又明亮。

对立关系：用 da/de、ta/te，bolmasa 作关联词语。如：

bul søzge birew nandə da, birew nanbadə.　这话有人相信，有人不信。

选择关系：用 ne...ne, je...je 作关联词语。如：

je sen barasəŋ, je ol barada.　或者你去，或者他去。

原因关系：用 yjtkeni、sondəqtan、sol yʃin 作关联词语。如：

bilim teŋizi ʃetsɨz de ʃeksɨz, sol yʃin yjreniw de ʃeksɨz bolmaq.

知识的海洋是无边无际的，因此学习也是无止境的。

B. 偏正复句：包括因果复句、条件复句、转折复句、目的复句。

因果复句：用形动词后加 yʃin 或加 dəqtan/dikten 表示。如：

muʁalim dʒaqsə tysindirgeni yʃin oqəwʃəlar da dʒaqsə tysindi.

由于老师讲得好，学生也理解得好。

条件复句：在动词词干后加 sa/se，再加人称附加成分构成。如：

ol barsa, men barmajmen.　他去的话，我不去。

转折复句：在动词词干后加 sada/sede，和 bir-aq 结合表示。如：

qar erte dʒawʁanəmən kyn æli suwətqan dʒoq.

虽然雪下得早，可是天气还不冷。

目的复句：用动名词后加 yʃin 或命令式动词和 dep 结合表示。如：

qəz oqəwən onan arə dʒalʁastərəw yʃin qalaʁa ketti.

为了继续上学，姑娘去了城里。

四　维、哈文与国际音标对照表

字母顺序	维语（字母单独写法）	国际音标	哈语（字母单独写法）	国际音标
1	ئا	ɑ	ا	ɑ
2	ئە	ɛ	ٵ	æ
3	ب	b	ب	b
4	پ	p	ۋ	v
5	ت	t	گ	g
6	ج	dʒ	ع	ʁ
7	چ	tʃ	د	d
8	خ	χ	ە	e
9	د	d	ج	dʒ
10	ر	r	ز	z
11	ز	z	ي	j、əj、ɨj
12	ژ	ʒ	ك	k
13	س	s	ق	q
14	ش	ʃ	ل	l
15	غ	ʁ	م	m
16	ق	q	ن	n
17	ك	k	ڭ	ŋ
18	گ	g	و	o
19	ف	f	ٶ	ø
20	ل	l	پ	p
21	م	m	ر	r
22	ن	n	س	s
23	ڭ	ŋ	ت	t
24	ھ	h	ۋ	w、uw、yw
25	ئو	o	ۇ	u
26	ئۇ	u	ٷ	y
27	ئۆ	ø	ف	f
28	ئۈ	Y、y	ح	χ
29	ۋ	w	ھ	h
30	ئې	e	چ	tʃ
31	ئى	i	ش	ʃ
32	ي	j	ى	ə
33			ئى	ɨ

参考文献

[加]W. F. 麦基:《语言教学分析》,北京语言学院出版社,1991年。
陈昌来:《现代汉语句子》,华东师范大学出版,2000年。
陈世明、廖泽余:《现代维吾尔语》,新疆人民出版,1987年。
陈世明、热扎克:《维吾尔语实用语法》,新疆大学出版社,1991年。
成燕燕:《汉语—哈萨克语对比语法》,新疆教育出版社,1990年。
成燕燕:《现代哈萨克语词汇学研究》,民族出版社,2000年。
成燕燕等:《哈萨克族汉语补语习得研究》,民族出版社,2003年。
程适良:《现代维吾尔语语法》,新疆人民出版社,1996年。
崔建新:《隐现句的谓语动词》,《语言教学与研究》1987年第2期。
崔永华、杨寄洲:《对外汉语课堂教学技巧》,北京语言文化大学出版社,
　　　1997年。
戴庆厦:《论语言对比》,《中央民族大学学报》2004年第1期。
范开泰、张亚军:《现代汉语语法分析》,华东师范大学出版社,2000年。
范晓:《汉语的句子类型》,书海出版社,1998年。
方晓华:《汉维语句子基本结构的比较》,《新疆师范大学学报》1987年
　　　第1期。
房玉清:《从外国学生的病句看现代汉语的动态范畴》,《世界汉语教学》
　　　1996年第4期。
房玉清:《动态助词"了"、"着"、"过"的语义特征及其用法比较》,《汉语
　　　学习》,1992年第1期。

傅雨贤:《"把"字句与主谓宾句转换及条件》,《语言教学与研究》,1981年第1期。
高莉琴:《汉、维语语法对比研究》,《新疆大学学报》,1990年第1期。
高莉琴:《维吾尔语语法结构分析》,新疆人民出版社,1987年。
耿世民、李增祥:《哈萨克语简志》,民族出版社,1985年。
耿世民:《现代哈萨克语语法》,中央民族大学出版社,1989年。
桂诗春:《心理语言学》,上海外语教育出版社,1997年。
哈米提·铁木尔:《现代维吾尔语》,民族出版社,1987年。
黄伯荣、廖序东:《现代汉语》,高等教育出版社,2002年。
黄灵红:《汉语双宾语句生成中的句法语义问题》,《浙江师大学报》1999年第2期。
靳卫卫:《汉语中比较句的异同》,《语言教学与研究》1986年第2期。
李炳生:《"是"字句教学应注意的问题》,《喀什师范学院学报》1997年第1期。
李大忠:《外国人学汉语语法偏误分析》,北京语言文化大学出版社,1996年。
李秀林:《现代汉语中的"是"字句》,《集宁师专学报》2002年第3期。
李珠:《意义被动句的使用范围》,《世界汉语教学》1989年第3期。
力提甫·托乎提:《阿尔泰语言学导论》,山西教育出版社,2002年。
刘珉:《汉维语对比说略》,《语言与翻译》1994年第3期。
刘珉:《汉维共时对比语法》,新疆人民出版社,1991年。
刘香敏:《汉语主谓谓语句在维语中的处理形式及其在汉语教学中的应用》,《新疆职工大学学报》1998年第3期。
刘月华:《趋向补语通释》,北京语言文化大学出版社,1998年。
刘月华:《实用现代汉语语法》,商务印书馆,2005年。
柳苏乔:《表比较的"有"字句浅析》,《语言教学与研究》2002年第2期。

鲁健骥:《偏误分析与对外汉语教学》,《对外汉语教学思考集》,北京语言文化大学出版社,1999年。

鲁健骥:《外国人学汉语的语法偏误分析》,《语言教学与研究》1994年第1期。

陆俭明:《VA了述补结构语义分析补议——对读者意见的回复》,《汉语学习》2001年第6期。

陆俭明:《关于汉语虚词教学》,《对外汉语教学论集》,北京语言学院出版社,1985年。

陆俭明:《作为第二语言的汉语本体研究》,外语教学与研究出版社,2005年。

吕叔湘:《现代汉语八百词》,商务印书馆,1980年。

吕文华:《"被"字宾语的有无》,《第二届国际汉语教学讨论会论文选》,北京语言文化大学出版社,1988年。

吕文华:《"被"字句和无标记被动句的变换关系》,《新视角汉语语法研究》,北京语言文化大学出版社,1997年。

吕文华:《"由"字句》,《语言教学与研究》1985年第2期。

苗焕德:《汉语兼语式及其在维吾尔语中的表达形式》,《西北民族学院学报》1984年第3期。

苗焕德:《汉语主谓谓语句及其翻译》,《语言与翻译》1989年第1期。

苗焕德:《兼语式在维吾尔语中的表达形式》,《语言与翻译》1987年第2期。

缪锦安:《汉语的语义结构与补语形式》,上海外语教育出版社,1998年。

年玉萍:《谈谈兼语句》,《延安教育学院学报》2002年第1期。

宁文忠、靳彦山:《兼语句与其他句式结构的区别——现代汉语特殊句式辨析之二》,《西北师范大学学报(社会科学版)》,2002年第5期。

潘文国:《汉英语对比纲要》,北京语言文化大学出版社,1997年。

任海波:《现代汉语"比"字句结论项的类型》,《语言教学与研究》1987年第4期。

史震天、马维汉、张玮:《汉维翻译教程》,新疆人民出版社,1990年。

宋玉柱:《连谓句和兼语句》,《现代汉语语法基本知识》,语文出版社,1997年。

宋玉柱:《现代汉语语法基本知识》,语文出版社,1997年。

孙世忠:《汉维句型对照与会话》,新疆科技卫生出版社,1991年。

孙西窘:《汉语句型分析及在维语中的应用》,新疆科技卫生出版社,1991年。

滕春华:《试析维族人说汉语的遗漏"是"的原因》,《语言与翻译》1995年第1期。

田万湘、许德楠:《虚词研究在留学生汉语教学中的重要性》,《对外汉语教学论集》,北京语言学院出版社,1985年。

王 还:《谈谈对外汉语教学》,《对外汉语教学论集》(1979—1984),北京语言学院出版社,1985年。

王 静:《从语义级差看现代汉语"被"字的使用》,《新视角汉语语法研究》,北京语言文化大学出版社,1997年。

王守桃:《给新疆少数民族讲授汉语"是"字句的问题》,《喀什师范学院学报》1992年第1期。

温晓虹:《汉语习得偏误及改错的效益》,《第六届国际汉语讨论会文选》,北京大学出版社,2000年。

吴继光:《动词性"比"字句的分化及其他》,《语言教学与研究》,1990年第1期。

吴中伟:《主谓谓语句NP-(VP-AP)语义结构分析》,《语言研究》1996年第1期。

相厚茂：《汉语比较句的两种否定形式》，《语言教学与研究》1992年第3期。

邢　欣：《句型变换法在汉语教学中的运用》，《语言与翻译》1990年第2期。

徐子亮：《外国学生汉语学习策略的认知心理分析》，《第六届国际汉语讨论会文选》，北京大学出版社，2000年。

杨春雍：《对外汉语教学中"是……的"句型分析》，《云南师范大学学报》2004年第1期。

杨惠元：《汉语听力说话教学法》，北京语言文化大学出版社，1996年。

曾　莉：《"获取"类双宾语句研究》，《深圳大学学报》2004年第5期。

张定京：《现代哈萨克语实用语法》，中央民族大学出版社，2004年。

张国云：《维汉被动句的对比研究》，《语言与翻译》1998年第4期。

张宏胜：《从维汉语的对比中看句首介词"在"的省略》，《语言与翻译》1996年第3期。

张敬仪：《汉维—维汉翻译理论与技巧》，民族出版社，2004年。

张敬仪：《略谈汉、维语的对比教学》，《语言与翻译》，1988年第3期。

张旺熹：《"把"字句结构的语义及其语用分析》，《语言教学与研究》，1991年第3期。

张旺熹：《汉语特殊句法的语义研究》，北京语言文化大学出版社，1999年。

张旺熹：《主谓谓语结构的语义模式》，《汉语特殊句法的语义研究》，1999年。

张谊生：《现代汉语虚词》，华东师范大学出版，2000年。

张玉萍：《汉维语法对比》，新疆人民出版社，1999年。

张玉萍：《汉语连谓短语及其在维语中的对应关系》，《语言与翻译》1997年第3期。

赵相如、朱志宁：《维吾尔语简志》，民族出版社，1983年。

后　记

　　2005年年底,中央民族大学少数民族语言文学学院召开了少数民族教材编写出版座谈会,商讨怎样为少数民族学习汉语做点实事。商务印书馆周洪波主任应邀参加,新疆大学出版社社长及北京语言大学的几位老师也参加了这次会议。会上,周主任谈到商务印书馆想为少数民族学习汉语编写一套教材,与会者都认为商务印书馆的这一举措是一件大好事。之后,我们酝酿要编写一部《维吾尔族、哈萨克族汉语语法教学难点释疑》教学参考书,这一想法很快就得到商务印书馆的同意。

　　新疆有十三个世居的操不同语言的少数民族,其中操阿尔泰语系突厥语族语言的民族占多数。但目前尚没有一部针对新疆少数民族汉语教学难点的教学专著。本书试图以维、哈族汉语教学的难点为纲,以学生的偏误为切入点,从句法、语义、语用三个层面对维、哈族汉语教学难点进行全方位的分析,并提出可操作性的对策。我们希望这部书能够切实地帮助基层汉语教师解决教学中遇到的问题,并能为培养汉语教师提供一部实用的教材。

　　本书的作者都是多年从事新疆少数民族汉语教学的教师。大多熟悉新疆的情况,既掌握汉语又熟悉民族语,有着第二语言教学的理论修养和教学经验,并在日常教学中积累了大量语料。这次编写,大家又利用假期奔赴新疆中小学做调查,收集新的语料。在编写中遇到了不少困难,也发现了一些问题。这部书的字里行间,无不渗透着教师们的辛勤汗水。

戴庆厦教授是这部书的倡导者,也是这部书的顾问。他一直教导我们要高质量地完成任务,并多次给予具体指导。书稿写成之后,他又在百忙之中为这部书写序、审订。我们深深地感到他对少数民族教育事业的忠诚和热爱,也深深地感受到他对我们的关怀和支持,在此谨对他表示谢忱。

本书在实施过程中,随着经验的积累,编写计划有了改动和完善。在编写初期,阮宝娣、玛依拉、赵风珠、朱学佳、谢新卫等教师都参加了工作,本书成果的取得,也包含了他们的一份力量,他们所准备的资料和研究成果,以后将会在这套丛书的其他分册中与读者见面。

在编写过程中,商务印书馆的周主任和袁舫女士等都给我们很大的支持和帮助。在这本书即将付梓之际,我们衷心感谢他们!

这部书还有许多不完善之处,我们诚恳地希望读者予以指正。

作　者

2008 年 5 月

图书在版编目(CIP)数据

维吾尔族、哈萨克族汉语语法教学难点释疑/成燕燕主编.—北京：商务印书馆，2009
（中国少数民族汉语教学系列丛书）
ISBN 978 - 7 - 100 - 06080 - 6

I.维… II.成… III.汉语－语法－少数民族教育－教学研究－师资培训－教材 IV.H193.5

中国版本图书馆CIP数据核字(2008)第155651号

所有权利保留。
未经许可，不得以任何方式使用。

WÉIWÚ'ĚRZÚ、HĀSÀKÈZÚ HÀNYǓ YǓFǍ JIÀOXUÉ NÁNDIǍN SHÌYÍ
维吾尔族、哈萨克族汉语语法教学难点释疑
成燕燕 主编

商 务 印 书 馆 出 版
（北京王府井大街36号 邮政编码 100710）
商 务 印 书 馆 发 行
北京瑞古冠中印刷厂印刷
ISBN 978 - 7 - 100 - 06080 - 6

2009年4月第1版	开本 880×1230 1/32
2009年4月北京第1次印刷	印张 14

定价：27.00元